投資のカリスマ「経済の千里眼」が教える

今世紀最大の上昇相場で

お金持ちになる

菅下清廣 Sugashita Kiyohiro

株50銘柄

徳間書店

まえがき

今回の本は、これまでの私の本よりも、より初心者の方々に役立つような内容になっています。なぜなら新ＮＩＳＡで株式投資を始めた人たちがたくさん出てきているからです。

これまでは、お金があればすぐに貯金するというのが日本人の基本的な金銭感覚でした。しかし、新ＮＩＳＡが使いやすくなって、節税にもなるということで、株式投資に興味をもつ人が大幅に増えているのです。

そういう初心者に向けてなるべくやさしく、株式投資の方法や銘柄選定について説明したいと思います。

そこで、株式投資をするにあたって、まず第一に必要になるのは何かと言えば、いまの相場の大局観をつかむことです。大局観とは今後の株式市場や世の中の大きな流れをどう見るかということです。

つまり、いまの相場がこれからどういう方向にいくのか、その相場はどういう特徴をもった相場なのか。大きく相場を見渡して、まず全体像を見ることが大事です。

これから暴落していく相場で投資をするのは危険ですし、バリュー投資（現在の株価が企業が本来もっている価値に比べて割安と考えられる銘柄を買う投資手法）に向いた相場なのか、それともグロース投資（売上や利益が急速に伸びて株価が上昇する可能性の高い企業に投資する手法）が伸びる相場なのかなどを、大づかみで理解しておけば、何を買えば良いかなど、投資の方向性が決まってきます。私の大局観について第1章で解説していますので、ぜひ参考になさってください。

アベノミクス相場、コロナバブル相場などの予測をなぜ当て続けてこられたのか

私は、8年前のまだアベノミクス相場による株高を誰も予測できなかった2012年に、その後のアベノミクス相場の到来を予測し、講演会などで、「2012年、2013年は

日本の経済と株価の大バーゲンセールだ」（『2014年までにお金持ちになりなさい』徳間書店、2012年6月21日刊）と解説していました。

そしてトランプ大統領が前回当選した米国大統領選直後の2016年11月12日の日比谷のペニンシュラーホテルでの会員向け講演会で、トランプ氏が大統領になったことによる株高を予測し、「ウォール街はトランプを歓迎している！　米国株価は今後上昇するだろう。なので、日本の株価も上がる。これからは、トランプ・アベノミクス相場、株高の時代がやってくる！」と力説しました。

さらに、新型コロナのパンデミックのときに起きたコロナバブル相場についても、『コロナバブルの衝撃！』（実務教育出版）で紹介した44銘柄（株式コード番号が44で始まる銘柄）がコロナ禍の3～6月で大幅高になりました。

なぜ私が株式市場の予測を当て続けられるのか。それは私が、世界のお金の流れを読んでいるからです。いまの経済は、実体経済以上に過剰流動性に代表されるグローバルマネーの動向に左右されるようになっているからです。

お金はお金の論理で動きます。経済学をいくら勉強しても生きたお金の動きがわからなければ経済の予測はできません。市場でお金がどのようにふるまうのか。その理屈を知らなければ、経済の動きはわからないのです。さらに経済、株式相場は波動（サイクル）で動いています。これも株価や経済は生き物だからです。


本書では、日本の政権に続いて、アメリカ大統領選をにらみながら、政治的な要因も加味して、経済がどうなっていくのかを、お金の流れを中心にサイクル理論を含めて解説していきます。

いま世界にはかつてない巨額の余剰マネーがうなりをあげて駆け回っています。その流れがいまアメリカと日本に向かっている。しかも日本の個人の金融資産はなんと今年の3月末で2199兆円にもなっているのです。世界最大の個人マネーです。これらの巨額マネーが株式市場を上昇気流に押し上げようとしています。かつてないそのお金の流れに乗って資産をどれだけ増やせるのか。具体的な投資法と大化けするであろう株式銘柄についても、銘柄名を上げながら解説していきます。

投資はあくまで自己責任ですが、本書を読んで、お金持ちになるチャンスをつかんでいただきたいと切に願っています。

今世紀最大の上昇相場でお金持ちになる株50銘柄——【目次】

第1章　まずは相場の大局観を持て！

第２章 これからの株式相場をどう先読みするか

第5章 戦争の時代に投資はどうなるか

第6章 私の株式投資必勝法を教えます

第7章 今世紀最大の上昇相場で大化けする株50銘柄

装幀——赤谷直宣

第1章

まずは相場の大局観を持て！

ボラティリティーの高い乱高下相場が続く

いまの相場の特徴は、何かといえば、まずボラティリティーが高いということです。ボラティリティーとは価格変動が大きいということです。

日経平均株価が1日で４０００円以上も下がってしまう。それがあくる日には、３０００円戻すというような極端に値幅の大きな相場が続いています。

なぜそうなっているのかというと、強弱感が対立しているからです。強弱感が対立している一番の理由は、国際情勢のリスクの高まりです。

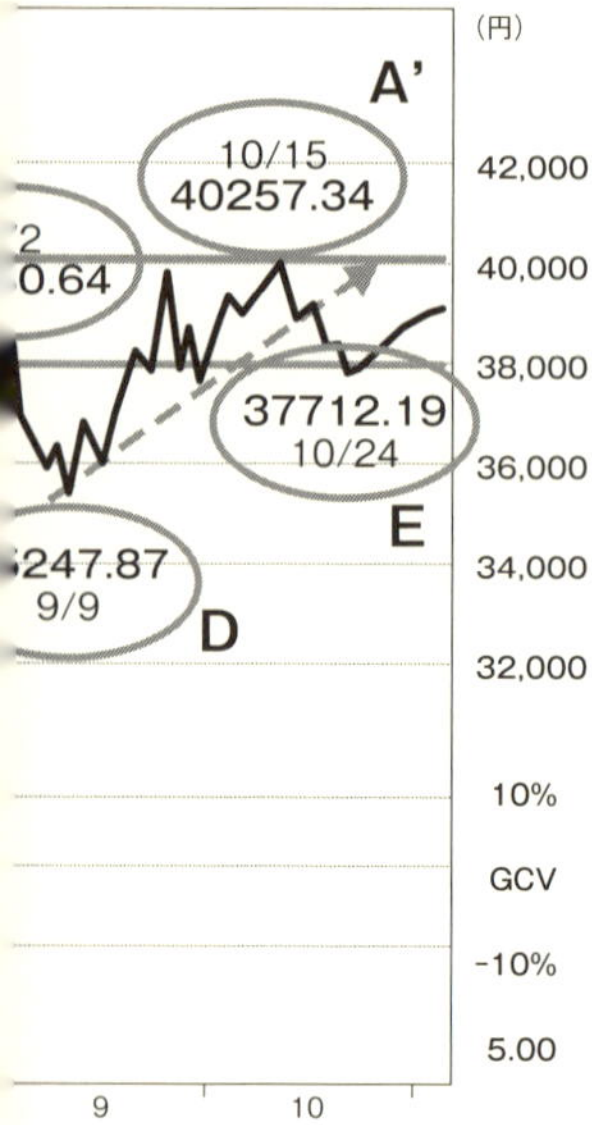
(円)
A'
10/15
40257.34
42,000
40,000
38,000
37712.19
10/24
36,000
E
9/9
34,000
D
32,000
10%
GCV
-10%
5.00
9
10

２０２２年2月に始まったウクライナ戦争は、いまだに膠着したまま続いています。開戦当初からロシアのプーチン大統領は核の使用にも言及するなど、核戦争の可

図1　日経平均株価の推移（日足）

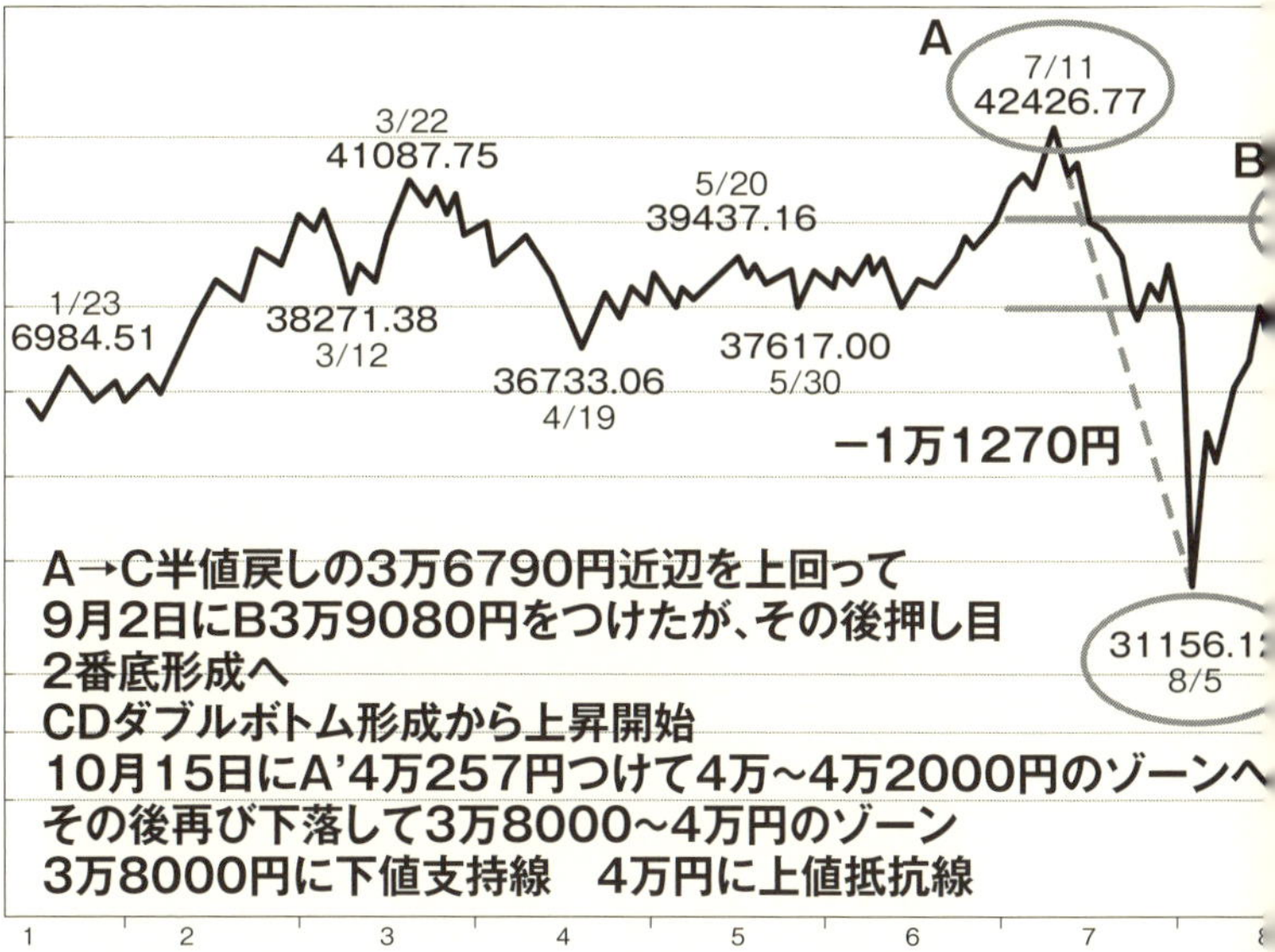
A
7/11
42426.77
B
3/22
41087.75
5/20
39437.16
1/23
6984.51
38271.38
3/12
37617.00
5/30
36733.06
4/19
−1万1270円
31156.1
8/5
A→C半値戻しの3万6790円近辺を上回って
9月2日にB3万9080円をつけたが、その後押し目
2番底形成へ
CDダブルボトム形成から上昇開始
10月15日にA'4万257円つけて4万～4万2000円のゾーンへ
その後再び下落して3万8000～4万円のゾーン
3万8000円に下値支持線　4万円に上値抵抗線
1
2
3
4
5
6
7

能性すら否定できません。

　ウクライナで戦線が膠着している間に、中東では、ハマスによるイスラエルに対する大規模なテロが起こり、外国人を含む多数の人質がいまだに解放されておらず、そのためイスラエル軍はガザ地区に侵攻してハマスに対する攻撃で、民間人にも多数の死者が出るという状況です。さらにレバノンにいるもう一つのイスラム教テロ組織であるヒズボラに対する攻撃も始まり、イランも含めて中東で大規模な戦争がいつ起こるかわかりま

せん。情勢は緊迫度を高めています。

もしイランが本格的にイスラエルに対する攻撃を始めたりすれば、イスラエルはすぐにイランの核施設を含む軍事施設に対する空爆を実施するでしょうし、下手をすれば中東でも核戦争が起きる可能性すら否定できません。

いつのまにか、第三次世界大戦が始まるかもしれないという状況が生まれてきているのです。

そのように国際情勢が日々リスクに満ちた状況になっているので、何か不安材料が出てくれば投資家はみんな弱気になってしまいます。不安心理がいつまでもぬぐい切れない状況なので、価格変動の幅も大きくなっているのです。

国際情勢や世の中がリスクに満ちているときには、どうしてもボラティリティーが高くなります。こういうボラティリティーの高いときは、状勢の変化に右往左往するようだと必ず損をします。ボラティリティーが高まっているときに、この本の読者である個人投資家にとって一番大事なことは、自分独自の大局観を持つことです。

では、大局観とは何かといえば長期の見通しです。大局観はそれぞれ自分で考えて持つしかないのですが、私の長期の見通し、大局観を説明しますので、どうか皆さんも参考にしてください。

日米の株式市場はこれからも上昇相場が続く

まず、日米の株式市場はどうなるか。今後も上がり続けるだろうというのが、私の大局観です。アメリカ株も調整局面はあるかもしれませんが、上がり続けるでしょう。ニューヨーク・ダウは、10月に入って4万3000ドル超えで、史上最高値を更新しています。ハイテク株中心のナスダックも同様に最高値更新です。

日経平均も3月と7月に4万円を突破しています。日米の株式市場は、ドルと円の違いはあっても、だいたい同じような数字で推移しています。ほとんどシャドー相場と言ってもいいかもしれません。

日米の株式市場がともに上がり続けると考える理由は、膨大な余剰マネーが世界にあるということです。バイデン政権だけでも３００兆円以上のドルをばらまいています。新型コロナウイルスのパンデミックが起きて、世界の中央銀行は金融緩和に急速に舵を切ったからです。

膨大な余剰マネーはアメリカと日本を目指す

それでは、この膨大な余剰マネーはいったいどこへ行くのか。世界が危険に満ちているときはマネーは、銀行預金に入ってしまうので、マーケットは下落します。いわゆるリスク・オフになります。危機が遠のいてチャンスと思えば株式市場などに、リスクマネーが入ってくる。リスク・オンになります。

では、チャンスと見たときにど

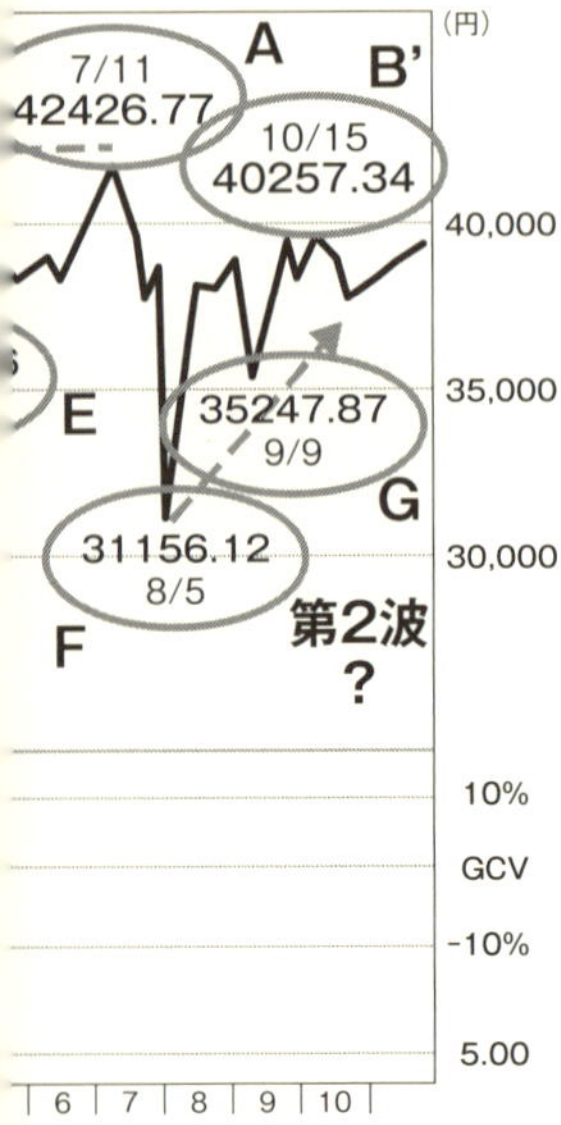

(円)
A
B'
7/11
42426.77
10/15
40257.34
40,000
35,000
E
35247.87
9/9
G
30,000
31156.12
8/5
F
第2波
?
10%
GCV
-10%
5.00
6
7
8
9
10

図2　日経平均株価の推移（日足）

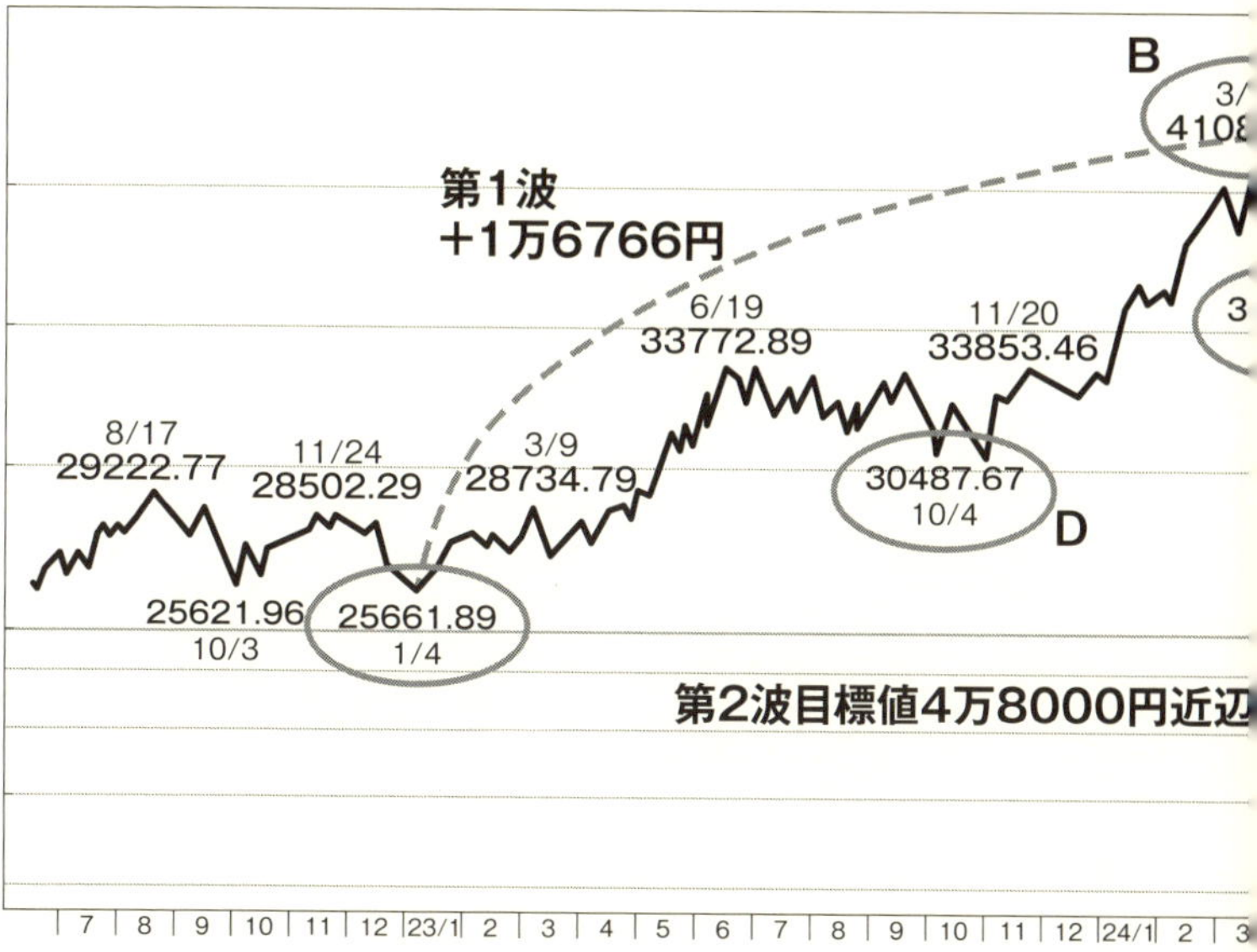
B
3/
410
第1波
+1万6766円
6/19
33772.89
11/20
33853.46
3
8/17
29222.77
11/24
28502.29
3/9
28734.79
30487.67
10/4
D
25621.96
10/3
25661.89
1/4
第2波目標値4万8000円近辺
7
8
9
10
11
12
23/1
2
3
4
5
6
7
8
9
10
11
12
24/1
2
3

この株式市場に投資するかといえば、世界でも、アメリカと日本の2カ国しかありません。

これまでは、中国市場という選択肢もありましたが、いまの中国は、不動産バブルの崩壊が深刻化していて、巨額の不良債権で身動きがとれなくなっています。中国は金融の自由化がされていないので、情況によっては、投資したお金を自国に戻すことすらできません。欧米の資本は、もう中国に投資しなくなりました。つまり、いまは「チャイナ売り、ジャパン買い」になっているのです。というのは、世界はいま新冷戦に突入しているからです。

いまは日、米、欧という民主主義国家とロシア、中国、北朝鮮、イランという全体主義独裁国家の対立が激しくなっています。とりわけ中国は不動産バブル崩壊で不況に突入しているので日本の企業も欧米の企業も中国から脱出しています。

中国の最高指導者である習近平主席は、経済音痴なうえに、亡くなった前首相の李克強氏や対米交渉に当たった劉鶴氏といった優秀な経済閣僚を執行部から排除してしまいました。優秀な経済専門家はいるはずですが、権力闘争にかまけて、彼らをはずしてしまったために、いまは経済政策について有効なアドバイスをする経済閣僚がいないのです。

そうなると、世界のマネーが投資する先は、アメリカと日本しかなくなります。それはなぜか。

まず、成長企業があるところはアメリカしかありません。インドでも成長企業が出てくるかもしれませんが、私は投資先としてはリスクがあると思っています。なぜかと言うと、言葉は悪いですが、インドは民度が低い。資本主義は信用がまず基盤にあって成立するのですが、民度が低いところでは信用が成り立たないからです。

民度が高いところで安心してお金を入れられるのは、欧米ではアメリカやカナダ、オーストラリアなどとEUだけです。ただ、EUはいまウクライナ戦争の戦場になっているから、投資先としてはリスクがあります。

中国はすでに投資対象として失格

先述したように中国もだめ。いずれ中国は民主化するという期待があって、世界のお金が集まったわけですが、民主化するどころか、ますます独裁国家、専制国家になりつつある。ロシア、北朝鮮に近い国家体制です。欧米にとって中国はもう投資先にはなりえない国です。

なので、巨額マネーの投資先はアメリカと日本しかないのです。民度が高くて民主主義の国で成長企業があるというのは、アメリカと日本しかないからです。

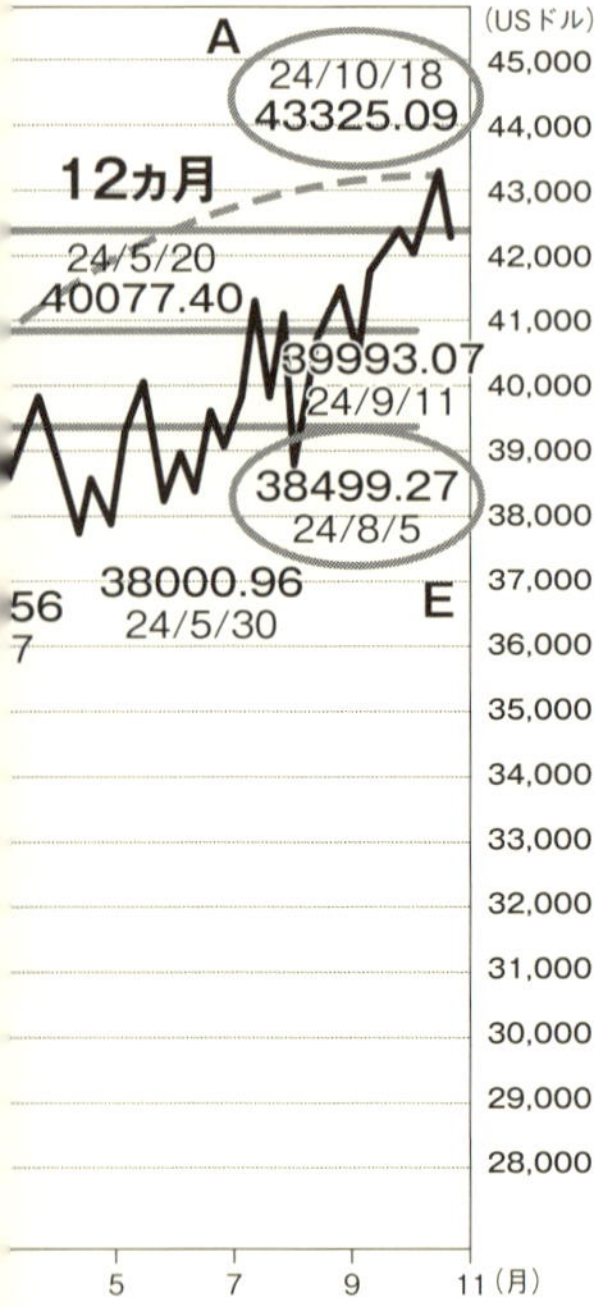
(USドル)
A
24/10/18
43325.09
12ヵ月
24/5/20
40077.40
39993.07
24/9/11
38499.27
24/8/5
38000.96
24/5/30
E
56
7
45,000
44,000
43,000
42,000
41,000
40,000
39,000
38,000
37,000
36,000
35,000
34,000
33,000
32,000
31,000
30,000
29,000
28,000
5
7
9
11(月)

しかも大きなお金を動かす人にとって一番大事なことは、自分の資金を預けておいて没収されないかどうか。つまり、安全性とマーケッタビリティー（市場性）があること。そしていつでも換金できるリクイディティー（流動性）が大事です。

加えて、巨額の資金を預けるにしても貯金するだけでは効率的な資金運用ができません。資金を増やす金融商品がたくさん用意されていないと大きな資金を預けることはできないのです。アメリカの国債でも日本の企業の株にしても、運用しだいで利益を出すことができますし、増やした資金はいつでも売ることができます。投資したマネーの回収になんの問題もありません。

ところが、中国の株は簡単には売れません。売ったとしても資金を中国から戻せません。中国はまだ資本移動の自由を認めていない

図３　ニューヨーク・ダウ平均株価の推移（日足）

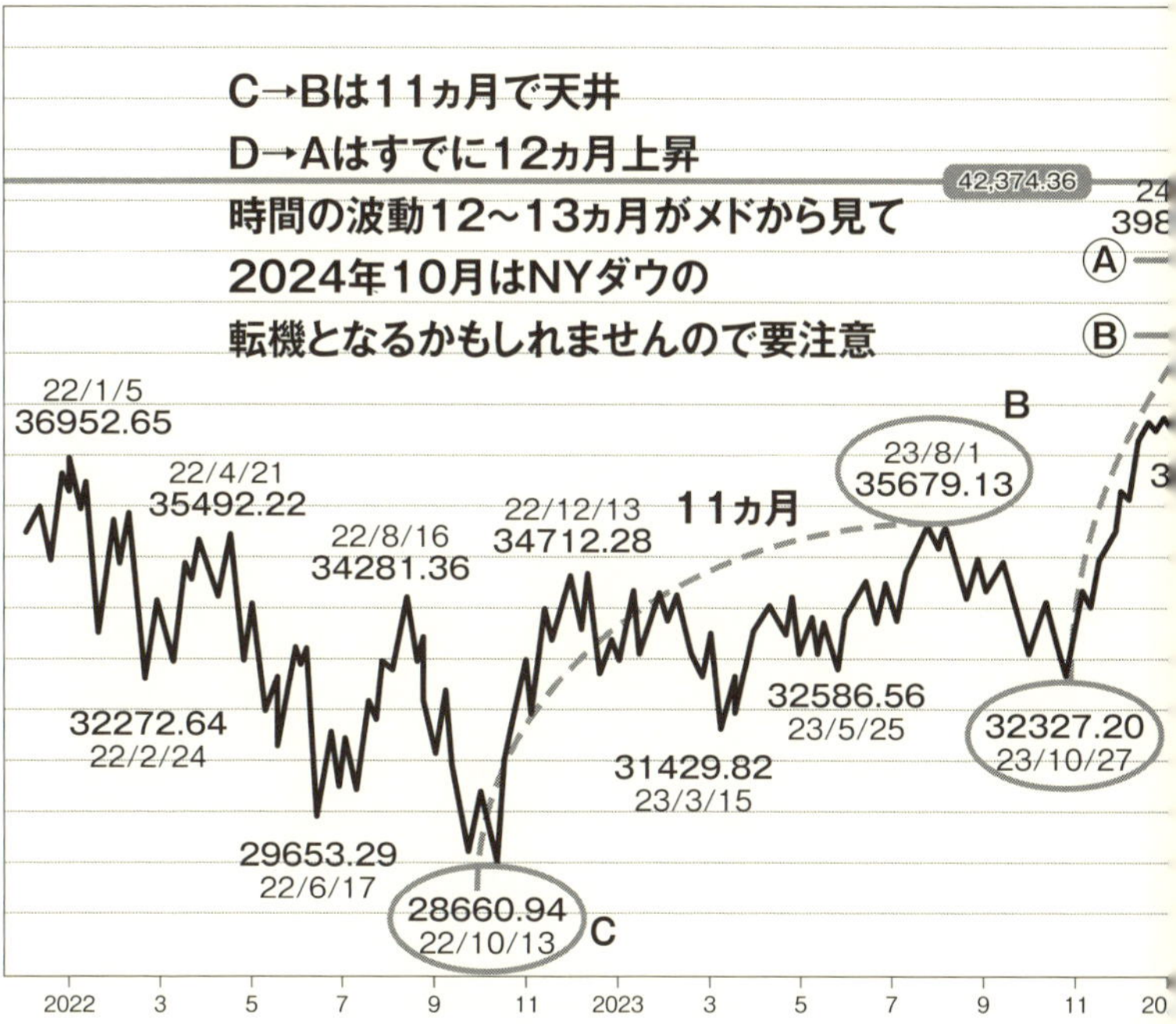
C→Bは11ヵ月で天井
D→Aはすでに12ヵ月上昇
時間の波動12〜13ヵ月がメドから見て
2024年10月はNYダウの
転機となるかもしれませんので要注意
42,374.36
Ⓐ
Ⓑ
22/1/5
36952.65
22/4/21
35492.22
22/8/16
34281.36
22/12/13
34712.28
11ヵ月
B
23/8/1
35679.13
32272.64
22/2/24
29653.29
22/6/17
28660.94
22/10/13
C
31429.82
23/3/15
32586.56
23/5/25
32327.20
23/10/27
2022
3
5
7
9
11
2023
3
5
7
9
11

からです。

中国もそうですが、非民主主義国家はいったんお金を入れて利益が出ても、それを引き出すのが難しいというのが現実なのです。

ということで、安心してお金を預けられる上に成長性がある、お金が増える成長企業がある国となると、アメリカと日本しかないのです。

だから、日米の株式市場は上がり続けるのです。

日米の株価は将来的にともに10万の大台に乗るだろう

日米の株が上がるのには理由があります。

アメリカの株は一時的に急落しようが今後も上がっていって、いずれニューヨーク・ダウが10万ドルになるような時代がやってくる。そして、日経平均も10万円の大台に乗って、ニューヨーク・ダウ10万ドルと競う時代がやってくると私は予想しています。しかも、それはそんなに先の話ではなくて、たとえば5年後、10年後にやってくる。

それはなぜか。世界の技術革新はいまのところ全部アメリカで生まれています。今後もアメリカの技術革新を買う上昇相場が続くからです。

では、日本はどうか。日本は34年間もデフレが続いたために経済は眠っている状況だったので、あまりにも過小評価されてきました。世界的に見ても技術レベルの高い日本企業が株価低迷で全部割安になっているのです。

これからは日本企業を再評価する時代です。いままで10円で売られていた日本の商品は、本当は１００円の価値があったということをみんなが知るようになるので、日本の再評価を買う相場がいますでに始まっている。日本再評価で日経平均は将来、８万円、10万円もあるというのが私の大局観です。

新ＮＩＳＡで海外に出ていたマネーが日本に回帰する

さらに日本株には株価上昇の大きな要因がもう一つあります。２０２４年1月から始まった新ＮＩＳＡです。

日本の個人の金融資産は２１９９兆円もあります。このお金をうまく運用できれば、国富はさらに増大していきます。すでにこの数年の株高で、新富裕層が多数生まれている。新ＮＩＳＡを活用して資産運用立国になるというのが国策です。そのために無税でしかも簡単にできる新ＮＩＳＡが注目されたわけですが、新ＮＩＳＡで株式投資を始めたのは、ほとんど全員が初心者でした。いままで30年間銀行預金して、何もしてこなかった人たちです。株式投資を初めてやる人が多い。

こういう人は日本の株を買う場合も、前にも言いましたが、超一流企業、絶対につぶれないところ、それで業績見通しがよく配当のいいところに投資するに決まっています。

今年１月から新ＮＩＳＡが始まったときには、個人の金融資産を持っている人々の多くは、日本は投資してもだめだという発想で、ドル建てのアメリカ株にものすごく流れたわけです。世界中で分散投資するオールカントリーや先進国インデックスのような投資信託が買われました。個別銘柄ではＡＩ用半導体メーカーのエヌビディアを個人が買っていました。

なので新ＮＩＳＡが円安の一つの要因になっていましたが、相場が内需関連になって、円高になりそうだという見通しが出てきた。そうすると、日本人は賢いから、円高になるのならドル建てだと損をするから、欧米に流れていた資金は日本に回帰してきます。

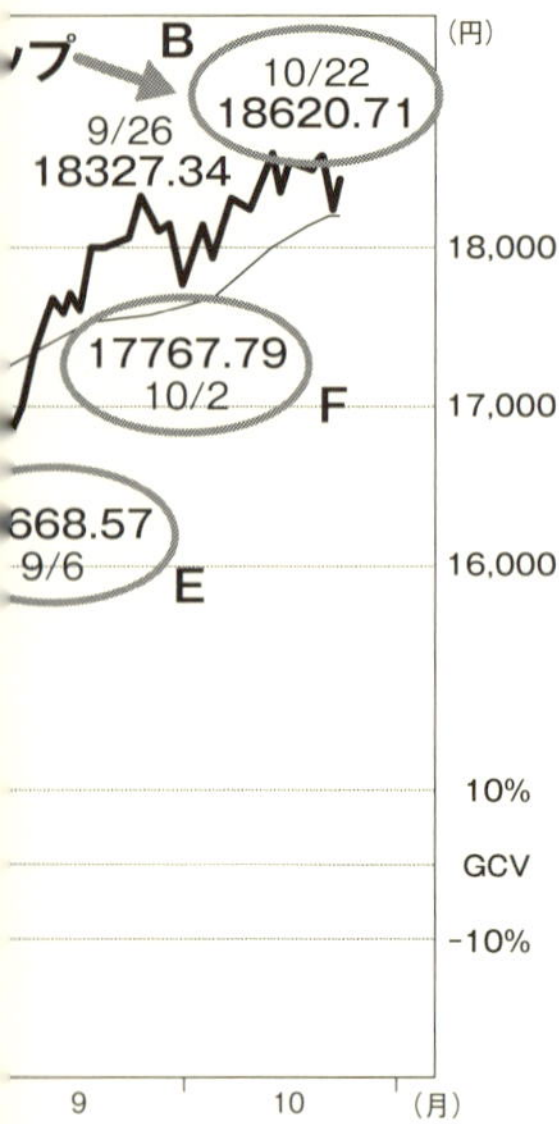
(円)
ップ
B
10/22
18620.71
9/26
18327.34
18,000
17767.79
10/2
F
17,000
668.57
9/6
E
16,000
10%
GCV
-10%
9
10
(月)

日本の個人の金融資産は今年３月末で２１９９兆円もあるのです。

図４　ナスダック指数の推移（日足）

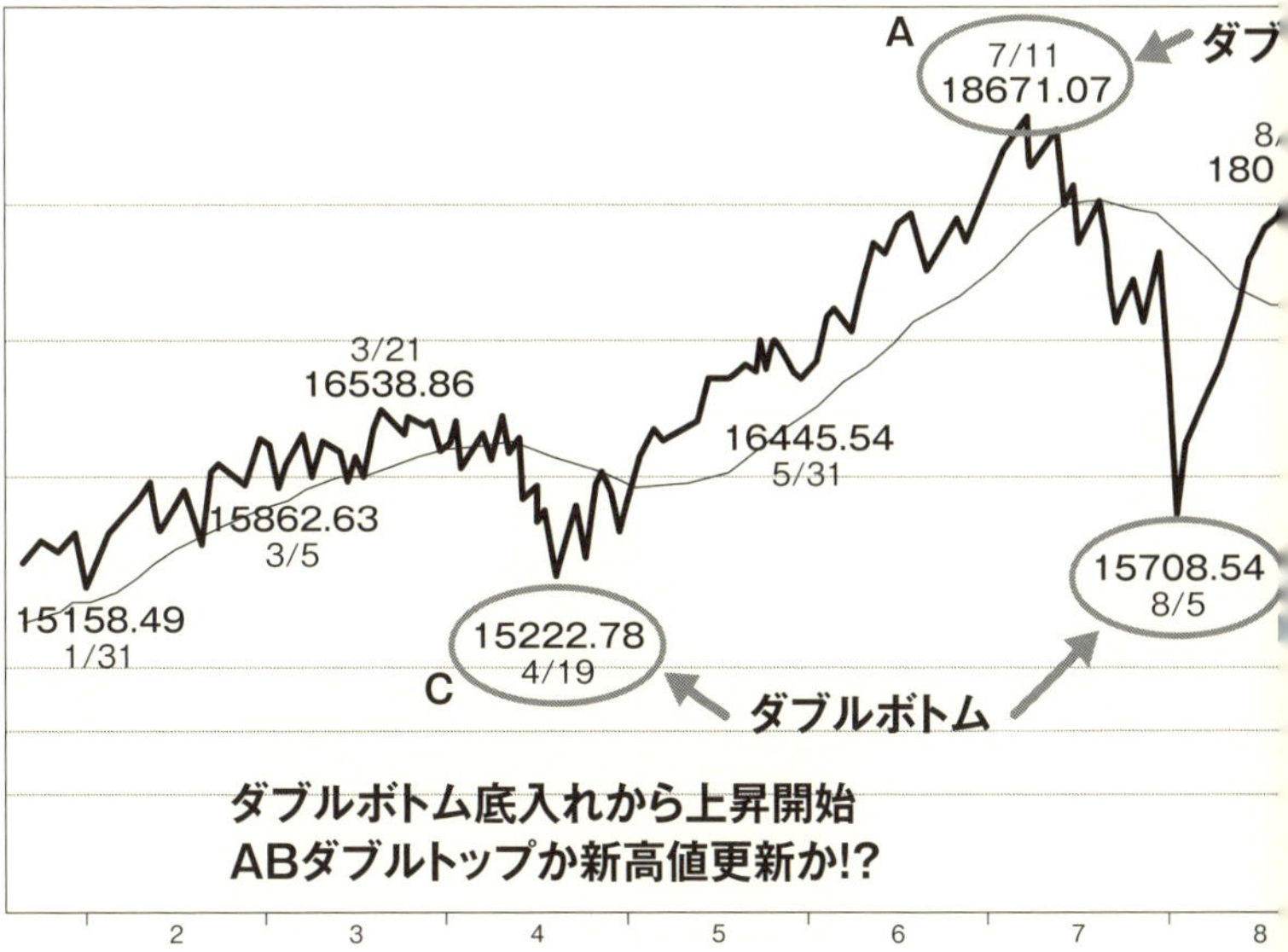
A
7/11
18671.07
ダブ
8/
180
3/21
16538.86
16445.54
5/31
15862.63
3/5
15158.49
1/31
15222.78
4/19
C
15708.54
8/5
ダブルボトム
ダブルボトム底入れから上昇開始
ABダブルトップか新高値更新か!?
2
3
4
5
6
7
8

この２１９９兆円の約10％の２２０兆円でも株式市場に流入したら、さらに大幅な円安になります。

日本人はみんなが同じような発想で動くから、前半はドル買いでしたが、後半のいまはやや円高になって、１ドル１５２円～１５３円台（11月1日現在）で推移しています。

円高なら、内需関連は上がってくる。特に食品など輸入関連はコストが下がるメリットが出てくるからです。しかも内需関連株というのは、新ＮＩＳＡの人々にとってはなじみのある会社が多いわけです。

たとえば資生堂を買おうとか、三越伊勢丹を買おうとか、六甲バターを買おうとか。百貨店や、コンビニ、スーパーに商品があるので、わかりやすい。あそこのバターはものすごくいいから会社を買っておこうということになる。だから、消費・内需関連相場は円高に振れると盛り上がると思います。しかし円高と言っても、いまのところせいぜい140～150円程度です。なので円安、脱デフレ、株高の流れは当分続くものと予想していま す。

ですから皆さんも大局観を持って迷わず日本の株を買ってください。これが今回の私からのメッセージです。

第2章

これからの株式相場をどう先読みするか

2023年から資産インフレ相場が始まっている

いまの日本の株式相場の動きをかいつまんで説明してみましょう。

私は、昨年2023年の年初に私が主宰する「スガシタボイス」の会員の方々に向けて「2023年の1~3月期は日本株の底値圏。日本株をバーゲンセールで買える最後のチャンス。なぜなら2023年の4月から資産インフレ相場が始まる」とお伝えしましたが、その予想は見事に的中しました。

これまで私が何冊もの著書で言い続けている「資産インフレ相場」がなぜ始まるかというと、前年の2022年の10月に30年ぶりという1ドル150円台がやってきていたからです。つまり、円安です。超円安時代になって、円安で物価が上がるのは目に見えていました。

そして、2023年の4月からこれまで下がる一方だった賃上げが始まりました。だから、円安、賃金インフレ、それに加えて、新型コロナのパンデミックが一段落して、訪日観光客が過去最高を超えてきた。このインバウンドの盛り上げもあって、2023年の4月から資産インフレ相場が始まるだろうと予想しました。

2023年の1~3月期が日本株の底値と私は予想していましたが、そのとおりになりました。昨年の1~3月期が日本株をバーゲンセールで買える最後のチャンスでした。

円安・脱デフレのメリットを織り込んだ資産インフレ相場の第1ステージが今年3月に日経平均4万円を超えて、その後は高値圏でのもみ合いのあと、7月11日に4万2426円で二番天井をつけて、いったん終わった。

この二番天井を打った後の調整は、早ければこの9月中と考えていましたが、そのとおり9月27日には3万9000円台をつけ、10月15日には一時4万円を超えてきました。いよいよバリュー株の底上げ、資産インフレ相場の第2ステージが始まろうとしているのです。

この第2ステージで第1ステージと条件が変わったのは、為替の状況です。

1ドル160円台をつけていた一時の超円安から円安修正局面に入っています。それによって、内需、円高メリットの恩恵を受ける株も、人気づく可能性があるというのが一つです。

もう一つは、円安が続いていたので今年1月からの新NISAでニューマネーがかなりドル建ての銘柄やETFなどに向かっていたのが、円安が修正されて国内に回帰しはじめているということです。

ただ、これはあくまで短期的な動きです。いまの日米金利差は当分続くでしょうし、米国の金利、インフレが高止まりする可能性もあるので、円ドル相場の基調は円安が続くと見ています。

波動理論からマーケットの動向を読む

私の場合は、相場の先読みには「波動」を基本に判断しています。もちろんさまざまな経済指標や日銀の金融政策の動向などを軽視しているわけではありません。しかし、そうした要因はすでに相場で織り込み済みとなっていることが多いのです。

そもそも株価は景気の先行指標です。6カ月から1年程度先の景気予測を見込んだ数字が株価に反映されているのです。ですから、こうした指標をもとに相場予測をしても現状分析はできても、この先の相場の未来を読むことはむずかしいのです。

これまでも私の著書のなかで何度も説明してきましたが、景気と株価は波動で動くものです。なぜかといえば、経済、金融を動かすのは人間だからです。人間の営みには必ずサイクルがあるのです。その意味では歴史もサイクルで動いています。いまの経済は政治や歴史の波動もあわせて見なければ、理解できません。

経済の波動は4つの波によって構成される

それでは、私の考える波動とは何か。ここで少しおさらいをしておきましょう。

相場の波動というのは、株価でも、円ドル相場でも、上がるか、下がるか、横這いか、この3つしかありません。あたりまえのことです。景気は好況か、不況か、停滞か。政治も離合集散、国家も栄枯盛衰の繰り返しです。

人生も喜怒哀楽、ずっといいことが続くはずがありません。いいことがあり、悪いこともありというのが人生です。

株価も一方通行に上がり続ける株もなければ、下がり続ける株もない。上がったり下がったりです。この波動をいかに読むかということになります。

しかし、この波動を初心者の方に理解してもらうには少々やっかいなのです。というのも、短い波、中ぐらいの波、長期の波、超長期の波と大きく分けて4つの波があるからです。それぞれが違う動きをしている4つの波を理解しなければなりません。そこがちょっとややこしいところです。

この4つの波とは景気循環の波です。これは私が勝手に言っているのではなく、すでに学説として経済には4つの景気循環のあることが知られています。いつもの図ですが図5を参照してください。

その4つの景気循環とは、3年、10年、20年、約半世紀の50年ないし60年という周期で

図5　景気循環の４つの波（サイクル）

キチンの波（サイクル）――約３年半のサイクルで繰り返される景気の波

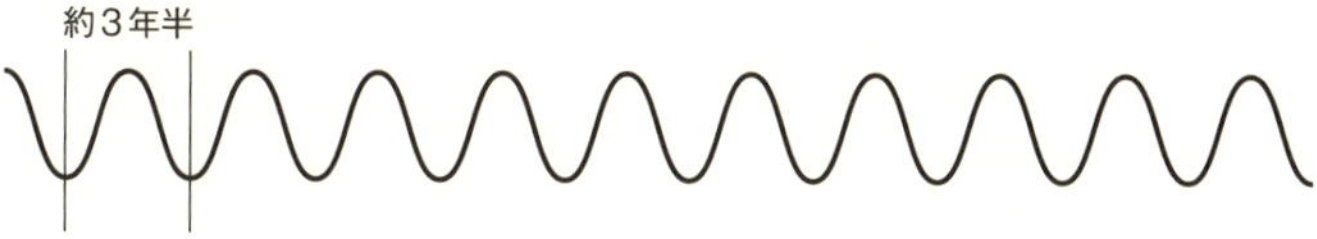

ジュグラーの波（サイクル）――約10年のサイクルで繰り返される景気の波

クズネッツの波（サイクル）――約20年のサイクルで繰り返される景気の波

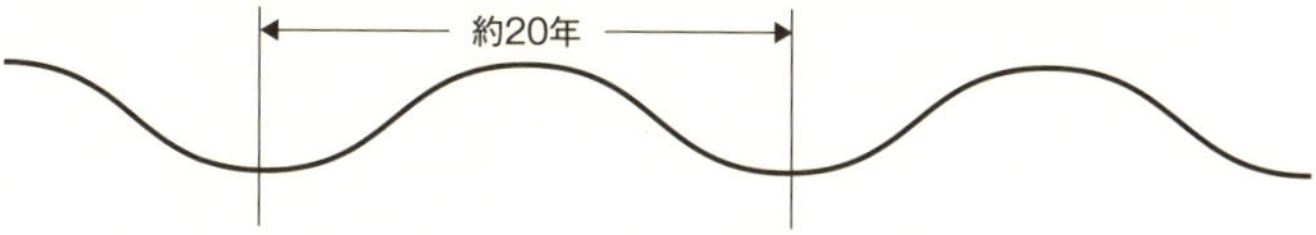

コンドラチェフの波（サイクル）
――約50年（40～60）のサイクルで繰り返される景気の波

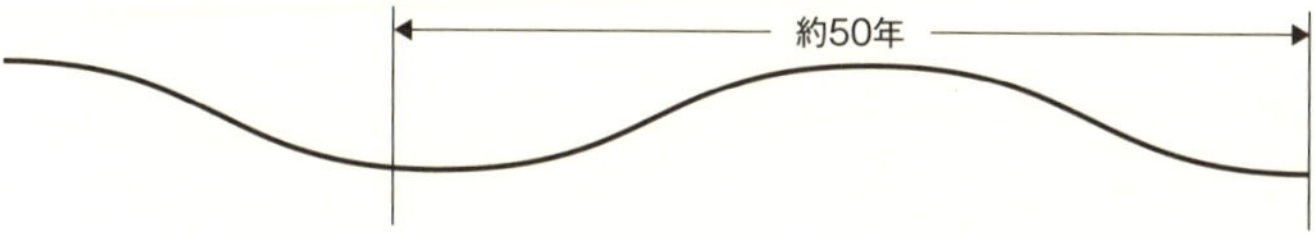

す。いちばん短い3年の波は、キチン・サイクルと呼ばれます。10年の波は、ジュグラー・サイクル、20年の波はクズネッツ・サイクル、約半世紀の長い周期の波はコンドラチェフ・サイクルと呼ばれます。この波動の種類を頭の隅に置きながら市場の動きを見ていくのです。

日本株は戦後7回目の上昇波動に入った

いま日本株の相場は、大きな波動の7回目に入っています。いま日本株が7回目の波動に入っていることをわかっている人は、ほとんどいません。

38ページの図6は日本株の戦後の長期のチャートです。この長期のチャートを見ると、戦後5回の大相場がありました。そして戦後6回目の大相場は2012年の11月に野田佳彦民主党首相が、国会で当時野党の安倍晋三さんの質問に答えて、解散すると言った。それが11月13日で、その翌日の14日から株価が上がりました。

このときはまだ第2次安倍政権は影も形もありませんでした。ただ、解散総選挙をすると言っただけで、翌日からもう株価が急上昇したのです。だから、11月13日が安値です。ここからアベノミクス相場が始まったのです。

第二次安倍政権が誕生したのは、2012年の12月20日でした。そして、翌年の2013年4月4日に黒田東彦総裁の黒田バズーカ砲が始まりました。いわゆる異次元緩和です。ここからアベノミクス相場が始まって、足かけ7年で株価は2・8倍になりました。

戦後5回の大相場がありますが、これはほとんどが、出発点から5倍以上になっていますが、4回目だけ2・4倍ぐらいのときがあった。このときはオイル・ショックが原因でしたが、今回もアベノミクス相場が5倍にならなかったのは、政治的スキャンダルがあったからです。

2017年から森友学園問題が国会で紛糾するようになった。そのあとも経済特区をめぐって加計学園問題が起こって、モリカケといわれて安倍首相が窮地に陥った。モリカケが一段落したと思ったら、今度は「桜を見る会」の経費問題で国会が紛糾した。それが、

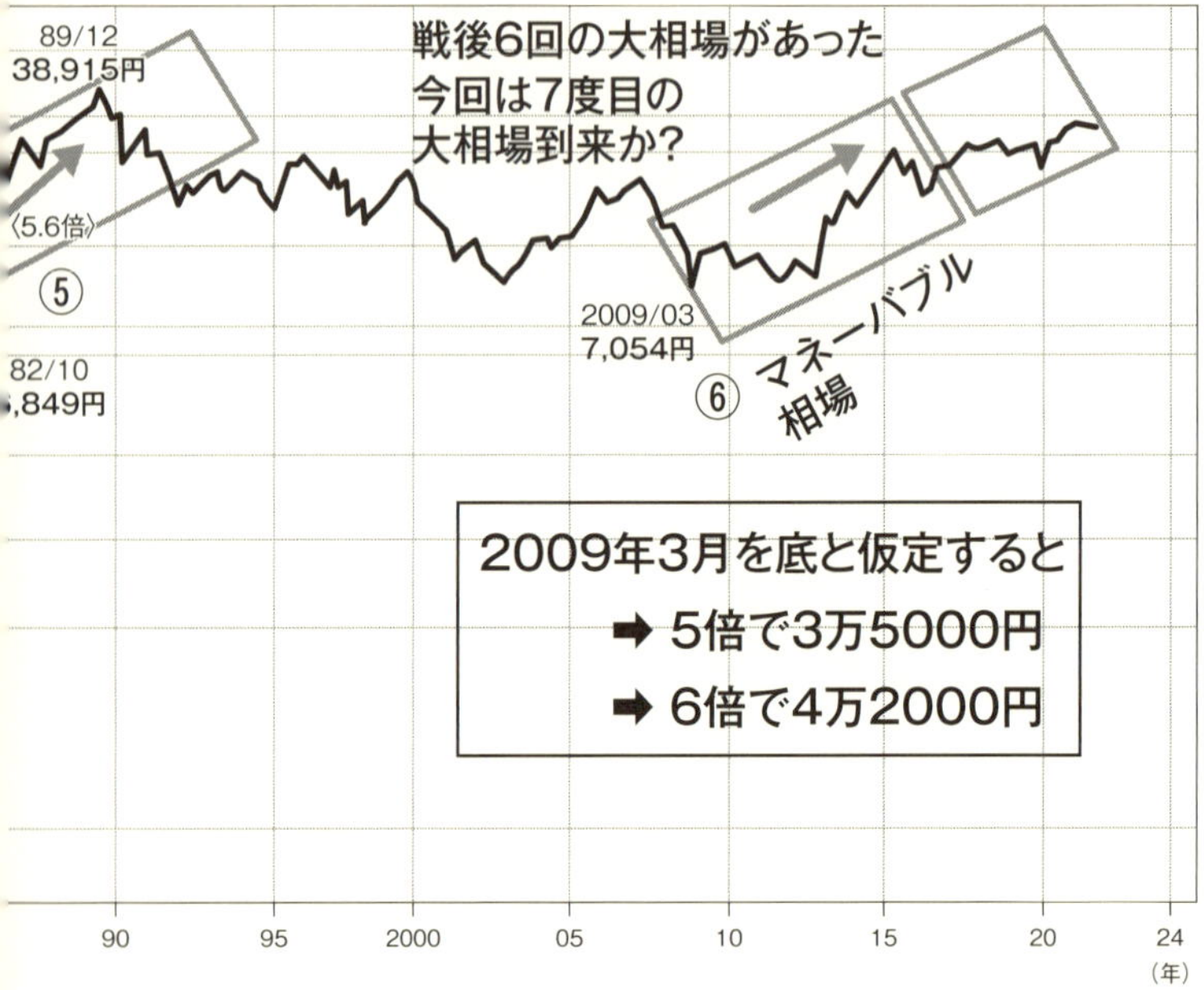
89/12
38,915円
戦後6回の大相場があった
今回は7度目の
大相場到来か?
〈5.6倍〉
⑤
82/10
,849円
2009/03
7,054円
⑥
マネーバブル
相場
2009年3月を底と仮定すると
➡ 5倍で3万5000円
➡ 6倍で4万2000円
90
95
2000
05
10
15
20
24
(年)

2019年の5月でした。

安倍政権は続いていましたが、このモリカケサクラ問題で実質的に安倍さんは失脚したと言っていいでしょう。株価はそれを先に織り込んでいたわけです。

こうしてアベノミクス相場は、7年上げて2018年の10月に天井をつけて、そこからずっと下がって2020年のコロナ・ショックの3月19日に1万6358円で底入れしました。こ

図6　超長期の日経平均株価の推移

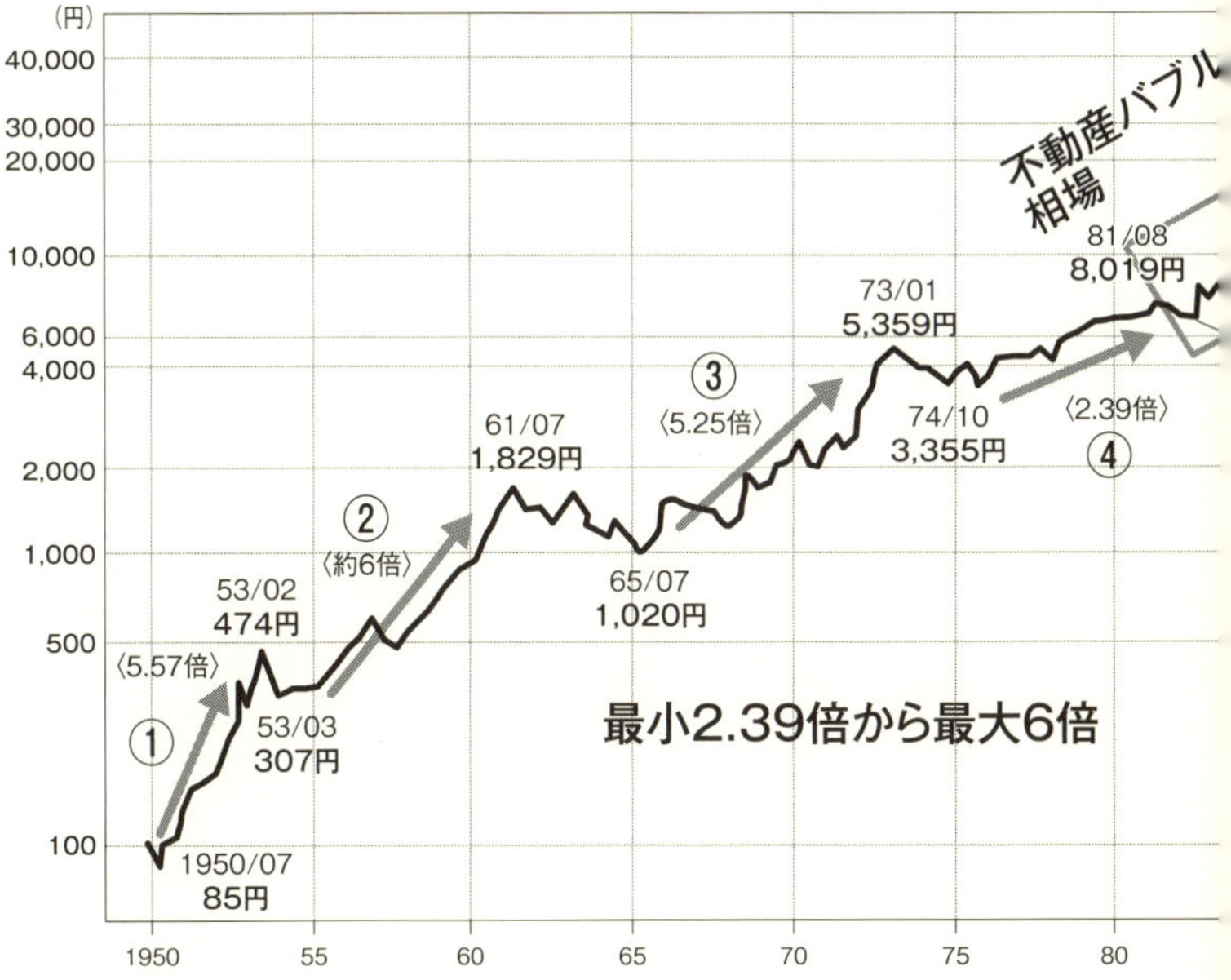

（円）
40,000
30,000
20,000
10,000
6,000
4,000
2,000
1,000
500
100
1950
55
60
65
70
75
80
不動産バブル
相場
81/08
8,019円
73/01
5,359円
③
〈5.25倍〉
74/10
3,355円
〈2.39倍〉
④
61/07
1,829円
②
〈約6倍〉
65/07
1,020円
53/02
474円
〈5.57倍〉
53/03
307円
①
1950/07
85円
最小2.39倍から最大6倍

こから株価は上昇に入ってきます。

　この２０１８年の10月天井で戦後６回目の大相場が終わったと私は判断しています。ここからコロナ・ショックの安値、１万６３５８円から、いま戦後７回目の大相場が始まりつつあるというのが私の大局観です。

　戦後７回目の大相場の高値の目標はどれくらいになるか。この安値の１万６０００円台から５倍なら８万円台です。コロナ・ショックの1万6000円から5倍の8万円をめざす相場が、長期トレンドでいま始まっている。これが波動で見た長期トレンドです。

日本経済は2023年から3年続くゴールデン・サイクルに入った

もうひとつ株価上昇の要因になるのが、ゴールデン・サイクルが2023年から始まっているということです。

景気循環の権威で元三菱UFJモルガン・スタンレー証券の嶋中雄二さんが、2023年から2025年にかけてゴールデン・サイクルがやってきていると予測しています。ゴールデン・サイクルとは何か。

景気循環には短期、中期、長期、超長期の4つの波があります。その4つの波が全部、上昇期に入るのがゴールデン・サイクルです。戦後になってから6回目のゴールデン・サイクルが2023年から始まっているというのが嶋中さんの説です。

過去の5回のゴールデン・サイクルは2年続いただけですが、今回はめずらしく3年続くと予想されています。つまり、短期、中期、長期、超長期の波が全部、上昇期に入る。短期の波というのは在庫投資の波、中期の波は設備投資の波。こういう波が全部、上向いている。超長期はコンドラチェフの波。長期の波というのは一番大事で建設循環の波。これも上昇期に入っている。建設循環というのは20年ごとに建物が古くなって建て直すので景気がよくなるという波です。

これが全部、上昇期に入っている。したがって、2023年以降、日本にも資産インフレの波が押し寄せて株価が上がる。2025年まではついに1989年の高値を突破して、日経平均株価は4万円をつけるんじゃないかと私が予想して的中させたのは、このゴールデン・サイクルも参考にしたからです。

3万5000円~4万円のボックス相場を抜けてくれば日経平均8万円が見える

それでは2024年11月以降の短期ではどうなるか。前でも述べましたが、私は2023年の1~3月が底で4月から株価が上がると予想して的中させました。どうして予測が的中したのか。私が相場の波動で予想していたからです。

まず日経平均株価の中長期波動の一番底はどこだったかというと、2020年の3月19日で、コロナ・ショックの安値1万6358円。ここで一番底が入っています。その後、二番底が入っていませんでした。波動理論では、「大回り三年、小回り三月（3カ月）」といいますが、普通は、3年後くらいに二番底をつけます。3年後ぐらいに天井や底がやってくる。

2020年から3年後、コロナ・ショックの安値が2020年の3月だから、ちょうど3年後は2023年の3月です。そこで底入れしたら、きれいに時間の波動、日柄どおりになっています。

この波動で予想していましたが、もし波動どおり2023年の3月ぐらいまでに二番底が入って4月から上がるなら、どんな買い材料が出てくるかを予想したのです。それが前年から始まった超円安、インバウンドの復活、賃金インフレでした。これらによって「資産インフレ相場」が始まる。別の言葉で言うと、「バリュー株の底上げ相場が始まる」と判断したわけです。


その中でも、とくに円安の恩恵を大きく受けるのは、一に海運、二に鉄鋼、三に商社とずっと言っていました。スガシタボイス会員の皆さんにも再三再四お伝えしていました。

私の判断通り、去年の4月から今年の3月まで海運、商社などは一本調子で上がりました。

これはまた日柄ですが、2023年の4月スタートの賃金インフレ、バリュー株の底上げ相場は2024年の3月に日経平均が4万円をつけて終わったわけです。

この短期波動の中の長期サイクルは約1年なので、きれいに1年上げました。でも、天井をつけた後は高値圏でもみ合って、7月11日に4万2426円で二番天井をつけた。

このバリュー株相場の第1ステージは3月~7月のダブルトップできれいに終わってい

ます。その後は二番天井をつけると本格的に下げるというのが相場の波動です。

その波動のとおりに8月5日には、前日のニューヨーク株が暴落して円高に動いたので、「日本のブラックマンデー」と言われるぐらい、日経平均は4451円も下げました。

その日に日経平均は一時3万1115円（終わり値は3万1156円）という、3万円台ぎりぎりまで下げた。これが一番底です。

その後、下げ幅の半値戻しは3万7000円ぐらいですが、10月15日には、一時4万円を突破して、いまは3万9000円近辺での動きになっています。


いま日経平均は3万5000円と4万円のゾーンにある。この4万円の壁は1989年12月末のバブルの高値に対してダブルトップになる。だから、この壁はなかなか抜けない。でも、これを抜くと〝前人未到の大相場〟が始まる。とりあえず4万円を突破したら、来年は4万8000円が目標になる。そして、最終的には日経平均8万円を目指す大相場になるでしょう。

第3章

日本のビル・アックマン銘柄を探せ！

米国ウォール街の当たり屋の投資に学ぶ

相場の波動的にはこれから年末年始に向かって上昇第2波が始まるはずです。これはいわゆる資産インフレ相場の第2ステージです。この上昇相場で、株初心者はどういうものを買ったらいいいか。

バリュー株相場の第1ステージの後半は銀行株や金融株も上がりました。では、この第2ステージで、株投資の初心者は、いったい何を買ったらいいのか。

そこで皆さんにひとつのヒントです。米国ウォール街の当たり屋、著名投資家のビル・アックマンという人物がいます。アックマンはもともとアクティビストとして有名でした。アクティビストとは、「物言う株主」とも呼ばれます。例えばAという会社の大株主になって、株主としての権利を積極的に行使することで企業に影響力を及ぼそうとするのがアクティビストの投資法です。投資先企業の一定割合以上の株式を保有することで、経営

ウォール街の当たり屋として注目されるビル・アックマン。アクティビストとして活躍していたが、２年前から投資手法を変えて大成功を収め話題になっている。

陣に対して対話や交渉を行い、増配や自社株買い、不採算部門の売却などを提案して投資先企業の企業価値向上を大義名分とした株主権利行使を行います。それで株価が上がったところで株式を売却して利益を得るわけです。

　ところが、このアクティビストとして有名だったアックマンが、２年前からアクティビストをやめて、８人の投資チームを採用して、彼らに大企業の株を調査させて、大企業の株を買って長期保有するという、ウォーレン・バフェットのようなバリュー投資に転換しているのです。彼のファンドは、２

兆5000億円という巨額の資金を運用しているといわれます。

アックマンは「パーシング・スクエア・キャピタル・マネジメント」というファンドの創設者で大富豪ですが、その彼が昨年買った銘柄は、たったの10銘柄です。それを約9カ月間何もしないでただ持っていただけで、彼のファンドの利益は、6億1000万ドル（約914億円）を稼いで、ブルームバーグが毎年発表するヘッジファンド創業者の長者番付で過去最高の7位にランクインしました。

2022年にはトップ15にも入らなかったのに大躍進しています。アックマン率いる8人の投資チームは大企業の株を保有するという堅実なアプローチで昨年は26・7％のリターンを上げています。他の有力ファンドの「ウエリントン」の15・3％や「ミレニアム・マネジメント」の約10％などを大幅に上回るパフォーマンスでした。

それでは、アックマンはどういう銘柄を買ったのか。いま話題のAI用半導体メーカーのエヌビディアか何かだと多くの人は予想するでしょうが、これが違うのです。彼の投資額の第1位はなんとメキシコ料理チェーン店のチポトレ・メキシカン・グリルという会社です。この株価が去年は64％も上昇した。

アックマンの投資額2位も、レストラン・ブランズ・インターナショナルというレストランの持ち株会社でした。バーガーキングなどをはじめとする、クイックサービスレストランのブランドを所有・フランチャイズ展開している企業の間接持ち株会社です。マクドナルドならばだれでも知っていますが、レストラン・ブランズ・インターナショナルという会社を知っている人は少ないでしょう。この会社は比較的知名度は低いけれど、ドーナツやピザなどファストフードのチェーン店を展開している。この会社の株価が50％以上値上がりした。

第3位は、だれでも知っているヒルトン・ワールドワイド・ホールディングスです。世界的に有名なホテルチェーンです。ヒルトンも5割近く上がりました。

第4位はハワード・ヒューズ・ホールディングスです。これはハワイなどで高級マンションを売っている不動産会社です。

こうしてアックマンの投資先リストを見ていくと、外食、ホテル、不動産などで誰もが知っているような消費関連ばかりです。ＡＩや半導体などのハイテク部門はひとつもありません。主に内需関連ともいうべき銘柄で９００億円も稼いでいる。

この上位3社の昨年の収益率（リターン）が、1位が65％、2位が58％、3位44％と稼いでいる。ハイテク株はグーグル1社だけしか投資していない。まさにバリュー株投資です。また上位5銘柄がポートフォリオ全体の価値の80％を占めていて、少数銘柄への集中投資で成功しているのです。

このアックマンの投資先を見ていると、いまはやりのＡＩ関連で注目されているエヌビディアの経営内容など調べる必要がないということがわかります。普段わたしたちがよく行っている外食レストランで上場していて伸びそうな会社を買ったらいい、ということになるからです。

このビル・アックマンの投資戦略を、ぜひ皆さんも参考になさってください。誰もが知っている、誰もが使っている商品やサービスを提供して伸びている会社を見つければ、ビル・アックマンのように高い投資成果を上げることができる。私も今後ビル・アックマン銘柄を見つけて集中投資してみようと思っているところです。

日本版「ビル・アックマン銘柄」を買え！

そんなアックマン銘柄が日本にもあるのか？　じつは、これがあるんです。すでに今年の1月の安値から3倍以上になっている。それを私は「日本のビル・アックマン銘柄」と名づけました。

カンロという会社です。昔から有名なカンロ飴を製造・販売している老舗のお菓子メーカーです。私ですら上場しているとは思わなかったカンロの株価が1月の安値から、いま現在、3倍以上になっています。だから、まだ株価が上がっていないカンロみたいな会社の株を買ったらいい。例えば、札幌のラーメン屋を展開する丸千代山岡屋（3300）です。ここの株価は6倍にもなっています。

この日本版「ビル・アックマン銘柄を買え！」というのが今回の本で強調したいことの一つです。

簡単に言うと消費関連です。世界的にお金あまりで、インフレが基調になっています。それぞれの家庭における家計は厳しくなっていますが、これまでデフレで値上げできなかった内需関連の会社が、値段を上げてきています。生活必需品は買い控えできませんから、値上げした分企業の利益は増えるわけです。つまり内需関連の企業業績が上がってくるはずです。

コロナ・ショックのころは、内需・消費関連は全部だめでした。だから株価は底這いしている。例えば、ホテルもそうです。いまはインバウンドの盛り上がりもあって、東京や京都、大阪などはホテルの予約が取れなくてたいへんになっています。

いまはホテルの宿泊費は需給によって大きく上がる仕組みができ上がっている。いままでのように繁忙期だけ値段を上げていたものが、日々の需給に応じて値段を上げ下げできるようになった。こうした価格システムを導入することで、ホテル業界は収益率を上げているわけです。

もともと外資系ホテルはそういう価格システムで運用していましたが、いまは日本のホテルもほとんどがそうなっています。だから日本のホテルで上場している会社も要注目なのです。これまで放置されていたから、株価が上がっていない。そういう中で、お買い得ホテルもあるかもしれない。これもビル・アックマン銘柄です。

ビル・アックマンはだれでも知っている世界的ホテルチェーンのヒルトン・インターナショナルを買って5割以上も株価が上がっています。

いままでは、米国株式市場をけん引してきたのは、AI、半導体関連株です。しかし最近はAIバブルの相場が一段落しそうになっています。その典型がAI用の半導体メーカーのエヌビディアです。エヌビディアはいったん暴落しましたが、また急騰していて、AIブームはまだ継続中ですが、いつまで続くのか、市場には警戒心が出てきています。

これを証明する裏付け情報があります。この6月末にアメリカの多くの巨大な投資ファンドがSEC（米国証券取引委員会）に、どんな株を売り買いしたかを報告しています。

その報告書を見るとテック株はほとんど売られています。バークシャー・ハサウェイのウォーレン・バフェットもアップルの株を半分以上売っています。テック株は将来また上がってくるかもしれませんが、あまりにも過大証価されているという見方がウォール街では有力になってきているのではないでしょうか。

それに代わって出てきたのが消費・内需株です。ビル・アックマンのファンドも、6月末にはアップル株などテック株をどんと売って、何を買ったかといえばナイキです。

アメリカは個人の消費がすごかった。アメリカは株で儲かると消費が伸びるという傾向がきわめて強い。日本とはまったく資産の配分が違うからです。

ただ、日本の個人消費はこれから拡大です。まだまだ、大企業中心ですが、賃金は2023年の4月から大幅に上がっている。だから、個人消費は伸びる。しかも眠れる個人金融資産も株式市場に入ってきている。この人たちは初心者が多いから、よくわからない株は買いません。だから各セクターの一流株を買っている。

その中でも消費関連は彼らにもわかりやすい。キユーピーマヨネーズをよく使っている人は、キユーピーマヨネーズの株を買ったらいい。実際にキユーピーマヨネーズの株は上がっています。あなたの生活の中からお宝株が出てくるようになります。初心者はまず自分の身の回りの内需関連から銘柄を探せばいいわけです。

とにかく「カンロ飴を買え」です。これはドンピシャで、わかりやすい。カンロ飴は3倍以上になりました。1月の安値から9カ月で3・3倍ぐらいになっています。

カンロの株はすでに上がっているのでなぜカンロが買われたのかを知って、次なるビル・アックマン銘柄を探してください。

内需関連株は歴史と伝統のある企業に注目

内需関連株には、一部例外はありますが、高配当のものは少ない。前述のカンロは3%くらいです。海運などはいまでも、配当利回りが5%以上です。株が下がったところで買っておけば、配当は6%近くになるわけです。長期保有方針で、来年の3月配当を取ればいいわけです。

ビル・アックマンの投資法で参考になるのは、株は頻繁に売り買いしていたらだめだということです。いいと思った銘柄を買って持っておく。ちょっと上がったからといってすぐに売ってはだめです。じっと引きつけて、半年、6～9カ月くらいは保有する。

そして、株式投資で儲けようと思ったら、これぞという銘柄に集中投資です。すくなくとも2～3銘柄くらいにしぼって。私は多くても5銘柄にしています。マスコミ、メディアに登場している専門家たちがさかんに分散投資をすすめていますが、分散投資をしても絶対にお金持ちにはなれません。集中投資が基本です。ただし、自分の判断が間違ったら、素早く損切りしなければなりません。言うまでもなく、集中投資はリスクがあります。また簡単ではありません。しかしもし私が昨年3月に川崎汽船に集中投資して、今まで保有していたら、皆さん、何倍になったと思いますか？　なんと、約6倍です。

さて、この消費関連のビル・アックマン銘柄で一番大事なのは、一つは歴史と伝統のある会社だということ。つまり、長年営業していて、つぶれていないということです。そして、最近、業績が好転して増配したりしている会社です。しかも株価が底値圏にあるものです。こういう株は1年、2年持っていたら3倍になるかもしれない。

今回の投資テーマはズバリ、「日本版ビル・アックマン銘柄と高配当銘柄を狙え！」です。専門用語では「バリュー株の第2ステージに乗れ」というのが私からのメッセージです。

第4章

石破政権でマーケットはどう動くか

石破総理が株式市場に与える影響とは何か

石破首相誕生で株式市場はどう変化し、これから相場はどうなるか。

自民党の総裁選で石破さんに決まったとき、株式市場は一時急落しましたが、すぐに戻ってきています。

その後、石破首相は総理就任後すぐに解散総選挙に出ましたが、10月27日の選挙で自民党は大敗して、公明党との連立でも衆院で過半数がとれないという窮地に陥りました。続投の意向を固めている石破首相としては、今後は国民民主党との政策協調で政権を運営するしかないでしょう。

自民党は大敗しましたが、うまく国民民主党と政策をすりあわせていければ、かえって日本経済にはいい結果を生むことになりそうです。なぜなら、国民民主党が選挙公約に掲げていたのは、実質賃金を上昇させて、手取りを増やすというものだからです。

具体的に国民民主党が打ち出しているのは、消費税を実質賃金が持続的にプラスになるまで一律5％に減税、そして基礎控除のいわゆる「103万円の壁」を178万円まで引き上げるというものです。

石破首相は、どちらかというと財政均衡主義で増税を容認する意向を明らかにしていましたが、今回の選挙結果で増税などもってのほか、国民の実質所得を上げないと政権が持たないという状況に追い込まれていますので、国民の審判によって日本経済はいい状態になっていくことが大いに期待できることになっているのです。ですから私は、石破政権でも心配することはないと思っています。

それでは石破首相誕生で株式市場がどう変わるかというと、その手がかりは彼の政治家になってからの経歴を見ると、彼が一番尊敬しているのは、田中角栄と言われています。田中角栄にあこがれて政治家になった。ただ、入った派閥は田中派ではなくて、中曽根派でしたが。

石破茂のお父さんの石破二朗が、田中角栄と刎頸《ふんけい》の友でした。それで鳥取県の知事にしてもらって、参議院議員になれた。石破首相の経歴を見ると、田中角栄と渡辺美智雄の影響がすごく大きいことが見えてきます。中でも、田中角栄を尊敬している。

田中角栄は後に金権政治で非常に批判されましたが、その申し子である石破首相が裏金議員をいまパージしようとしているのは皮肉な現象ですが、石破首相の頭の中を推測してみると、これから彼は田中角栄が過去やったことをやる可能性があります。

それは何かというと、日本列島改造です。いまの言葉にすると「地方創生」です。石破さんは首相になって、すぐに衆議院を解散して総選挙に打って出ましたが、その選挙戦で掲げたスローガンは「日本創生」でした。これは、まさに「地方創生」の石破版だと言えるでしょう。

したがって、石破政権の経済政策は内需中心になってくる。内需の中心とは何かというと、建設、不動産、運輸といったものが中心です。これらの内需銘柄はアベノミクス相場や、その後の岸田政権でも株価が上がっていません。ということは、将来上がってくる可能性があります。その意味で地方創生が石破政権における投資テーマになってきます。

日本の防衛力強化は大きなテーマになる

石破政権でもう一つ大きなテーマになってくるのは、防衛力の強化です。

岸田政権ですでにGDP比2%を超える防衛費の増大を決めていますが、ドナルド・トランプがアメリカ大統領選に勝利した以上、今後さらに防衛力の強化が必要になってくることは容易に予想できます。

10月5日の台湾の双十節で、頼清徳総統が、「中華人民共和国（中国）は中華民国（台湾）の人々の祖国には絶対になり得ない」と演説しましたが、これに対して中国軍は同月14日に台湾周辺で大規模な軍事演習を実施しました。かねてから心配されている台湾有事が強く懸念されて緊張が高まっています。

そもそも日本は、中国、ロシア、北朝鮮という核を保有する近隣諸国に囲まれているわけで、アメリカが世界の警察官から降りようとしているなかで、防衛力の強化は喫緊の課題となっています。おそらく誰が首相になろうともやらざるを得なくなっています。とりわけ石破総理は、軍事オタクと言われるくらい歴代の首相のなかでも安全保障に関する知見が最もあると言われているのですから、なおさらです。

なので石破政権での株式市場のテーマは、大枠では内需中心です。地方を元気にして個人の消費を拡大する。そのために賃金を上げていく必要がある。デフレにとらわれて、コストカットしか考えてこなかった日本人のマインドセットをひっくり返して、賃金を上げて、これまで低く抑えられていた最低賃金も1500円にまでもっていく。

デフレを脱却してある程度のインフレ状態にして、賃上げがそれに追いついていけば経済は好循環になって成長していきます。賃上げで賃金が伸びれば、インフレにも対応ができます。

岸田政権までは賃上げよりも物価上昇率のほうが高かった。だから、支持率も下がりっぱなしでした。物価が上がっているのに、賃金が追いつかなかったからです。賃金が上がらないのに、物価だけ上がるような政権を支持する国民はいません。

ところが、石破さんが運のいいのは、選挙には負けたけれど、実質賃金アップの政策を掲げた国民民主党が躍進して、うまく政策協調ができれば、これから賃金の上昇が物価上昇率を上回ってくる可能性があるからです。というのは、日本はやや円高にもなっているし、インフレもおさまってきているからです。

どちらにしても、石破首相は地方創生で、国民生活を豊かにする。そのためにいわゆる公共投資をやる。それによって建設、不動産、運輸全部が潤ってくるということになる。これはかつて田中角栄がやった日本列島改造に近い政策です。イシバノミクスは日本列島改造に近いものが出てくると予想します。

ということで、石破政権誕生で株式市場では投資テーマがちょっと変わってくる。円高になっても儲かる会社ということになるので、先ほど言った公共、建設関係に加えて、輸入コストが下がる食品とか外食、ホテル、観光関係とか、そういうものがこれからは注目される。しかもそれらの株はまだそれほど上がっていませんから、狙い目です。

個別銘柄で大化けする株が出てくる可能性が高い

２０２０年から始まった円安脱デフレ相場はいちおう今年の７月でピークアウトしました。円安メリットのある企業はまだ上がるかもしれませんが、７月の１ドル１６１円をピークに、いまは１４０円台後半から１５０円近辺でもみ合っています。

ここからの流れは、いまのところアメリカの中央銀行であるＦＲＢは、金利を下げていくと見られていて、一方、日本の日銀は金利をゆっくりではあるが上げていく方向です。そうすると、おそらくじわじわ円高になると見ている人が多い。

ただ、為替を予想するのは難しいですが、これまでのような円安はないという流れになるので、１ドル１５０円〜１６０円というような円安で苦しんでいた内需関連が起き上がってくる。これが一つです。

２０２３年の４月から始まったバリュー株の底上げ相場では、海運、鉄、商社がリーディングストックになって日経平均は４万円をつけました。次に日経平均が５万円、６万円つけるためには、バリュー株プラス何かがほしい。それがいわゆるハイテクグロースなのか、あるいは別の業種なのか。いま言った内需株の中に新しいスターが出てくるのか。
幅広く言えば、内需株の中には資源も入ってきます。そういう新しい銘柄を今回はご紹介しようと思っています。

石破首相の政権運営がうまくいって、石破相場が出てくれれば、いままでと違った切り口の相場になる可能性があります。ただ、日経平均の大幅高はないと思います。これまでの株高は、円安恩恵の要素が大きかったのですが、円安が止まってしまったからです。これは、ある意味では国民の総意でもある。あまり円安が続いて物価高になったら庶民が困る。石破首相も円安を抑えようとするでしょう。そういうことで、今後は、円安恩恵相場とは違う銘柄を考えることになります。

しかし、日本のデジタル革命、DX革命が今後明らかに前進して、それを引っ張るような銘柄が出てくれれば、今度は新しいグロース株（成長株）に引っ張られた相場になる。それがNTTデータなのか、ソニーなのか、まだわかりませんが、どちらにしても、グロースの本命株が出てくるのは、まだもっと先になりそうです。なぜなら当分内外のマネーはバリュー株に流入するものと予想されるからです。

ただ、グロースにもバリューにも、個別銘柄で大化けするような銘柄が出てくる可能性はあります。なぜかというと、いまも金融緩和が続いているので、個人も企業も余剰資金はたっぷりあるからです。なにしろ日本の個人の富裕層は増えています。先述したように個人の金融資産は2199兆円です。2199兆円というのは、個人の金融資産としては世界最大です。企業も600兆円を超える多額の内部留保を抱えています。たいへんな余剰マネーが日本国内に蓄積されているのです。

この巨大な余剰マネーを活かすことができれば、日経平均8万円を軽く突破していくはずなのですが、それはひとえに資産運用立国という国策がこれからどれほど前進してゆくかにかかっています。今回の自民大敗で政局は不安定化していますが、先にも述べたように国民民主党と組むことでかえって経済にはいい効果が出てくる可能性が高まっています。

しかも、お金は余っているので、個別銘柄では異彩高を放つものが出てくる。それはたとえば前述のカンロ飴などに表れています。カンロ飴の株価が3・3倍になった。ラーメン屋の株価が6倍になっている。

1年で3~6倍ぐらいになる株が今後も出てくるので、候補株を今回、この本で読者の皆さんにご紹介したいと思っています。

第5章

戦争の時代に投資はどうなるか

戦争の時代に投資はどうなるか

世界情勢はひとことで言って戦国時代に入っています。2022年2月24日にロシア軍がウクライナに侵攻したウクライナ戦争は2年半が経過したいまも、戦線は膠着して出口が見えません。その間に、イスラエルがハマスのテロ攻撃に反撃して、いまはイランともミサイルを撃ち合う事態にまで発展しています。

新冷戦構造にも変化がありません。今後、ロシアとアメリカが和解することはむずかしいでしょう。両者の対立はすでに決定的なものになっているからです。そこで、この章では、戦争の時代を前提にした投資方法を考えてみたいと思います。

第二次大戦後に始まった米ソ冷戦は、共産主義と資本主義というイデオロギーの違いによる対立でした。思想あるいは国家体制の対立といってよいでしょう。しかし、今回の新冷戦は武力の対立なので、兵力の差が勝敗を決めることになります。とりわけ核兵器の保有数・優位性が決定的な要素になっています。

いま、ロシアの核兵器はアメリカを上回ってきているようです。冷戦時代に中距離核戦力（ＩＮＦ）の制限条約が米ソ間で結ばれて、射程距離５０００キロメートル以下の中距離核戦力は制限されていましたが、その範疇に入らない核ミサイルをロシアは開発して配備してきたからです。アメリカは核戦力の増強をほとんどしてこなかったので、ロシアのほうが核戦力で優位に立つことになっている。この核戦力の増強があるからプーチン大統領は、アメリカと互角に戦えるぐらいの気持ちを持っているらしい。だから、強気で出てくる。

とはいえ、軍事力は総合力ですから、空母打撃群の保有数や、戦闘機など兵器の性能などを総合的に調べなければわかりません。しかし、もう一つの冷戦対象国である中国の軍事力増強のペースも驚異的です。１９８９年以降、毎年10%を超える伸び率を継続してきて、現在の中国の国防費は、34兆８０００億円にもなっています。日本の防衛費が５兆円くらいですから、ほぼ7倍にもなっています。

アメリカの軍事支出は、１３０兆円を超えますから、まだまだアメリカの軍事的優位は揺るぎませんが、今後も中国・ロシアが軍事力を増強してくると、ますます西側の民主主義陣営と中国・ロシアの全体主義陣営の対立は激しさを増します。この対立は相当の期間、解消することはないでしょう。

それに加えて、1000年以上対立が続いている中東で、再び紛争が拡大しています。ガザ地区を拠点とするハマスがイスラエルに大規模テロを実行して多数の外国人を含む一般人を殺害したうえに人質までとるという事件が起きて、イスラエルが反撃のためにガザに侵行して紛争が拡大しました。最近になってイスラエルがイランの新大統領の就任にあわせて、イラン国内でハマスの幹部を暗殺する事件などが起こり、イランとイスラエルがミサイルを撃ち合うような事態にまで波及しています。さらにレバノンにいるテロ組織のヒズボラとイスラエルが戦闘を開始するという混乱に陥っていて、一向に紛争の終結が見えない状況です。

こちらの紛争も簡単には和解することは不可能です。戦ってどちらかが倒れるかの戦争《たたかい》になっています。イスラエルのベニヤミン・ネタニヤフ首相は、徹底的に闘ってハマスとヒズボラを殲滅させるつもりのようですから和解はありません。

戦争特需がアメリカと日本の経済を押し上げている

戦争の時代は、先ほど言ったように相場はボラティリティーが高まって常に強弱が対立します。

戦争の時代の相場はサーフィン相場です。株価が上下に大きく揺れます。初心者はちょっとたいへんです。しかし、株が大幅に下げたときに弱気になってはいけません。下げた後にまた上がってくる可能性が高いからです。

もう一つ、戦争は今後も継続される、あるいは拡大する見通しのほうが高いので、日米の景気はこれで良くなります。戦争で需要が高まるからです。アメリカは景気をよくするために10年に1回は戦争すると言われているくらいです。戦争経済という言葉があるくらい、戦争で特需ブームが起こるからです。

日本でも特需ブームはすでに発生しています。戦争の現場にさまざまな物資を送り込むからです。第1次世界大戦のときの特需ブームと同じようなことが起こりつつあるのです。

昔から相場世界では、「遠い戦争は買い、近い戦争は売り」と言います。第1次世界大戦は日本にとって遠い戦争でしたから買いでした。太平洋戦争は近い戦争だったので、売りです。

今後、一番大事なことはマーケットのボラティリティーが高まるのは覚悟しなければなりませんが、それはある意味ではチャンスです。急落したときに、内需関連で狙い目の株を買えばいいからです。

世界はまだインフレが続く

二つ目は、世界は戦争のせいもあってインフレが続きます。インフレ時代は資産インフレが起こるから、金《きん》も不動産も株も上がるに決まっています。さきほど述べたようにボラティリティーが高いので、短期的には価格の変動が大きいけれども、長期的には日米の株価は上がる。

金の価格は、アメリカのニューヨーク金市場で1オンス（31・5グラム）で2700ドルを超えてきました。すでに歴史的な高値です。金だけでなく、銀もプラチナも銅も上がってきた。資源は全部上がっています。

戦争で需要が増えて、インフレが加速することが予想されるので、現物でそのもの自体に価値がある貴金属の値段は上昇します。


一時、価格低下が激しかったビットコインなどの暗号資産も、発行数が限定されているので、無制限に発行できるドルなどの通貨と比べて資産としての価値が見直されそうです。

さらに2020年2月からの新型コロナのパンデミック対策で各国の中央銀行が大幅な金融緩和を実施して、世界に余剰マネーがあふれています。とりわけアメリカのバイデン大統領は300兆円もの財政支出でアメリカ経済を支えました。そのため、将来のドルの減価に対するヘッジという意味もあって、暗号資産の価格が上昇しつつあります。

金などの貴金属と違って取引は電子的に瞬時にできるので、意外に戦争の時代に暗号資産は伸びてくる可能性があります。注意して見ておくべきでしょう。

トランプ政権誕生で「史上最大のバブル相場の到来」と「第3次世界大戦リスク」がキーワードに

この11月5日に行われたアメリカ大統領選で、ドナルド・トランプが当選を確定して、次期大統領に就任することが決まりました。そこで、このトランプ大統領の再登場が、経済や市場にどのような影響を与えるのかについて、ここで解説してみたいと思います。

ドナルド・トランプの米大統領当選は、日米の株価にとって大きなインパクトになります。今後はまさに「マネーは踊る」状況となりそうです。

トランプは元々、不動産会社を経営するビジネスマンですから、儲けにならないことはしません。アメリカ大統領として、米国の利益にならないことはしないということです。

今後は富裕層、中産階級のプラスになるような減税や財政出動を打ち出してくる可能性があります。ただ、これは財政赤字の拡大につながります。今年1月時点で米国の債務は34兆ドルに上っています。昨年9月時点で33兆ドルでしたから、わずかの期間に1兆ドル、日本円で150兆円増えているわけです。
ジョー・バイデン政権下で、この増加ですから、トランプ政権となれば40兆ドルにまで膨らんでもおかしくありません。

今後、何が起きるかというと、米国発の「大バブル相場」です。米国の債務の膨張が続く限り、日米の株価は上昇します。別の言い方をすると、トランプが大統領の間はバブルを破裂させないだろうということです。

しかし、同時にトランプは長期的に財政規律を見直す委員会の設立に言及しており、この委員長に、テスラのイーロン・マスク氏を起用する考えも示しています。その意味で、日本のバブル崩壊時の日銀のように、急激な引き締めや債務の削減は行わず、長期的視点で緩やかに債務を削減する政策を打ち出すものと見ています。なので、今回のトランプ大統領在任中、日米の株価は幾度も最高値を更新することになると予想しています。

もう一つ、トランプ大統領による大きな変化は地政学リスクです。まず、ロシア・ウクライナ戦争において、ウクライナへの積極的な支援はしないでしょう。おそらくロシア側にかなり譲歩した形での休戦、停戦を目指していくと思われますが、ウクライナのウォロディミル・ゼレンスキー大統領が、この方針を受け入れるかは不透明です。

さらに緊迫化する中東情勢ではイスラエルを強く支援する形となるでしょうから、紛争拡大の恐れが強まります。

その意味で2024年11月5日を境に、世界は大きく変わることになります。キーワードは米国のマネーの暴走による「史上最大のバブル相場の到来」と「第3次世界大戦リスクの高まり」の2つです。


トランプ大統領下では、これまでのFRB（米連邦準備制度理事会）の金融政策のカジ取りを無にするような形でインフレが再燃し、金利が上昇することになるでしょう。

そして、資産を持てる者と持たざる者との格差は日米、そして世界でさらに広がることになります。持たざる側となる中産階級以下の人々や若者の生活はさらに苦しくなり、今増加している「闇バイト」のように、社会不安は増幅されます。

日本に対してトランプは、特に強い関心を持っておらず、良好な日米関係という形にはならないでしょう。トランプの行動原理は「米国第一主義」に尽きます。その覚悟を持って、石破政権も、日本国民もトランプ政権に対する必要があります。企業、個人ともに、ビッグチャンスとビッグリスクが同居する時代に入ったと言えるのです。

お金の情報を知っている人だけが富をつかむ

これからは富の格差が拡大します。去年の3月から川崎汽船を持っていた人と、みずほ銀行に300万円預けていた人では、収入に強烈な差ができてしまいます。

日本でバブルが崩壊して失われた30年とも言われた過去のデフレの時代はどんな時代だったかというと、ものの価値がどんどん下がって、企業も個人も、ものを持っている人は損をしたわけです。マンションなど不動産もコンクリートの塊になってしまいました。デフレの時代は、ものの値段が上がらない。お金の価値が上がるので、お金が強かった。それが、インフレの時代には逆になります。ものを持っている人が勝つ時代になります。デフレの時代は、みんな仲よく貧乏になる時代だった。これからインフレの時代は、いい情報をインプットした人が、価値の上がるものを持つようになる。その「もの」とは株式だったり、不動産だったり、金だったりする。

そういういい情報が入って、いいものを持っている人と持っていない人の格差はどんどん広がるので、いまは富の格差が広がる時代に向かっています。有利な資産に投資できる人だけが、大きく富を増やすことができるのです。

この本では投資初心者でも資産を増やせそうな銘柄をご紹介したいという気持ちで今回50銘柄選びました。次章で説明する投資術のポイントを押さえて、ぜひあなたの資産形成に役立ててほしいと願っています。

第6章

私の株式投資必勝法を教えます

私の株式投資必勝法1――キャッシュアップ（現金保有率を高める）と損切りのタイミング

長年株式投資を実践してわかったことが様々ありますが、その1はキャッシュアップ（現金保有率を高める）と損切りのタイミングを知れば100戦100勝も可能だということです。株価が底値圏から上昇して過熱ぎみになっているのをいち早く察知して、キャッシュアップすれば、その後の株価下落が、絶好の投資チャンスとなります。

また、高値圏で買った株が下がり始めたときに素早く損切りできれば次のチャンスをつかむことができます。

これは、「言うは易《やす》く行うは難《かた》し」で、簡単に身につけられるものではありません。それでも投資の実践と勉強を続ければマーケットの動向、相場の強弱、株価のトレンドというものを次第に体得できるようになります。

リスクが高まっているということを察知してキャッシュアップさえできれば、その後の下落、急落局面がチャンスになります。私も、波動の研究、情報収集をし、日々そのリスクを察知する能力を高める努力をしています。

また、株価の行方の先読みができれば、キャッシュアップ比率を高めた現金を投資に回すことができます。例えば、先述したように、私は2023年初めに、「2023年1〜3月期は日本株の底値圏。日本株、とくに大企業バリュー株をバーゲンセールで買う最後のチャンス。4月以降資産インフレ相場が始まり、円安、脱デフレ、賃上げインフレを織り込むバリュー株の底上げが始まるだろう」と、私が主宰する「スガシタボイス」会員の皆さんにお伝えしていました。狙い目は好業績、高配当、PBR1倍割れのバリュー株で、1に海運、2に鉄鋼、3に商社と明言していました。その予測のとおり、海運、鉄鋼、商社の株は大幅高となりました。

このように、相場の先行きを予測できれば、株価の波動の強い銘柄を引き付け、キャッシュアップが必要なときに現金保有率を高めることができます。

私の株式投資必勝法2――打診《だしん》買《が》いと追撃買い

投資必勝法その2は題して「打診買いと追撃買い」です。株式投資するときに、私は最初〝打診買い〟と言って、最小単位の100株や200株、株価によっては500株程度、これと思った銘柄を買ってみます。買った後、予想通り株価が上昇するようなら、さらに追撃買い、つまり、少しずつ買い増していきます。

株式投資では、上がり始めた株は上がり続けることが多いのです。逆に下がり始めた株は下がり続けるリスクが高いので、素早く損切りする必要があります。

ウォール街の格言に「落ちてくるナイフはつかむな」というのがあります。これがまさに下がっている株は買うなという教えです。しかし、いくら良いと思った株でも、いきなり、投資資金全部で買うとか、まとまった株数で買うということはしません。

〝細心大胆〟という言葉がありますが、投資の第一投、着手の第一手は慎重に買い始めます。前述のように、予想通り、株価の動きが強ければ買い進みます。逆にアテがハズレて買ったとたんに値下がりしたり、引け値が買い値より大幅に安くなったりした場合は（大陰線）、撤退（損切り）を考えます。

株式投資では打診買いから入り、慎重に買って買い増してゆく。株価が上がり続ける限り、しんぼう強く保有するというのが必勝法です。

逆に株を天井圏で高値づかみした場合は、素早く損切りして、捲《けん》土重来《どちょうらい》という心構えが必要です。すなわち、下がり始めた株は、カスリ傷程度で損切りして、次のチャンスを待つ。上がり始めた株は、上ヒゲを長く引くとか大陰線が出るとか、天井圏で出るサインを見て、利益を確定する。まさに言うはやすく、行うのはむずかしいですが、日々実践でその勘《かん》を養うほかはありません。

私の株式投資必勝法3——放れにつけ！

相場世界には、「三角保《も》ち合いの放れにつけ！」とか「上値遊びの上放れは大相場」などという格言があります。「放れ」とは「離れ」とも書きますが、前日の終値より、大きく上回って始まったり、逆に大きく下回ったりして始まることを意味しています。これを「空」「マド」と言います。

なので株価の上昇過程で、上にマドをつけるような株はその後も上昇する確率が高いというのが、経験法則です。私が長年実践してきている「酒田五法」では、この日足に出る「マド」を重要視しています。なので、マドをあけて急伸しているような株に投資するのです。

逆に株価が下落中に、下にむかってマドをあける場合は暴落の兆《きざ》しありです。なので下マドを見たら売りです。高値でつかんだ株が下にマドをあけて下がり始めたら、素早く損切りです。もちろんすべてが100％ではありませんが、上マドは買い！　下マドは売り！　というのが株式投資の実践では確率が高いのです。

三角保《さんかくも》ち合《あ》いとは、直近の高値をむすぶ線（上値抵抗線）と直近の安値をむすぶ線（下値支持線）が交差して、二等辺三角形のような形になるチャートの型を言います。売りと

図7　酒田五法の主な基本線

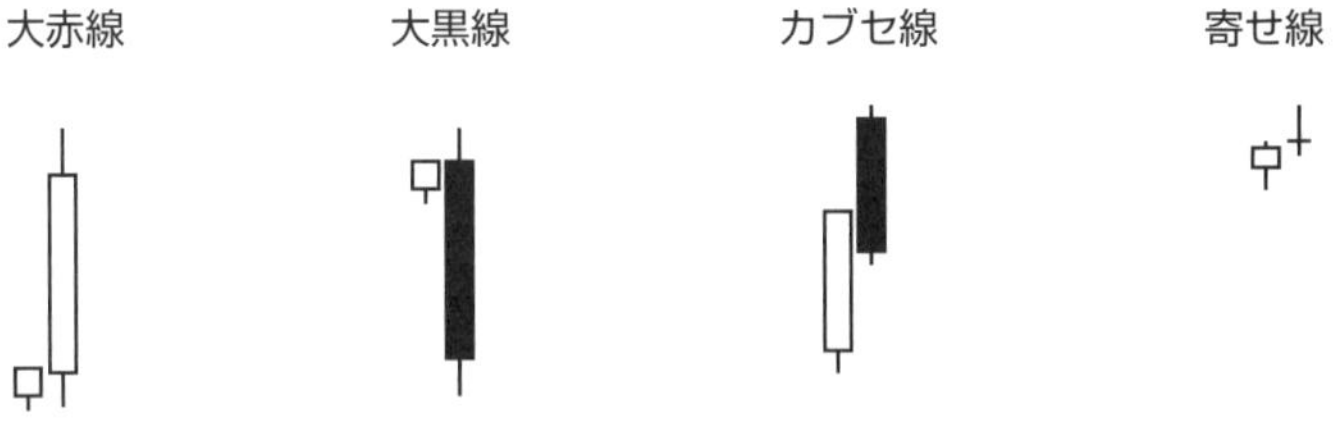

大赤線――高値引けの陽線で、おおむね前日の値幅の３倍以上のもの。最大陽線に注目するのは相場の初歩としておさえておくべき。
大黒線――安値引けの陰線の長いもの。大赤線の反対。
カブセ線――前日に長い陽線が出たあと、反落して前日の陽線の中に食い込んで陰線となって大引けしたもの。株価上昇力の衰えを示唆する。
寄せ線――寄《よ》り引《ひ》け同値で十字になる線。相場の転換を暗示するサインとされる。高値圏で寄せ線が現れた場合は「下落のサイン」、安値圏で寄せ線が現れた場合は「反騰のサイン」

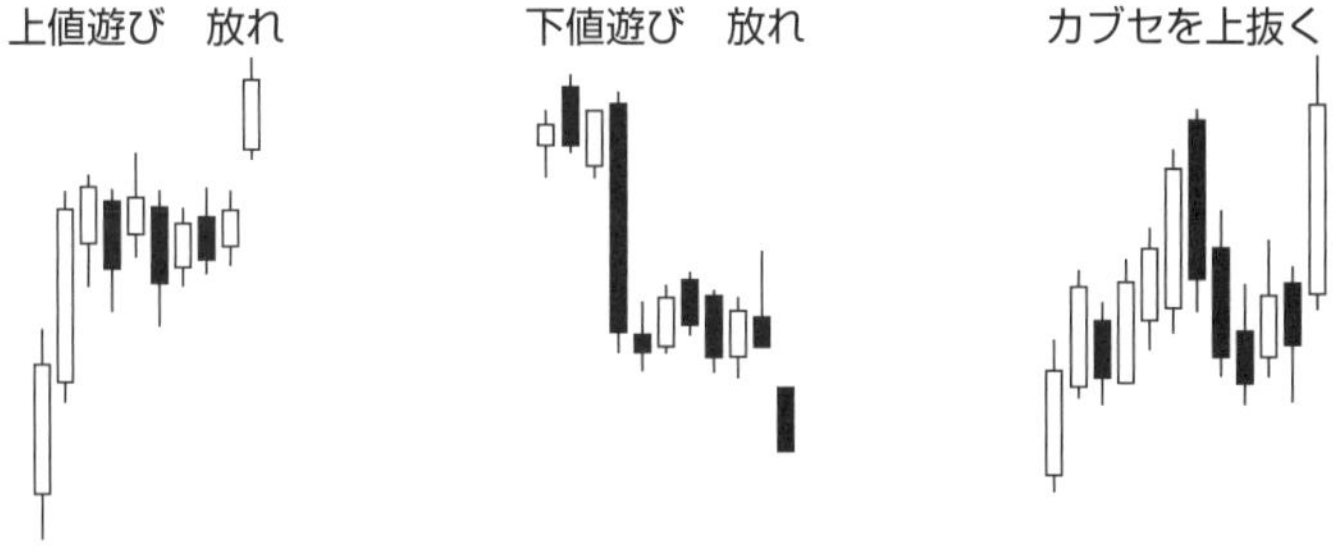

上値遊び――大陽線が出た後高値圏で、５～10本ほどの短線が連続し、最後に上放れの陽線が出てきたもの。急騰した相場に対して、利食い売りや空売りが出る一方、さらなる上昇を狙った新規の買いや買い乗せも入ることから、高値を維持したまま、しばらくもみ合いから上に放れて陽線が発生したパターン買いのシグナル。
下値遊び――下落相場で大陰線発生後に安値圏で５～10日ほどもみ合う中、その均衡が崩れて窓を開けて下放れた陰線が発生したパターン。売りのシグナル。
カブセを上抜く――上昇トレンドで大きな陽線の翌日に上離れで寄り付いたものの反落し、前日の陽線に食い込んで引けるものをカブセ線と呼ぶが、その後もみ合った後、カブセ線を上抜く陽線が出現したものをカブセの上抜けという。買いのサイン。

買いの勢力が均衡しているときに現れる型です。その三角保ち合いを上にマドをあけて放れれば買いのシグナル、下にマドをあけて放れれば、売りのシグナルです。それぞれ、「上放れ」「下放れ」と言います。

また、株価が上昇して、いったん高値をつけた後、高値（天井）から10％押し、せいぜい30％押しくらいまでの下げの水準で保《も》ち合《あ》う、つまり横ばいが続く場合を〝上値遊び〟と言います。

この上値遊びを、上にマドをあけて放れる形を「上値遊びの放れ」と言って強い上昇の兆しとされています。

また、高値圏ではなく、高値をつけた後、半値押《はんねお》し、つまり上昇幅の50％くらい下げたところで保《も》ち合《あ》う、横ばいに入る場合は、「中段保ち合い」と言ってほぼ同じ動きですが、上値遊びからの放れのほうが、中段保ち合いからの放れより株価の上昇圧力は強いと言えます。なぜなら、天井（高値）からの下落率が低いところでもみ合う株価のほうが上昇パワーが強いというのが株価の波動です。

つまり3分の1押しの株と半値押しの株のどちらを買うかというと3分の1押しの株を買うべきです。私の株式投資必勝法3の結論を言えば、「下げない株は強い、押し目の浅い株を買え！」です。

私の株式投資必勝法4——難平《ナンピン》買いと利乗せ

1株1000円の株を買った後、800円に下がったところで買うのが難平買いです。例えば1株1000円の株を100株買えば、10万円（手数料、税抜き）で、800円でさらに100株買えば8万円です。200株の平均買いコストは900円（9万円）になります。つまり平均買いコストが下がるのです。

これをナンピン買い下がると言って、とくに多くの投資家が用いる投資手法ですが、株式投資の手法としては、将棋でいう〝悪手〟、つまり悪い手、負けにつながる指し手とされています。

とくにバリュー投資、割安株投資の投資家の人たちに、よく見られる手法ですが、実は株価の経験法則から言えば、「下がった株は売れ！」が基本なのです。「上がる株は上がり続ける」「下がる株は下がり続ける」とされていますので、下がったらカイではなくウリ、損切りです。そして、上がったらウリではなくカイなのです。初心者の多くの方々は下がったら「カイ」、上がったら「ウリ」という考え方《メンタリティー》です。

わずかな期間に株価が5倍、10倍になるような株には、利乗せ戦法が有効でうまく利益確定ができれば、大勝ちにつながります。「利乗せ」とは、狙いをつけた株が上昇し始めると上に買い増してゆく投資手法です。

しかし、その一方で積み上がった株数と上昇した買いコストをかかえたまま、株価が急落したりすると、ブレイクポイント（損益分岐点）近辺で、早く売らないと大損につながりかねません。あまり初級者向きとは言えませんが、テンバガーと呼ばれる10倍株などに乗った場合、この利乗せ戦法を使わないかぎり、2～3割上がったところで、利食い売りする誘惑にかられます。

つまり利乗せは、みずから買いコストを上げて株数を増やして、大げさに言えば、死中に活を求める戦法です。勝てば、大勝利になります。

私もかつて2013年のアベノミクス相場が始まった頃、ユーグレナ（2931）、ガンホーオンライン（3765）を当時の本命株と見て利乗せ戦法で大勝ちした経験がありま す。逆に2000年のドットコムバブル相場のときには、ソフトバンク、ヤフーの本命株のど天井近辺で利乗せして、その後の暴落で大損した経験もあります。

私の株式投資必勝法5――国策に売りなし！

相場世界には、「国策に売りなし」という格言があります。つまりときの政府の国策に関連する企業の株を買え！　というのが、必勝法です。

例えば、その国のトップ、米国では大統領、日本では首相が変わったタイミングです。新しい政権のもと、どのような政策が出てくるのか？　これによって株価の行方がかなり左右されます。

例えば、2021年1月20日にジョー・バイデンが大統領に就任しました。バイデン大統領は、「グリーン革命」、クリーンエネルギーへの大幅転換を掲げ、クリーンエネルギー関連に4年間で2兆ドルを投じ、2035年までに電力部門の脱炭素化を推し進めようとしました。レノバ（9519）、ウエストホールディングス（1407）など、脱炭素関連銘柄が上昇しました。

相場世界に「国策に売りなし」という言葉があるように、国策にしたがって投資していれば、成功する確率が高いわけです。つまり、時の政府の国策に関連する企業の株を買え！　ということです。

今回、石破茂新首相誕生では、防衛関連が注目されそうだというような読みです。つまり、その国のトップの思考、行動力を分析して政権の国策を先取りした株式投資が私の必勝法です。

私の株式投資必勝法6――当たり屋につけ　曲がり屋にむかえ

当たり屋とは文字通り、相場見通しが良く当たる人です。投資家でもアナリストでもエコノミストでも、見通しの良い人は、それなりの独自の大局観を持っているので、付和雷同しない。

一方、曲がり屋とは、いつも見通しがハズれている人のことです。ちょっときびしく言うと、投資の世界では大半の人が曲がり屋です。しかし、中でも多くの人々に影響を与える立場の人、著名経済評論家などで極論を唱えて注目を引こうという人たちがいます。年がら年中、ハイパーインフレがやってくる。日本国債が暴落する。日本経済は破綻するなど、たいていは超悲観論が多いのですが、こういう人たちが曲がり屋の典型的なタイプです。

以上のように、情報を「定点観測」することによって、当たり屋と曲がり屋をかなり見分けられます。先に詳しく述べましたが、いまならウォール街の当たり屋はビル・アックマンです。パーシング・スクエア・キャピタル・マネジメントというヘッジファンドの創設者です。もちろん、当たり屋を見つけて、それを参考に投資すれば、百戦百勝とはいかなくても、必勝の勝率は高まります。

私の株式投資必勝法7——波高きは天底の兆しあり！

江戸時代の相場師本間宗久が編み出した酒田五法に「波高きは天底の兆しあり！」という言葉があります。この言葉を知っているだけでも株式投資の実践で、かなり活用範囲が広がります。まさに株式投資の必勝法の決めワザと言っても良いくらいです。

波高き相場とはわかりやすく言えば、ボラティリティー（振幅）の大きい相場のことです。ニューヨーク・ダウで言えば、１５００ドル高、その翌日は２０００ドル安などといった動きです。個別の銘柄でもカイ気配ストップ高の翌日ウリ気配ストップ安になるというような展開です。

では、なぜ、そのように株価が上がったり下がったりするのでしょうか？　それは、株価の位置にもよりますが、大体、極端に強弱観が対立しているときに起こる現象です。

日経平均株価でも個別の銘柄でも、酒田五法では、寄引け同値線（十字型）や極線（始まり値と終り値の幅が極端に小さい足）が出て、高値圏で上に長いヒゲ（ヒゲとはザラ場での高値）が出たりすると、上ヒゲ天井といって、天井のサインになります。
逆に安値圏で下に長いヒゲ（この場合の下ヒゲは安値）が出ると底入れのサインとされています。このように波高き足（日足）とは高値や安値が極端に出るケースと言っても良いのです。

酒田罫線では、日足の実体部分が小さく上ヒゲ（高値）や下ヒゲ（安値）が極端に長く出るモノを波高き足としていますが、私は「波高きは天底の兆あり！」という教えは、日足、チャートに現れる型だけでなく波高き現象が出れば株式相場全体が天井近し、底値近しのサインだと解釈しています。この波高き足、波高き現象を直感できるようになれば、株式投資での勝率は高まります。ぜひ活用して株式投資必勝法としてください。

私の株式投資必勝法8——本命株、リーディングストック・けん引銘柄を買え！

戦後6回の大相場がありました。大相場とは、平均で数年、7〜8年の株価の上昇があって、出発点から日経平均株価が約5倍というのが過去のパフォーマンス（実績）です。たとえば、前回のバブル相場で1989年末に日経平均株価が3万8915円で大天井をつけた大相場の出発点は、1982年10月の6849円です。なんと株価は出発点から5・68倍です。上昇期間は約7年です。2013年にアベノミクス相場が始まって今回は戦後6回目の大相場が到来しているというのが、私の大局観、相場見通しでした。

戦後5回目の大相場は、日本列島不動産バブル相場でした。なので日本の土地、地価が北は北海道、南は九州まで、すべて値上がりしたのです。とくに東京など都心一等地の地価は驚異的な値上がりでした。誰もが我先にと土地を買い、マンションを買ったのです。

この不動産バブルは株式市場にもバブルをもたらしました。最後は絵画やゴルフの会員権まで軒並み急上昇したのです。そして最後に日銀の急速な金融引き締め策と財務省の不動産融資に対する総量規制によって、あえなく崩壊。以後、失われた30年がやってきたのです。

前回のバブルは不動産でした。このように、その時々によって投資テーマは変わります。では今回の相場のテーマは何か？　それを、私の大局観として先に解説・予想しました。その相場のテーマ、投資テーマの中から、株価を牽引するリーディングストックが出てきます。

例えば、著書『石井独眼流実践録』のインタビューの一部「株で儲けるにはどんな勉強が必要なのですか？」の問いに石井久先生は以下のように答えています。

まず第一に、株全体、相場全体が高いか安いかの大勢を読まなくてはなりません。それには景気の動向を見極める必要があります。景気動向を富士山に例えると、八合目、九合目からいくら強気になっても相場で儲ける度合いは少ないわけです。

第二に、今の相場は何合目なのかを測定する。私は一合目、二合目ならよほどのヘマをしない限り損することはあり得ないと思っています。よほどのヘマとは銘柄選定を誤るようなケースです。

第三に、銘柄選定です。相場の一、二合目で会社の業績のいい株、言いかえると値の高い優等生の株を買うことが重要なポイントです。相場というのは優等生がまず真っ先に走り出す、劣等生が先に走り出すことはあり得ないのです。

（『石井独眼流実践録』より抜粋／編集）

『石井独眼流実践録』で石井先生の解説する優等生の銘柄、つまり私がいつも解説している相場全体を牽引し上昇していくリーディングストックとなる銘柄を探していくことが大切です。

優等生のリーディングストックとなる銘柄が上昇しているときは、他の銘柄も上昇していくからです。なので、次の上昇相場で相場全体を引っ張る銘柄、リーディングストックとなる銘柄をまず見つけることです。

私の株式投資必勝法9――株式投資の極意は「風林火山」とくに「動かざること山のごとし」

『酒田五法は風林火山』（日本証券新聞社）という相場世界のベストセラーがあるのをご存知ですか。私は何度となくこの本を読み返していますが、なぜ、本の題名に「風林火山」という戦国の武将、武田信玄の言葉が書かれているのか、熟読するうちに、ようやく気がつきました。

江戸時代中期の米相場で大成功した稀代《きだい》の相場師が悟った相場の極意が「風林火山」という言葉の中にあります。これはあくまで、私独自の解釈ですが、相場で成功する秘訣で、彼が一番重要視したのは、「動かざること山のごとし」ではないかと推測します。

なぜかというと、株価が大暴落したときに、青ざめてバタバタしたり、パニック売りしたりするというのが凡人の動きですが、相場名人とは冷静に株価が底入れするまで待てる胆力のある人です。

例えば、コロナ・ショックで急落したときにじっと我慢して待っていれば自分の保有株の大半は元に戻し、早々に新高値を更新しました。

さらに、2024年8月5日に日経平均が過去最大の下げ幅4451円を記録し、3万1458円を付けたときも、私は日本株はオーバーソールド（売られ過ぎ）と解説していました。2024年の10月現在、すでに日経平均株価は下げ幅を奪回しています。

世界3大投資家の一人と言われる、ウォーレン・バフェットもジョージ・ソロスもリーマンショックのような大暴落のときに株を買って巨万の富を築いているのです。彼らは◯◯ショックや××クライシス（危機）は儲けるビッグチャンスという発想を常に持っているのです。

株価が暴落したときに底入れするまで待てる人たちが相場名人です。これは株式相場全体の話だけではありません。個別銘柄の株価の動きに対しても同じことが言えます。買った株が急落する。損切りのタイミングを逃してしまったりするとバタバタしてしまう。

しかし、ウリ気配、ストップ安などで急落した株は、よほどその企業に根本的な問題でもない限り、株価の短期的な動きは、人気に左右される。なのでしばらく経てば人気が回復したり、落ち着いたりして、ある程度戻ってくる。その戻りを売るということができるのは〝動かざること山のごとし〟という鍛錬ができている人です。

逆に株価が急騰、大幅に値上がりしたときには、喜んですぐ売るという投資家が大半ですが、この場合でも、大相場になるかどうかを見極めてじっと引きつける。つまり「動かざること山のごとし」です。もちろんダメだと思った株はすぐ損切り、良いと思った株はできるだけ我慢して保有を続けるというのが投資の基本ですが、まさに言うは易く、行うは難しです。

相場世界に「ウリ、カイ、休む」という言葉があり、「休むも相場」という格言がありますが、これが〝風林火山〟です。素早い損切りと利益確定以上に大事なことは、己《おのれ》の大局観にもとづいて「動かざること山のごとし」の心境で、相場の変動に対処できるかどうか。

これが、株式投資の極意だと、「酒田五法は風林火山」の創始者、相場名人の本間宗久は私たちに教えてくれているのではないでしょうか。

私の投資必勝法10——金持ち脳を持てば百戦百勝

脳科学者の茂木健一郎さんの著書『金持ち脳と貧乏脳』（総合法令出版、2013年12月）が、投資について精神的な面から興味深い見解を紹介されているので、ご紹介したいと思います。

脳科学者の茂木さんの本では、投資で勝つためのメンタリティーを養うことができます。ぜひお読みになってください。茂木氏いわく、人は、お金を増やすことを考える脳とお金を使うことだけしか考えない脳に分かれる。

本文中で〝金持ち脳の特徴と貧乏脳の特徴〟というのが解説されていますが、まさに私自身が30代前半から心がけてきたことが書かれています。

金持ち脳を持っている人の特徴として、

【1】人間関係が広い。
【2】自己投資にお金を惜しまない。
【3】好奇心が旺盛である。
【4】人の話を聞いて即行動に移すことができる。
【5】人の良い部分をすぐに真似することが得意。
【6】朝型で健康に気を配り体を大事にしている。

とあるのですが、私が30代初め、外資系証券会社の法人営業の最前線にいたころから、心がけてやってきたことばかりです。

おかげさまで、私も早くからお金持ち脳を身につけていたのだなと実感しました。そして同書の第4章の見出し、〝お金を生み出す人間関係のつくり方〟。〝お金持ちは良い人間関係を構築している〟というくだりで、お金持ちと呼ばれる人は必ず良い人間関係を構築しています。つまり、ただ一人の例外もなく、良い人間関係なくして成功した人はいないということです。

彼らはたまたま運命的な出会いを見つけることができたのでしょうか。いいえ、私はそうは思いません。彼らは決して運命の出会いに身を任せたわけではなく、彼ら自身で出会いの運命を引き寄せたのです。

（『金持ち脳と貧乏脳』より）

つまり誰とでも仲良くするということはあまり得策ではないのです。そこでさらにお金持ちの人間関係を学んでいくと、あることに気づきます。それは、「つきあう人間を選ぶ」ということです。これはどういうことかと言えば、自分のためになる人間とつきあうということであり、自分が成長するための人間関係をつくっていくことが大切だということです。以上、茂木健一郎さんの著作から抜粋しましたが、ここには私の株式投資必勝法の最後に皆さんにお贈りしたいメッセージが見事に書かれています。

本章の最後にエピローグです。

私が28歳のとき、当時全米最大手の証券会社メリルリンチの東京支店、法人部で営業を始めたときに一番努力したことは、いかに良い人間関係を構築するかでした。約5カ月に及ぶ、ニューヨーク本社での研修の後、上司の年収何億円という白人のエリートから、「ミスタースガシタ、ウォール街で生き残るためには、グッドピープル、いまで言えば、ハイエンドな人々と付き合うことだ。それにふさわしい人間になることだ」とアドバイスされました。

なので、研修後東京に戻るなり、六本木狸穴《まみあな》のアメリカンクラブのメンバーになったり、一流ホテルで開催されたチャリティパーティーなどに、できるだけ出かけて、良い人、ハイエンドな人々に出会う努力を続けました。実は、いまも心がけています。

なので新幹線は常にグリーン車、フライトはファーストクラスに乗るようにしています。良い場所に出入りして、良い人間関係を築くことができれば、当然良い情報が入ってきます。ハイエンドな人々からは、まだ新聞雑誌、メディアに出ていないようなハイエンドな情報がもたらされます。

株式投資で勝利するために、チャート、波動の研究、投資に役立つ注目情報の選別などはもちろん大切ですが、それ以上に、自分の周囲に良い人々が集まってくるような日々の行動、生活習慣を続け、金持ち脳を持って、株式投資にのぞめば、百戦百勝も危《あや》うからずと言っても過言ではありません。

「金持ち脳」と「動かざること山のごとし」が私の株式投資必勝法の2つのキーワードです。

第7章

今世紀最大の上昇相場で大化けする株50銘柄

銘柄選定のポイント1――株式投資初心者

株式投資を初めてやる人の銘柄選びはどうすればいいか。

これは何度も述べているように、「好業績、高配当の各セクターの一流株」を買いましょうということです。各セクターの一流株で好業績、高配当、低PBR。PBRはできれば1倍割れがねらい目です。

例えば銀行ならば三菱UFJか三井住友。損保ならば東京海上か第一生命。建設ならば鹿島建設のような一流企業です。とくに、配当が良くて業績の見通しのいいものを選びます。

この条件に当てはまるのは海運大手3社です。海運は日本郵船も商船三井も川崎汽船も業績絶好調。戦争が続く限り船賃は上がります。3社とも配当はほぼ5%台です。5%の配当は大きい。しかもPBRは0・8倍です。だから、こういう銘柄に投資しましょう。

海運大手3社の9月の中間配当で、商船三井は1株180円、日本郵船は130円の配当でした。普通の会社の配当は20円がいいとこですから、高配当は魅力です。銀行に預けているよりも日本郵船の株のほうがいい。

野村証券は今年、海運大手に強気のレポートを出していて、日本郵船を推奨しています。

銘柄選定のポイント2——株式投資歴1年程度

投資歴が1年以上あるという人は、各セクターの一流株ならなんでもいいというわけではなくて、1年以上は勉強しているのだから自分なりに投資テーマをしぼるべきです。投資テーマを3つから5つぐらい選んで、その投資テーマの中の一流株で好業績、高配当を買うのがいいでしょう。

では投資テーマとしては、いまどういうものがいいのか。

去年4月から始まった資産インフレ相場は円安、脱デフレ、インバウンドの波に乗って株価が上がりました。それが為替も161円からいまは140円後半から150円とやや円高になってきている。１４０円台でも輸出産業は潤っていますが、円安テーマで買うのは新鮮さがありません。

これからもし円高に振れるようなら、消費・内需関連がテーマになります。消費関連といっても幅が広いので、消費関連の中でたとえば食品とか外食産業とかに絞るのもいいでしょう。

食品は輸入が多いので、みんな円安で苦しんでいたのが、円高で改善されつつあります。消費関連では飲食もテーマになってきます。くら寿司のような回転ずしなどもいい。魚は輸入が多いですから、円高でコストが下がります。ラーメンもいい。消費関連もけっこう幅広い銘柄が考えられます。

こういう銘柄は、初心者でもわかりやすい。自分もそれを使っているわけですから。ラーメンだったら、皆さんラーメン屋に行っているだろうし、明治乳業ならばヨーグルトが良く売れていることはみんな知っています。

前述のように、カンロ飴のカンロの株価は今年の前半だけで３・３倍になっています。つまり、食品、外食などの消費関連です。これが一つの大きなテーマになってきます。

消費関連以外では、資産インフレはずっと続くので資産インフレ関連。それは何かというと不動産とか建設です。これらの銘柄もあまり上がっていないので、不動産、建設、住宅が狙い目です。

例えば、あなたが積水ハウスの家に住んでいるのでしたら、積水ハウスの株を買えばいい。身近なところで、ご自身がよく知っている銘柄が狙い目です。積水ハウスの配当はすごく高くなっています。4・8％くらいあります。

銘柄選定のポイント3——株式投資歴3年程度

投資歴が3年ぐらいある人ならば、すでにかなり投資経験があって入門編は終わっているという判断で、一番の狙いは大化け株です。上級者はテンバガー（10倍株）狙いです。そのために独自の事業モデルで独自の技術やサービスで伸びている会社、そういう銘柄を狙い打ちしていく。

まず、業績が伸びている。そういう会社で株価の波動が強いところ。株価の波動が強いかどうかを知るためには、チャートを見ればだいたいわかります。3年ぐらいやっていれば、チャートの見方もかなりわかっているはずです。

果たしてどんな株の波動が強いのか今回掲載の50銘柄のチャートをぜひご参考になさってください。

では読者の皆さんが株式投資で大勝利されることを願って、最後にもう一度私から「動かざること山のごとし」というメッセージをお贈り致します。

❶
黙っていても儲かる一流企業高配当株10

企業名	コード	市場
セントラル硝子	4044	東 PRM
日本製鉄	5401	東 PRM
神戸製鋼所	5406	東 PRM
JFE ホールディングス	5411	東 PRM
丸紅	8002	東 PRM
住友商事	8053	東 PRM
東京海上ホールディングス	8766	東 PRM
日本郵船	9101	東 PRM
商船三井	9104	東 PRM
川崎汽船	9107	東 PRM

2024年11月1日現在

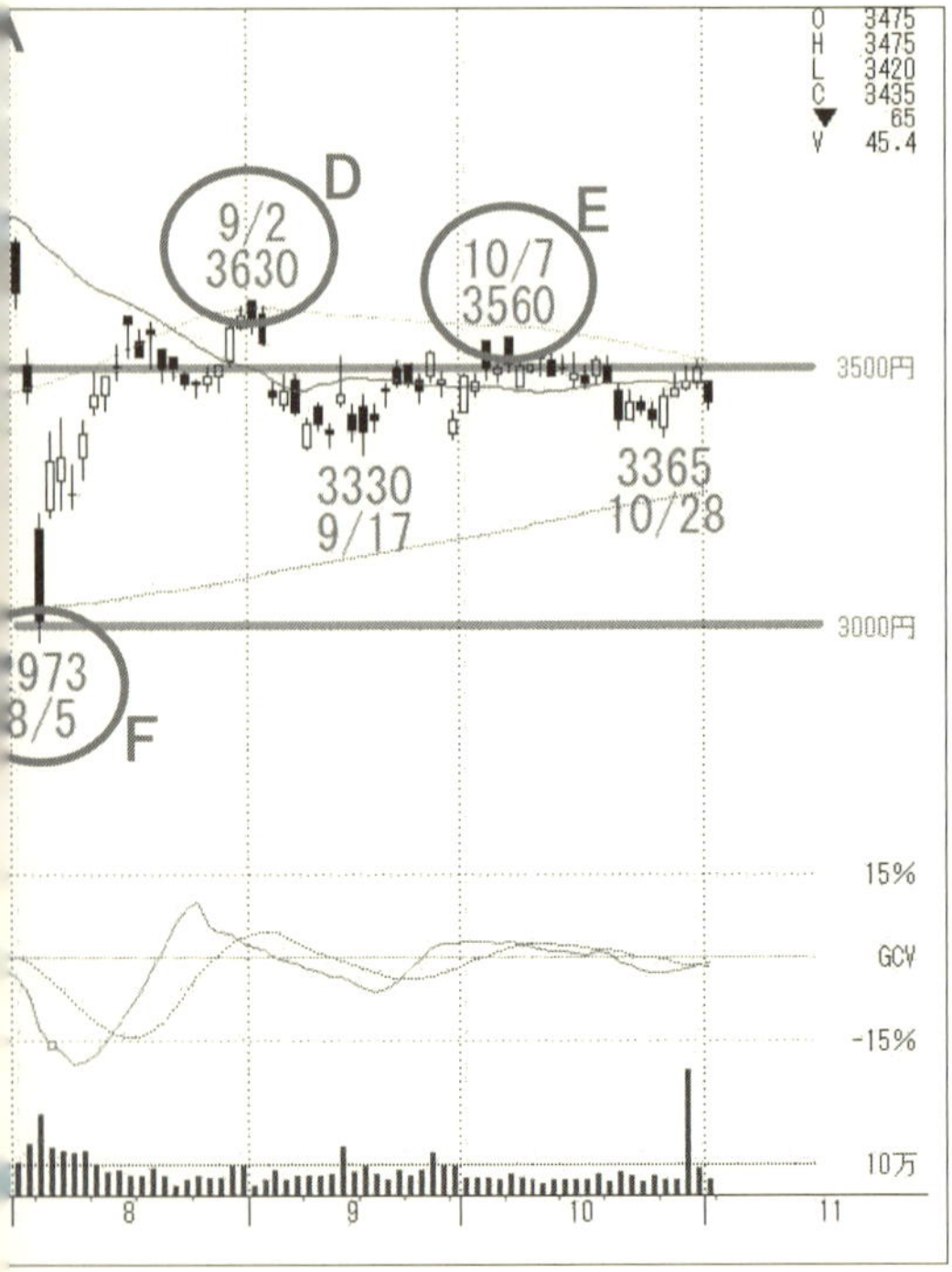
O 3475
H 3475
L 3420
C 3435
▼ 65
V 45.4
D
9/2
3630
E
10/7
3560
3500円
3330
9/17
3365
10/28
3000円
973
8/5
F
15%
GCV
-15%
10万
8
9
10
11

4044
セントラル硝子

東証 PRM

化学

ガラス国内3位。電子材料は半導体関連の回復が顕著になり好調。電解液を韓国メーカーへの製造委託を通じて北米で生産し、2025年から販売開始する予定。

前期後半から失速しているEV向け電解液は中国、欧州横ばいに加え、北米の

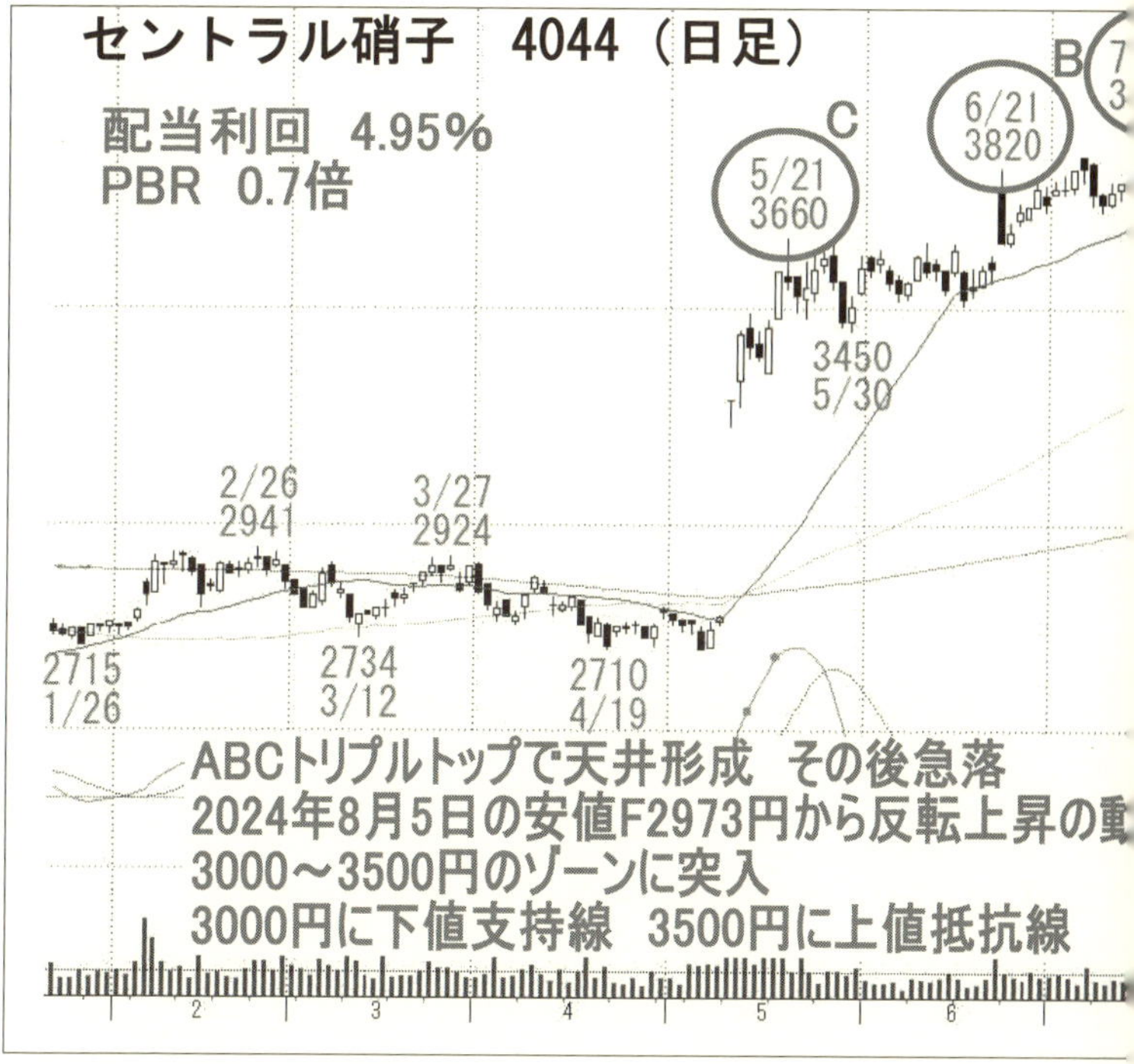
セントラル硝子　4044（日足）
配当利回　4.95%
PBR　0.7倍
C
B
5/21
3660
6/21
3820
3450
5/30
2/26
2941
3/27
2924
2715
1/26
2734
3/12
2710
4/19
ABCトリプルトップで天井形成　その後急落
2024年8月5日の安値F2973円から反転上昇の動
3000～3500円のゾーンに突入
3000円に下値支持線　3500円に上値抵抗線
2
3
4
5
6

戻りが鈍い。大幅減益だが増配。

2025年3月期の売上、経常益は減収減益予想だが、株価はすでにおおむね織り込んで戻り基調になっている。

配当利回りは4・95％、PBR0・7倍は押し目買いのチャンスか!?

2024年8月5日の急落から反転して株価は上昇の動き。3000円～3500円のゾーンに突入。

5401

日本製鉄

東証 PRM

鉄鋼

2024年11月1日現在

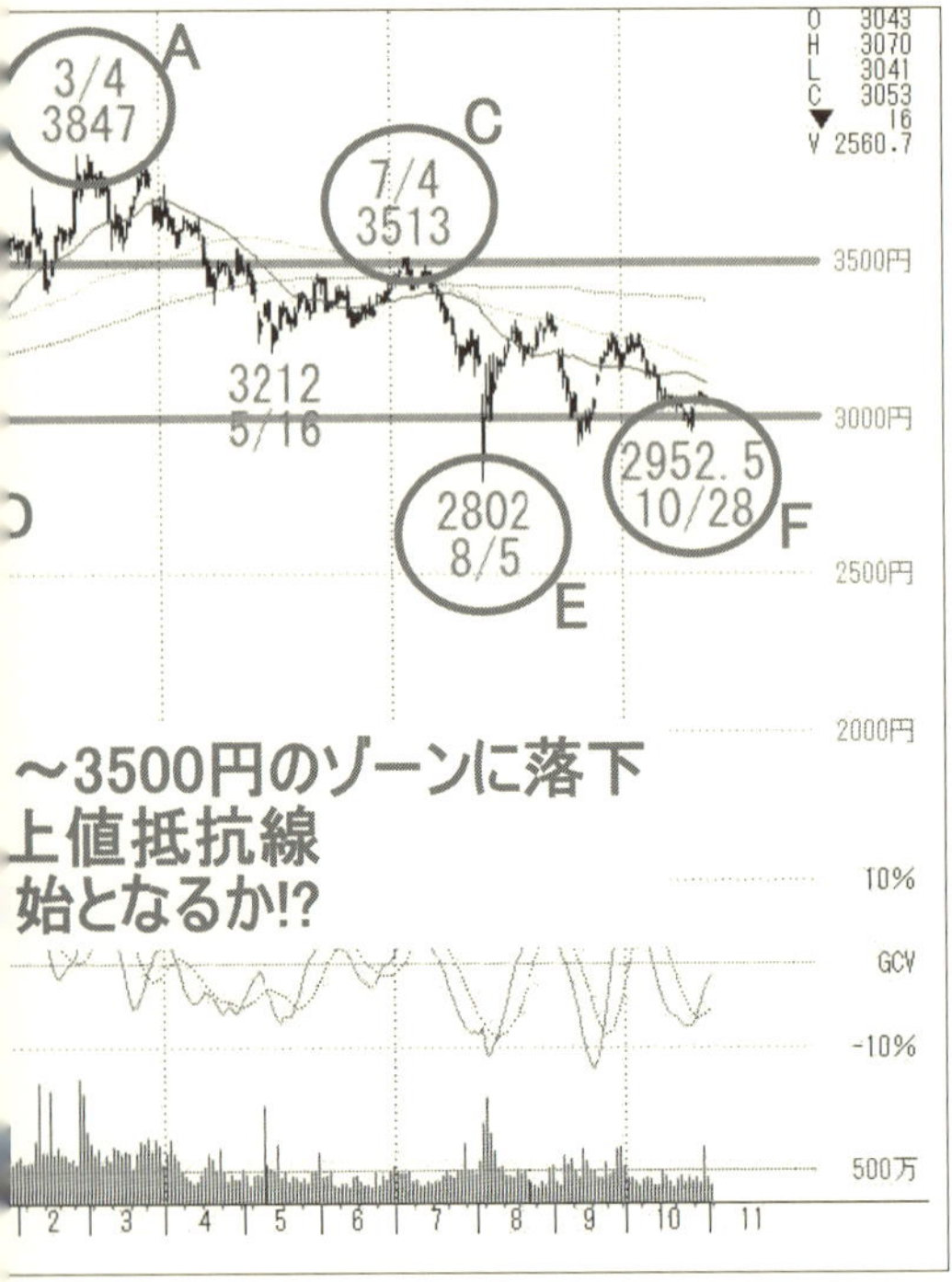
O 3043
H 3070
L 3041
C 3053
▼ 16
V 2560.7
3/4
3847
A
7/4
3513
C
3212
5/16
2802
8/5
E
2952.5
10/28
F
3500円
3000円
2500円
2000円
～3500円のゾーンに落下
上値抵抗線
始となるか!?
10%
GCV
-10%
500万
2
3
4
5
6
7
8
9
10
11

言わずと知れた日本最大の鉄鋼メーカー。２０１２年10月に住友金属工業と合併して粗鋼生産は世界３位に浮上。２０２１年10月、日本製鉄はトヨタと中国鉄鋼大手・宝武鋼鉄集団の子会社・宝山鋼鉄を東京地裁に提訴して話題になった。

この訴訟でも問題になっ

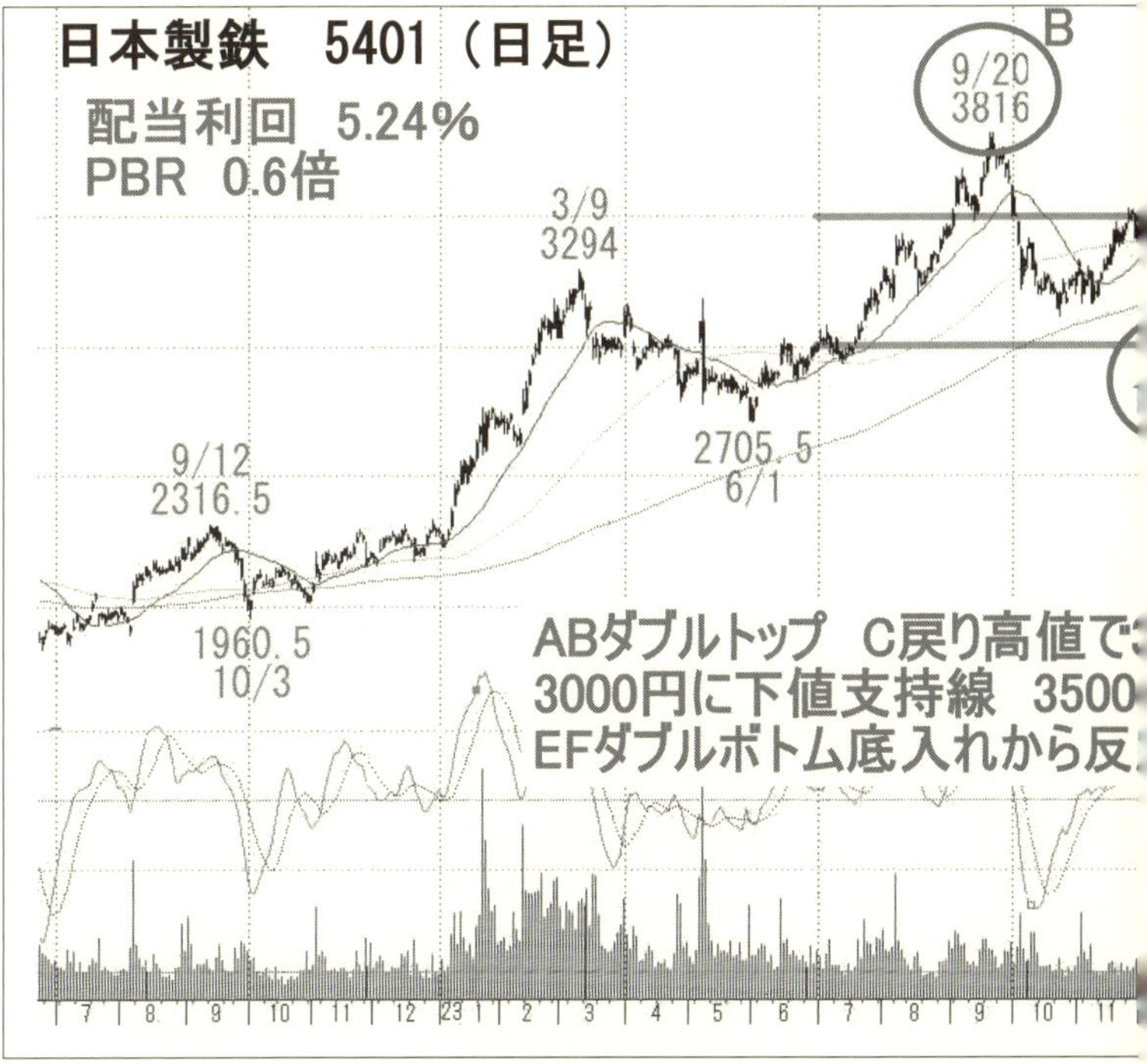
日本製鉄　5401（日足）
配当利回　5.24%
PBR　0.6倍
B
9/20
3816
3/9
3294
9/12
2316.5
2705.5
6/1
1960.5
10/3
ABダブルトップ　C戻り高値で
3000円に下値支持線　3500
EFダブルボトム底入れから反
7 8 9 10 11 12 23 1 2 3 4 5 6 7 8 9 10 11

た電気自動車やハイブリッド車などの駆動モーターに使う無方向性電磁鋼板で高い技術力を誇る。

今回のトランプ当選が米USスチール社買収の行方に大いに影響を及ぼしそう。株価は一進一退の動き。配当利回5・24%、PBR0・6倍は、お買い得の水準だが。2023年4月から始まった、バリュー株底上げ相場の牽引銘柄、地政学リスクが高まる中、資産インフレの波に乗るか!?

2024年11月1日現在

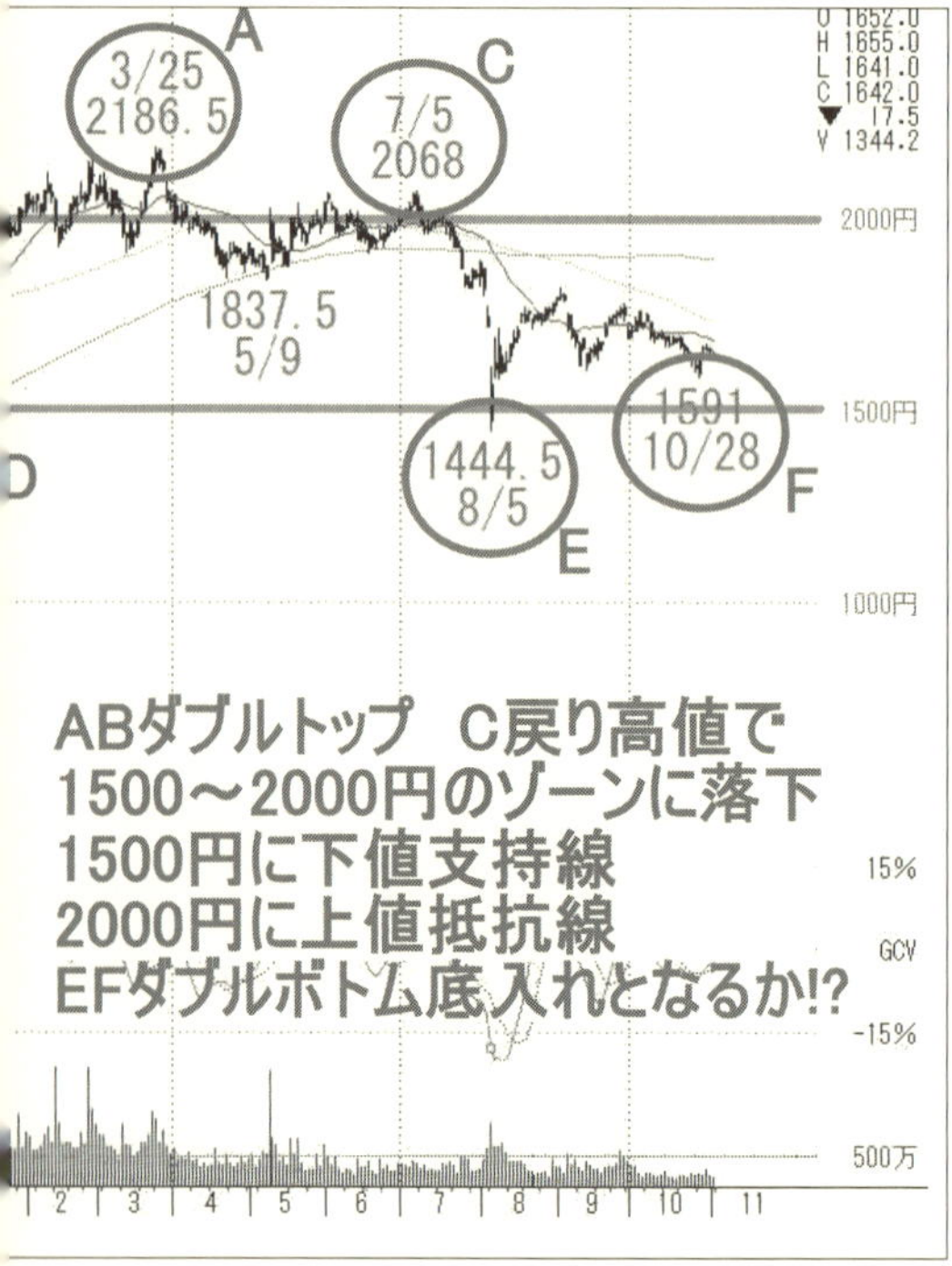
O 1652.0
H 1655.0
L 1641.0
C 1642.0
▼ 17.5
V 1344.2
A
3/25
2186.5
C
7/5
2068
2000円
1837.5
5/9
1500円
D
1444.5
8/5
E
1591
10/28
F
1000円
ABダブルトップ　C戻り高値で
1500〜2000円のゾーンに落下
1500円に下値支持線
2000円に上値抵抗線
EFダブルボトム底入れとなるか!?
15%
GCV
-15%
500万
2
3
4
5
6
7
8
9
10
11

5406
神戸製鋼所

東証 PRM

鉄鋼

大手高炉メーカー。統一商標で国際ブランドとしては「KOBELCO」として知られる。大手鉄鋼メーカーの中では最も鉄鋼事業の比率が低く、素材部門・機械部門・電力部門を3本柱とする複合経営が特徴。

FAなど新分野にも積極展開。鉄鋼（高炉国内3

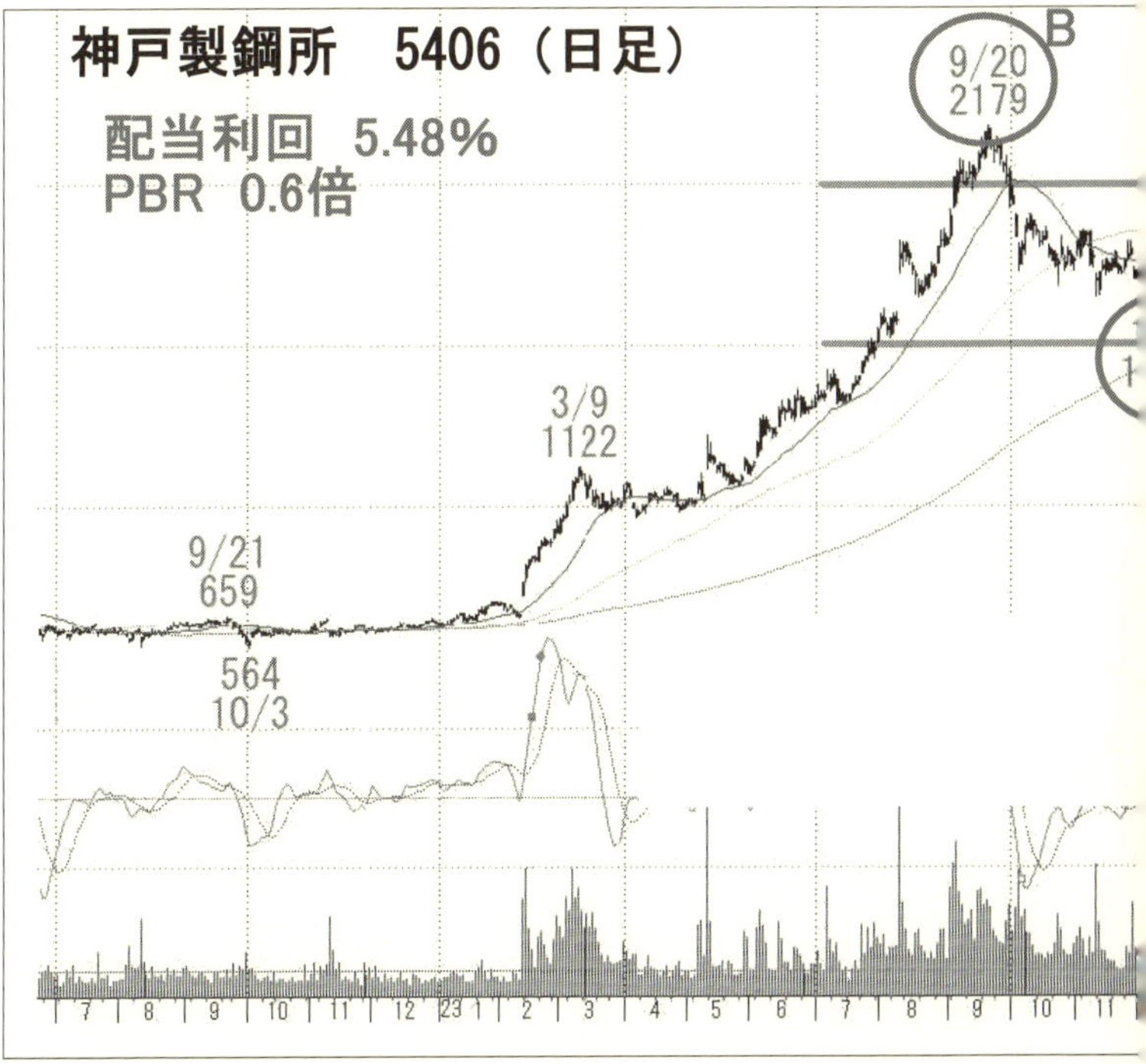
神戸製鋼所　5406（日足）
配当利回　5.48%
PBR　0.6倍
9/20
2179
B
3/9
1122
9/21
659
564
10/3
7
8
9
10
11
12
23
1
2
3
4
5
6
7
8
9
10
11

位）のほか素材部門では線材や輸送機用アルミ材、機械部門ではスクリュー式非汎用圧縮機などで高いシェア。電力部門も電力卸供給事業としては国内最大規模を誇る。

中国で宝武鋼鉄集団と自動車向けアルミパネル製造の合弁会社設立。現地メーカーへの拡販狙う。配当利回5・48％、PBR0・6倍で株価は安値圏。お買い得銘柄か!?

5411

ＪＦＥホールディングス

東証 PRM

鉄鋼

2024年11月1日現在

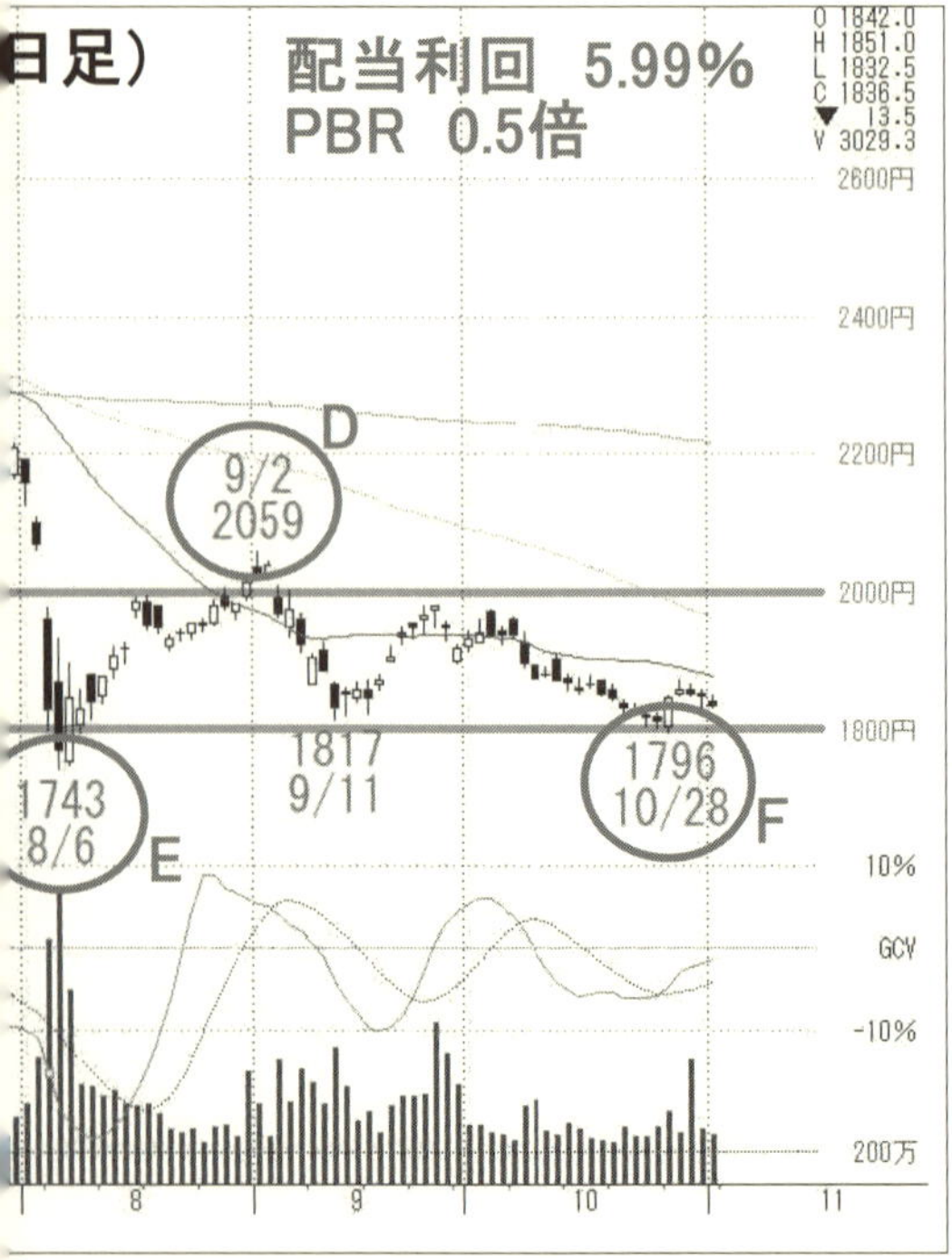
日足）
配当利回　5.99%
PBR　0.5倍
O 1842.0
H 1851.0
L 1832.5
C 1836.5
▼ 13.5
V 3029.3
2600円
2400円
2200円
2000円
1800円
D
9/2
2059
1817
9/11
1743
8/6
E
1796
10/28
F
10%
GCV
-10%
200万
8
9
10
11

川崎製鉄とＮＫＫが経営統合して成立。世界10位台のＪＦＥスチールが中核の持ち株会社。高炉を所有し、鉄鉱石を原料に最終製品の生産までを一貫して行う鉄鋼メーカー（高炉メーカー）で、粗鋼生産国内２位。

主力の鋼材の販売価格が高水準で推移。高値原料の

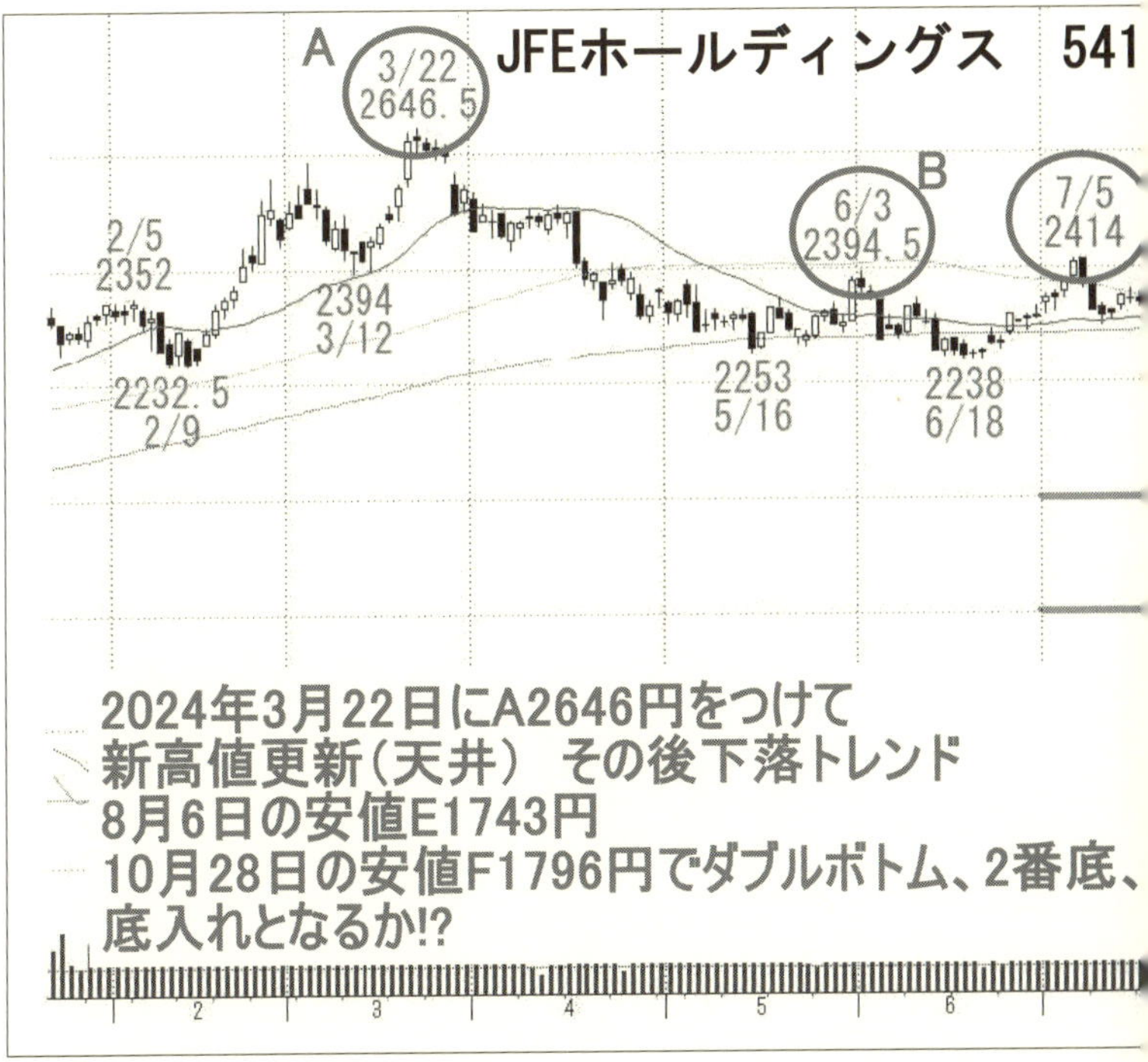
JFEホールディングス　541
A
3/22
2646.5
B
6/3
2394.5
7/5
2414
2/5
2352
2394
3/12
2232.5
2/9
2253
5/16
2238
6/18
2024年3月22日にA2646円をつけて
新高値更新（天井）　その後下落トレンド
8月6日の安値E1743円
10月28日の安値F1796円でダブルボトム、2番底、
底入れとなるか!?
2
3
4
5
6

持ち越しや在庫評価の押し下げなどがあり、営業増益幅縮小。

主力調達先の豪州炭鉱に約540億円出資で権益10%取得。高品質原料炭を安定調達。配当利回5・99%、PBR0・5倍で株価はほぼ底値圏。

バーゲンセール銘柄の注目株。

チャートのEとFでダブルボトムを形成。底入れとなるか？

2024年11月1日現在

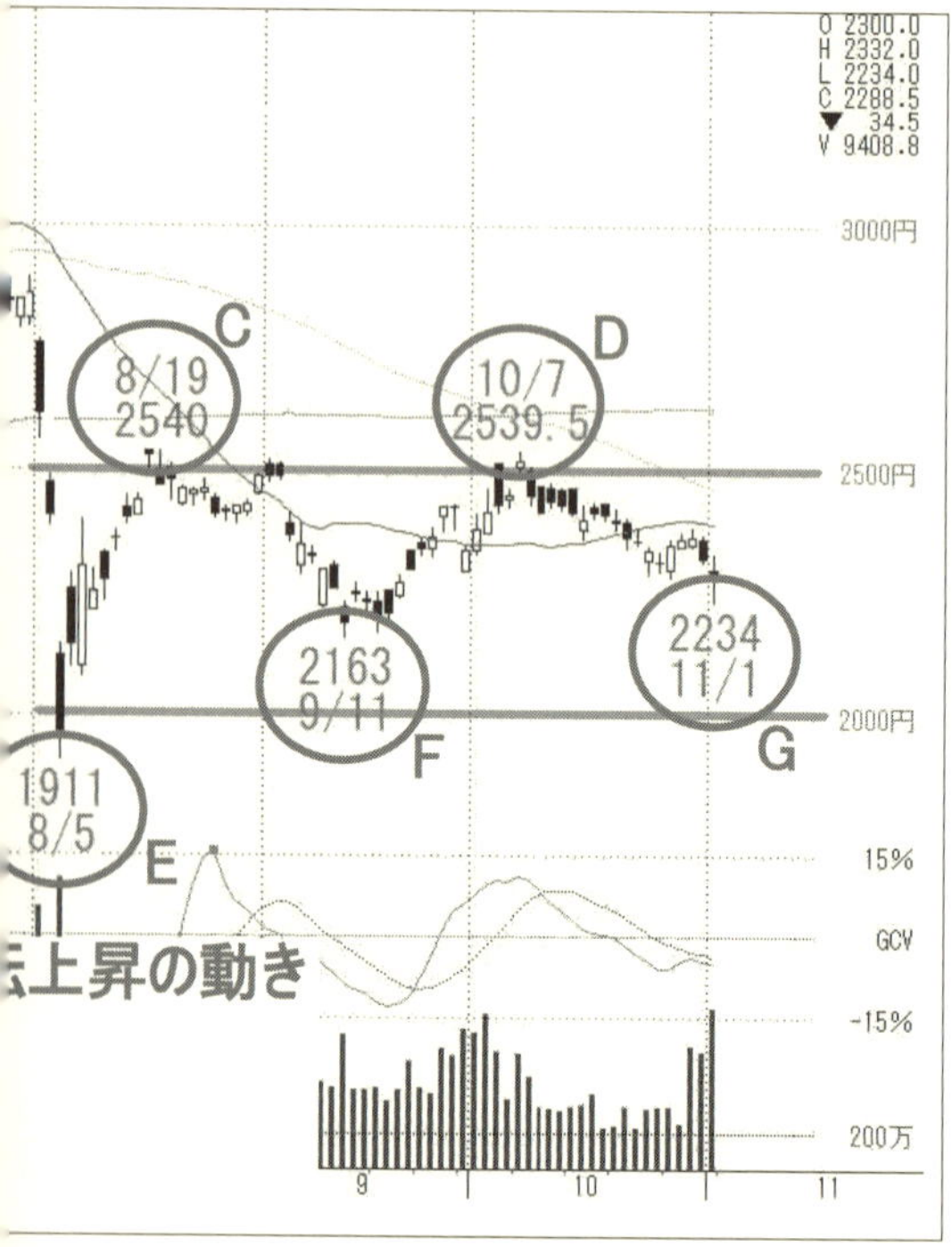
O 2300.0
H 2332.0
L 2234.0
C 2288.5
▼ 34.5
V 9408.8
3000円
2500円
2000円
8/19
2540
C
10/7
2539.5
D
2163
9/11
F
2234
11/1
G
1911
8/5
E
15%
GCV
-15%
200万
9
10
11
上昇の動き

8002

丸紅

丸紅は伝統的に紙・パルプ部門、食料部門、電力部門に強みを持っているほか、空前の資源高もあってV字回復を果たしている。

5大総合商社の一角。芙蓉グループの中核企業。穀物、発電でトップレベル。重電、プラント、紙、パルプ分野に強い。

東証PRM

卸売業

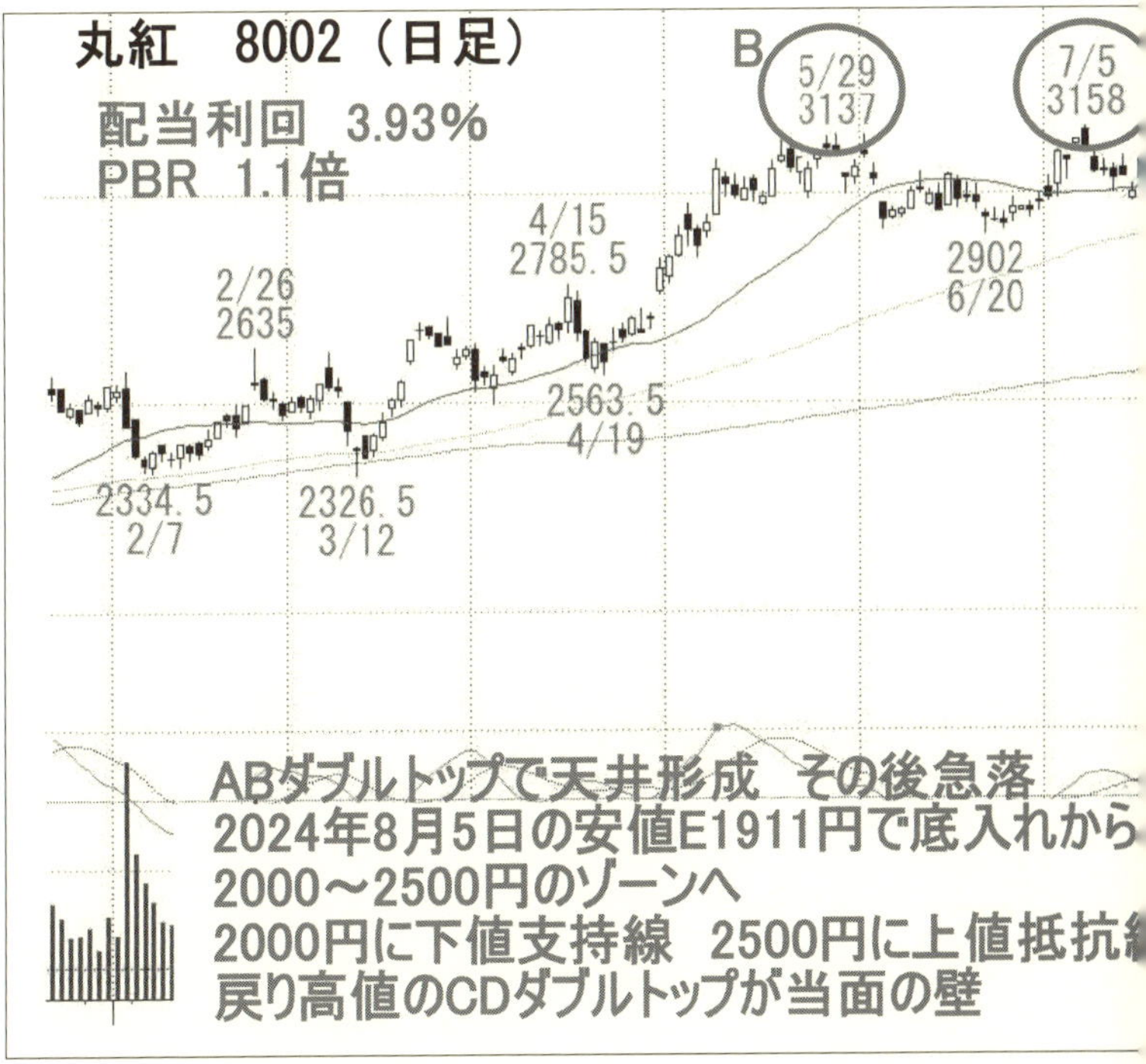
丸紅　8002（日足）
配当利回　3.93％
PBR　1.1倍
B
5/29
3137
7/5
3158
4/15
2785.5
2/26
2635
2902
6/20
2563.5
4/19
2334.5
2/7
2326.5
3/12
ABダブルトップで天井形成　その後急落
2024年8月5日の安値E1911円で底入れから
2000～2500円のゾーンへ
2000円に下値支持線　2500円に上値抵抗
戻り高値のCDダブルトップが当面の壁

シェールガス、地熱発電、風力発電などエネルギー分野も積極化。

株価は安値圏で底値模索の展開か。

配当利回3・93％、ＰＢＲ1・1倍で商社関連の割安株といえる。

自動車関連事業や食品、油脂関連事業で米国市場での事業展開を強化。

健康志向型食品を提供、拡大。

2024年11月1日現在

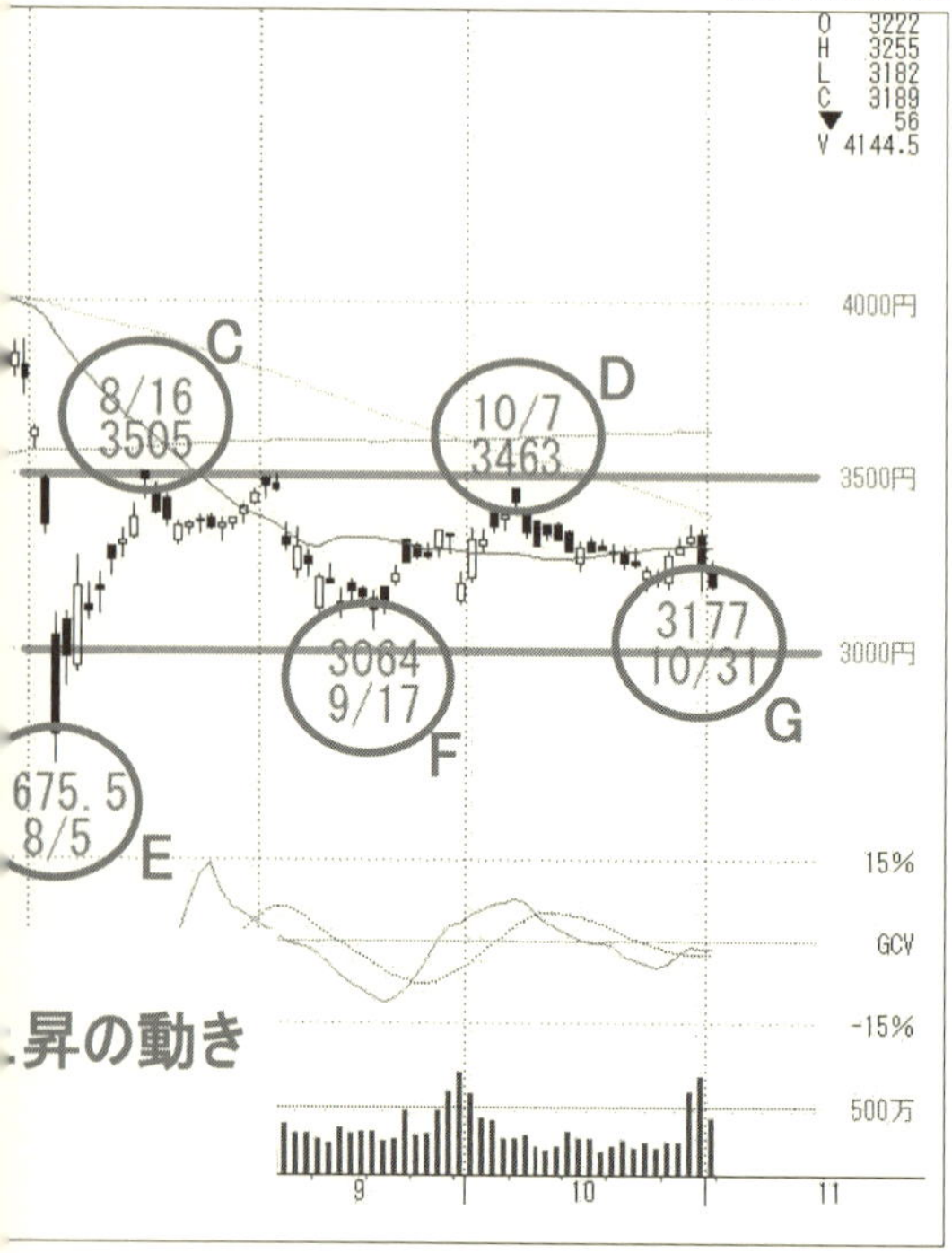
O 3222
H 3255
L 3182
C 3189
▼ 56
V 4144.5
C
8/16
3505
D
10/7
3463
3064
9/17
F
3177
10/31
G
675.5
8/5
E
4000円
3500円
3000円
15%
GCV
-15%
500万
9
10
11
昇の動き

8053 住友商事

東証 PRM

卸売業

住友グループの中核を担う、総合商社大手。日本国内20カ所、海外111カ所に事業所を構え、日本の商社の中でも5大商社の一つに数えられる。

住友商事グループは6つの事業部門と1つのイニシアチブと国内・海外の地域組織を連携し、グローバル

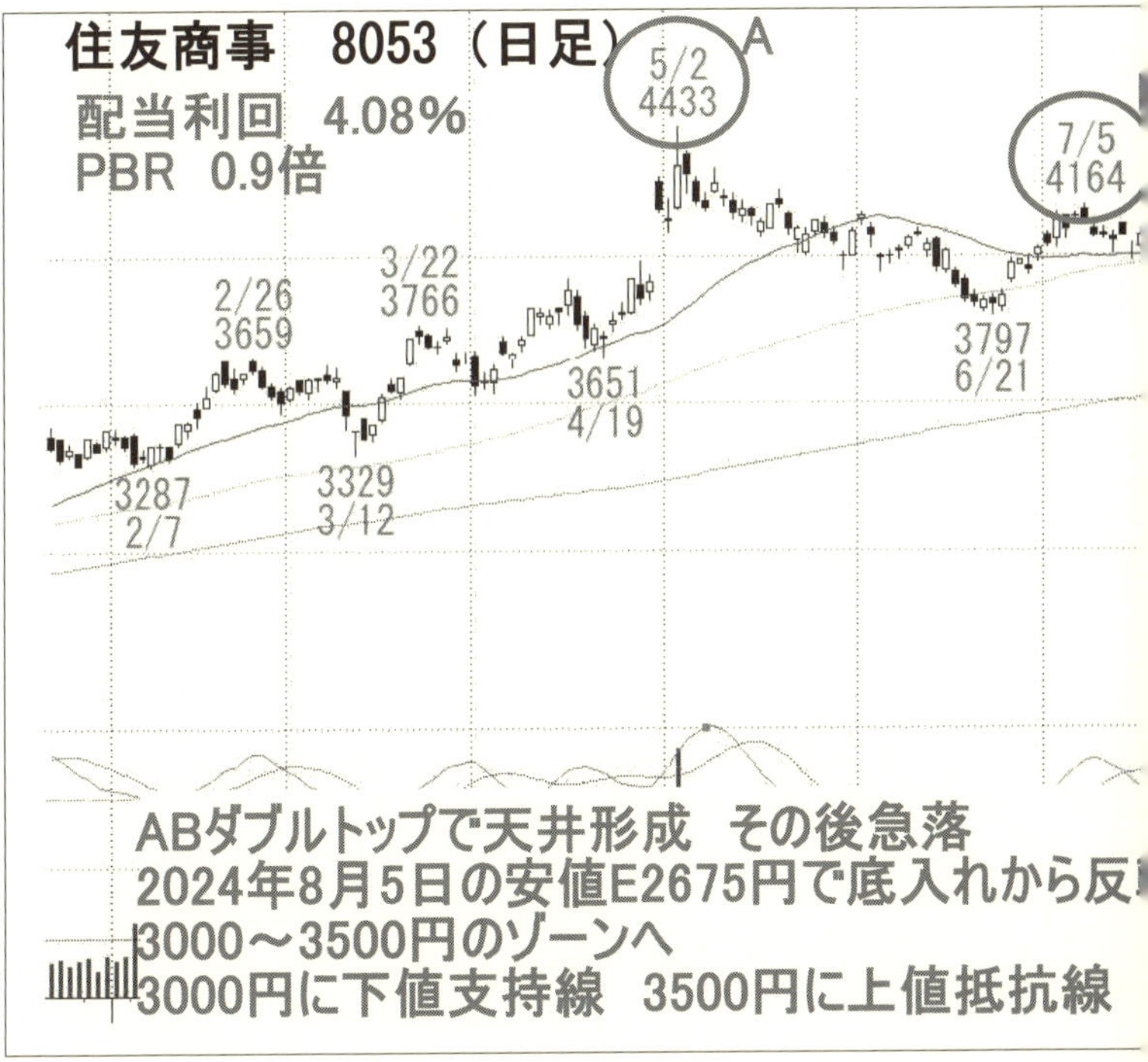
住友商事　8053（日足）
配当利回　4.08%
PBR　0.9倍
5/2
4433
A
7/5
4164
2/26
3659
3/22
3766
3287
2/7
3329
3/12
3651
4/19
3797
6/21
ABダブルトップで天井形成　その後急落
2024年8月5日の安値E2675円で底入れから反
3000～3500円のゾーンへ
3000円に下値支持線　3500円に上値抵抗線

ネットワークを活用して総合力を活かした幅広いビジネスを展開。

鉄鋼、資源関連事業が強力。CATVなどメディアも強い。洋上風力発電の浮体構造部材供給網構築を日揮と協業合意。北欧エクイノール、アケルBPと油井管長期販売契約を更新。株価は安値圏で底値模索の展開か。配当利回4・08%、PBR0・9倍と割安感が強い。業績好調で増配の期待も。

2024年11月1日現在

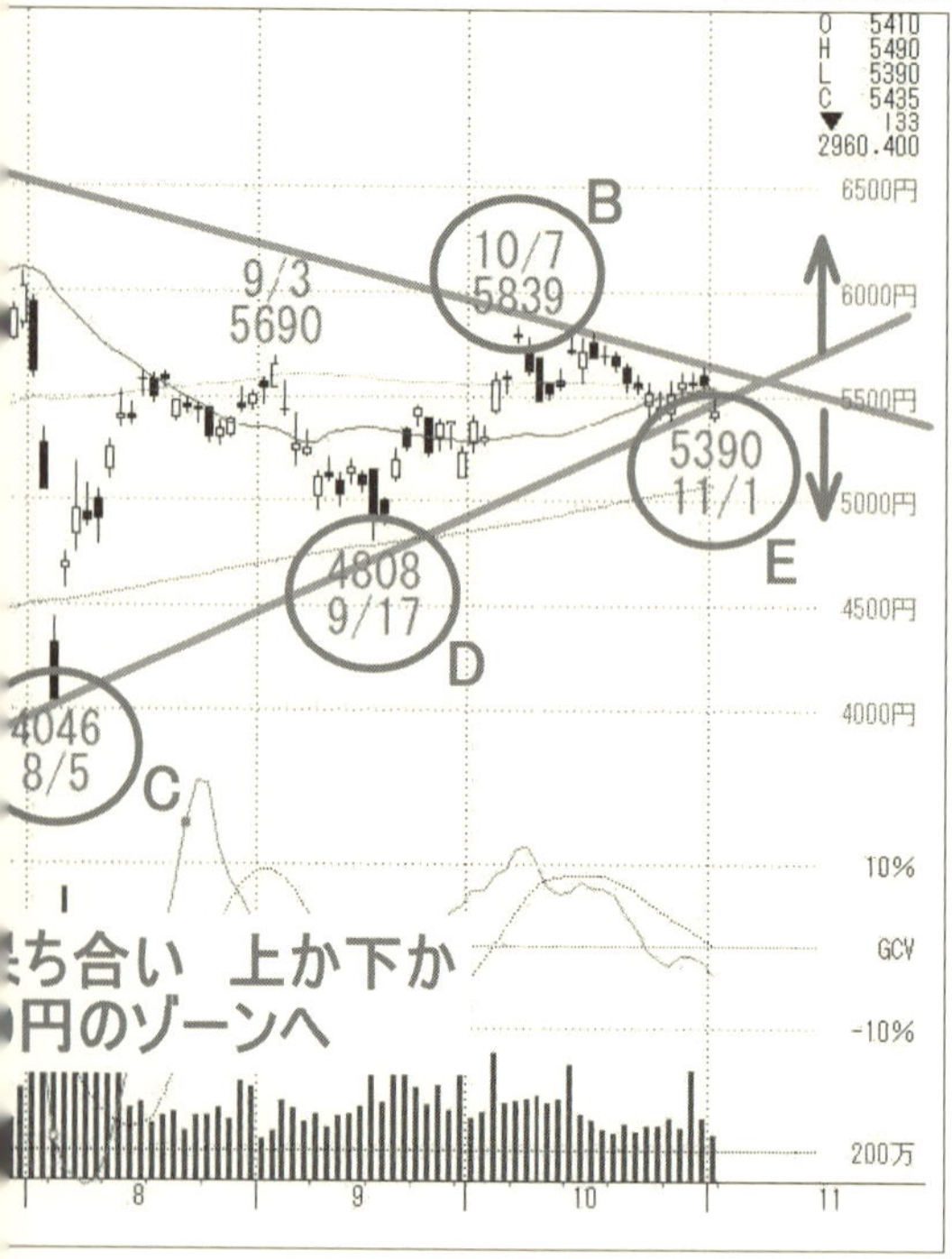

O 5410
H 5490
L 5390
C 5435
▼ 133
2960.400
6500円
6000円
5500円
5000円
4500円
4000円
B
10/7
5839
9/3
5690
4808
9/17
D
5390
11/1
E
4046
8/5
C
10%
GCV
-10%
200万
8
9
10
11
ち合い　上か下か
円のゾーンへ

8766

東京海上ホールディングス

東証 PRM

保険業

国内最大手の損保。傘下に東京海上日動火災保険を有する。

２０２３年現在、総資産、正味収入保険料、純利益において国内最大の損害保険グループ。ＭＳ＆ＡＤインシュアランスグループホールディングス、ＳＯＭＰＯホールディングスと並ぶ、

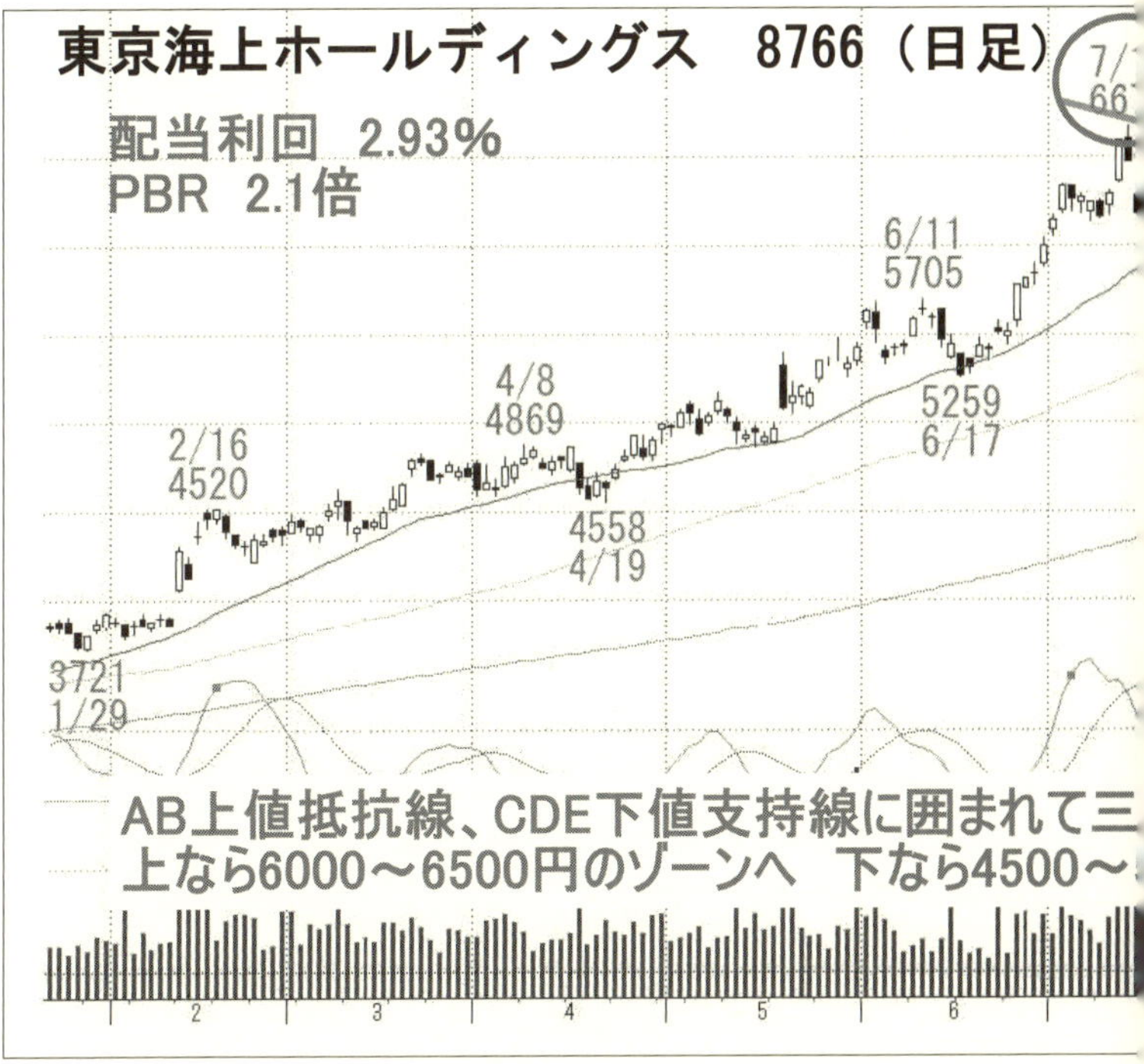
東京海上ホールディングス　8766（日足）
配当利回　2.93%
PBR　2.1倍
6/11
5705
4/8
4869
2/16
4520
5259
6/17
4558
4/19
3721
1/29
AB上値抵抗線、CDE下値支持線に囲まれて三
上なら6000～6500円のゾーンへ　下なら4500～
2
3
4
5
6

「3メガ損保」の一角を占める。

主力の自動車保険と火災保険料率引き上げで収支改善。

政策保有株の売却を一層推し進めて、有価証券売却益が拡大。海外保険事業もM&Aで急拡大。業績好調で連続増配。

株価は8月5日の急落から反騰。高値奪回を目指すか。

配当利回2・93%、PBR2・1倍。

9101

日本郵船

東証 PRM

海運業

2024年11月1日現在

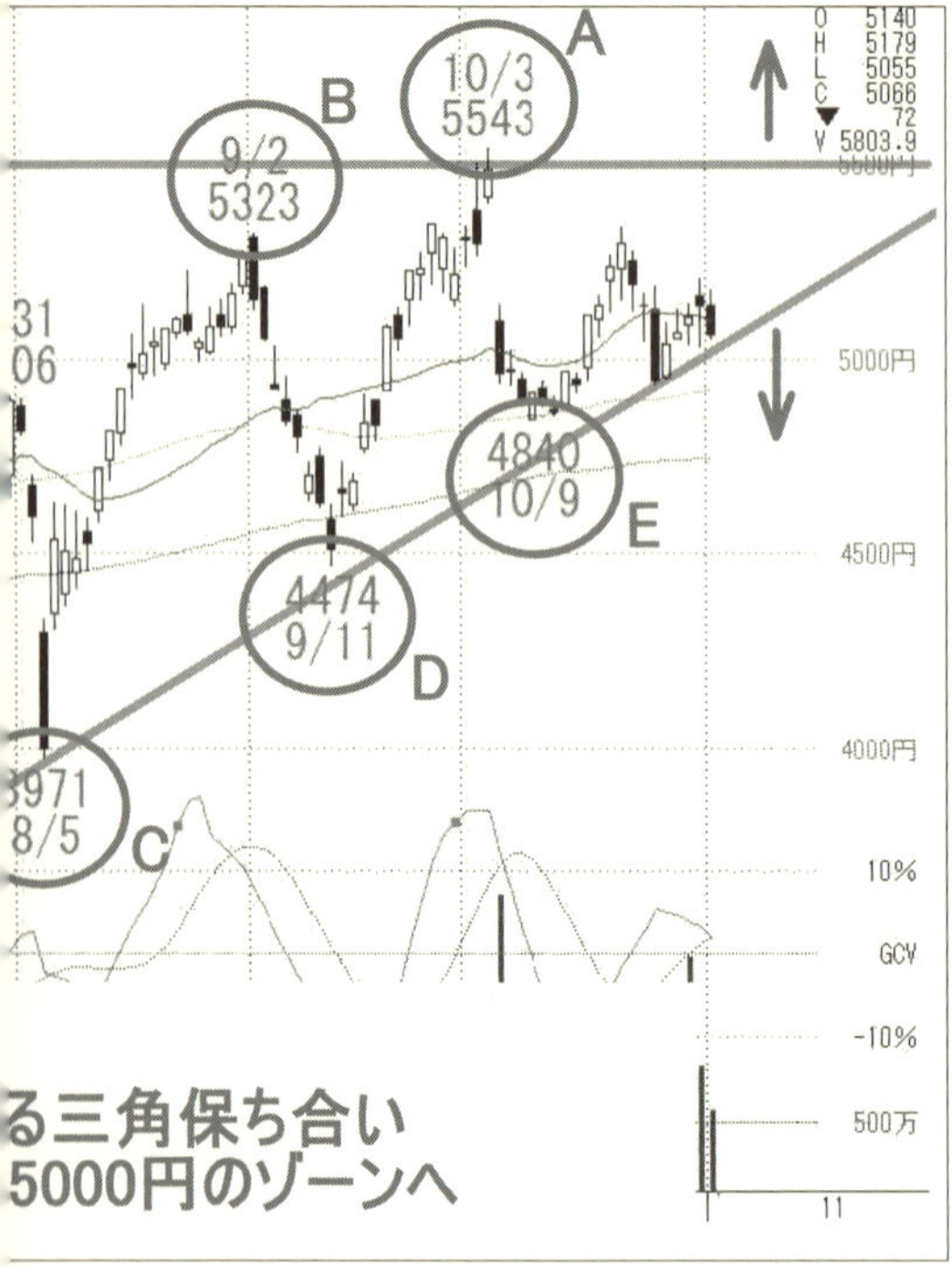
O 5140
H 5179
L 5055
C 5066
▼ 72
V 5803.9
A
10/3
5543
B
9/2
5323
4840
10/9
E
4474
9/11
D
8/5
C
5000円
4500円
4000円
10%
GCV
-10%
500万
11
る三角保ち合い
5000円のゾーンへ

戦前からNYKの略称で知られる日本海運のフラグシップ企業。運航船舶数規模、連結売上高および連結純利益で日本で1位。世界でも有数の海運会社。傘下に郵船ロジや日本貨物航空(NCA)をおさめ、陸運・空運を強化して、総合物流企業を目指す。

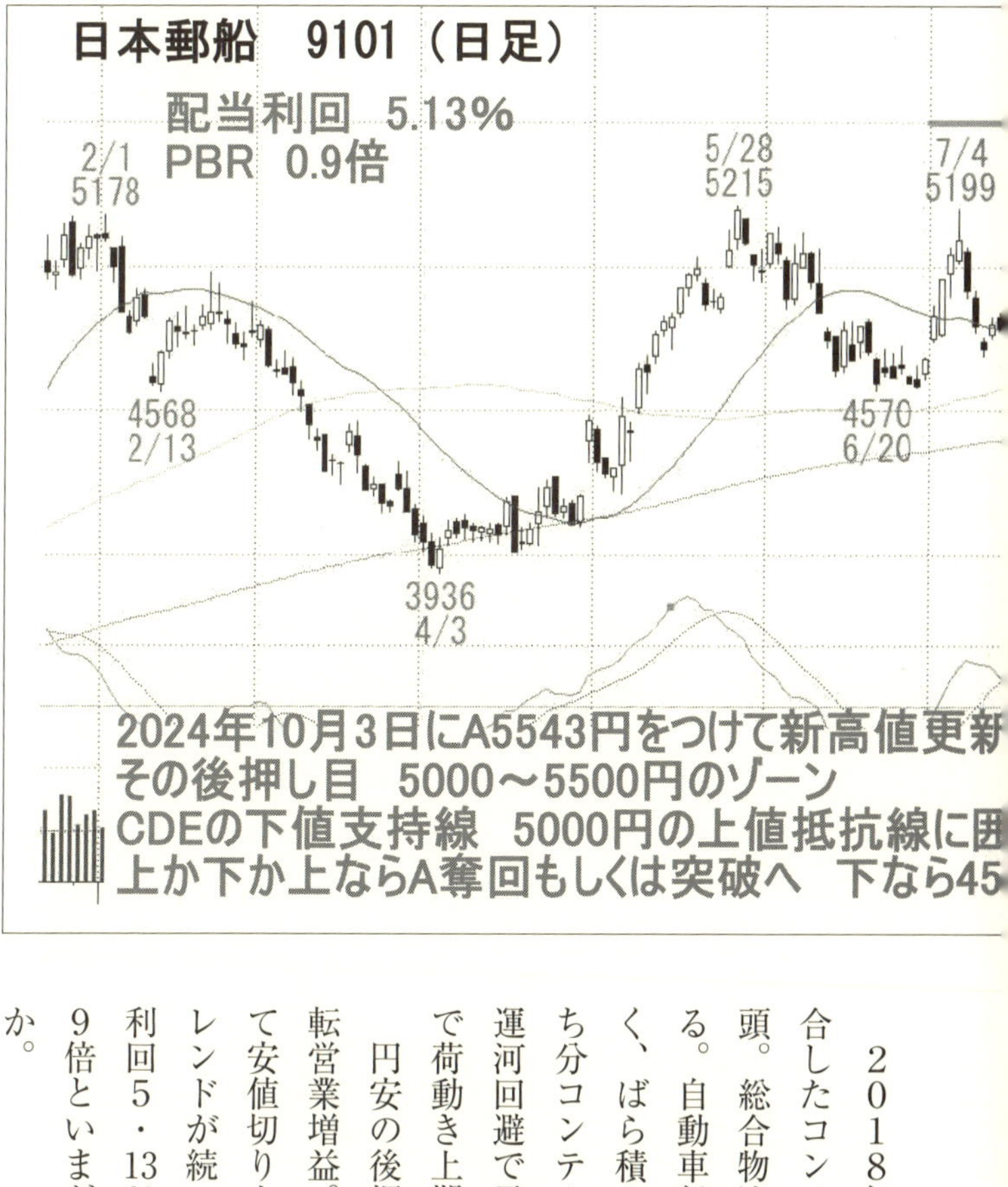
日本郵船　9101（日足）
配当利回　5.13%
PBR　0.9倍
2/1
5178
5/28
5215
7/4
5199
4568
2/13
4570
6/20
3936
4/3
2024年10月3日にA5543円をつけて新高値更新
その後押し目　5000～5500円のゾーン
CDEの下値支持線　5000円の上値抵抗線に囲
上か下か上ならA奪回もしくは突破へ　下なら45

２０１８年４月に事業統合したコンテナ船が、稼ぎ頭。総合物流企業化を進める。自動車船は輸送需要強く、ばら積み船も堅調。持ち分コンテナ船は、スエズ運河回避で需給引き締まりで荷動き上期回復。

円安の後押しもあり、一転営業増益。株価は一貫して安値切り上げ型の上昇トレンドが続いている。配当利回５・13％、ＰＢＲ０・９倍といまだお買い得水準か。

9104

商船三井

東証 PRM

海運業

2024年11月1日現在

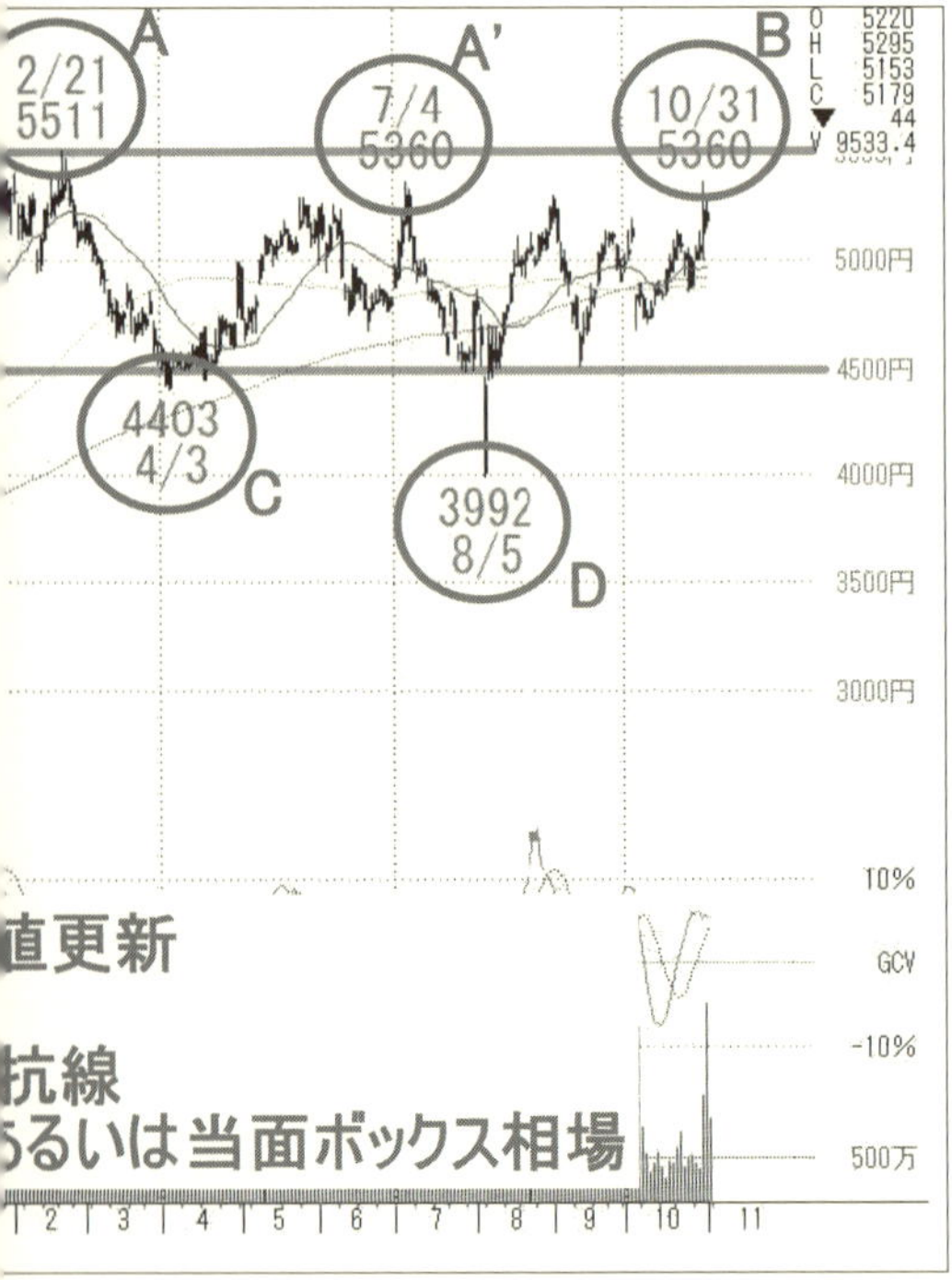

A
2/21
5511
A'
7/4
5360
B
10/31
5360
O 5220
H 5295
L 5153
C 5179
44
V 9533.4
5000円
4500円
4403
4/3
C
4000円
3992
8/5
D
3500円
3000円
10%
GCV
-10%
500万
値更新
抗線
るいは当面ボックス相場
2
3
4
5
6
7
8
9
10
11

世界最大級の保有船を所有する海運業大手。鉄鉱石、タンカー、LNG船、不定期便に強みがある。LNG船の保有数は世界1位。海運国内2位だが世界最大の航路網を保有する総合輸送企業。傘下にダイビル。

ばら積み船は市況回復。自動車船の好調続く。油送

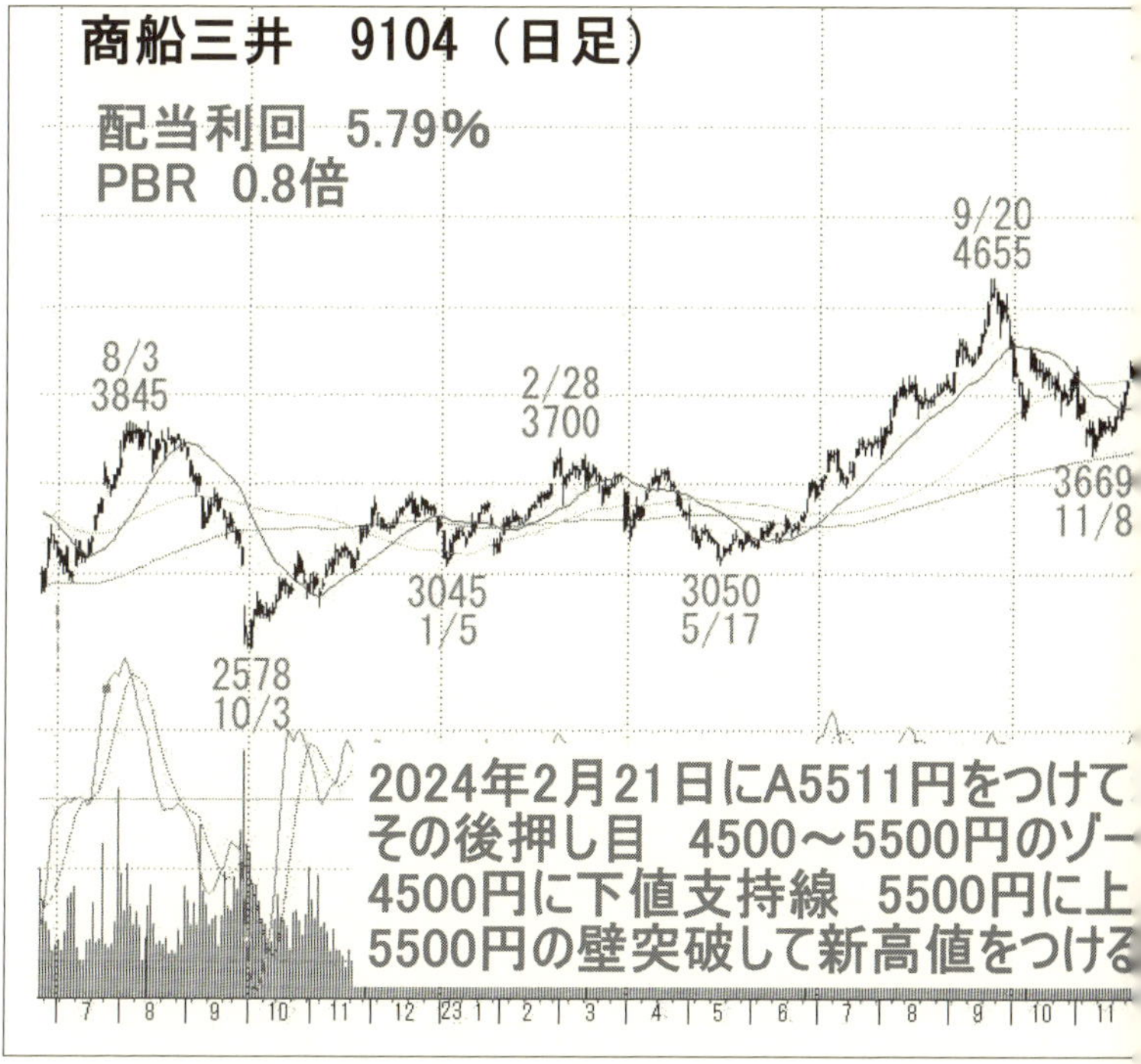
商船三井　9104（日足）
配当利回　5.79%
PBR　0.8倍
9/20
4655
8/3
3845
2/28
3700
3669
11/8
3045
1/5
3050
5/17
2578
10/3
2024年2月21日にA5511円をつけて
その後押し目　4500～5500円のゾー
4500円に下値支持線　5500円に上
5500円の壁突破して新高値をつける
7
8
9
10
11
12
23 1
2
3
4
5
6
7
8
9
10
11

船も堅調。所有の不動産は物件高稼働。海運事業以外にも、海上輸送で培った知見とネットワークを活かし、様々な社会インフラ事業を展開。

円安の後押しもあり、大幅営業増益。株価は高値圏でのもみ合いが続いている。配当利回5・79%、PBR0・8倍と海運大手3社では1番の高配当で低PBR。円安が続けば株価はさらにバーゲンセールとなるか。

2024年11月1日現在

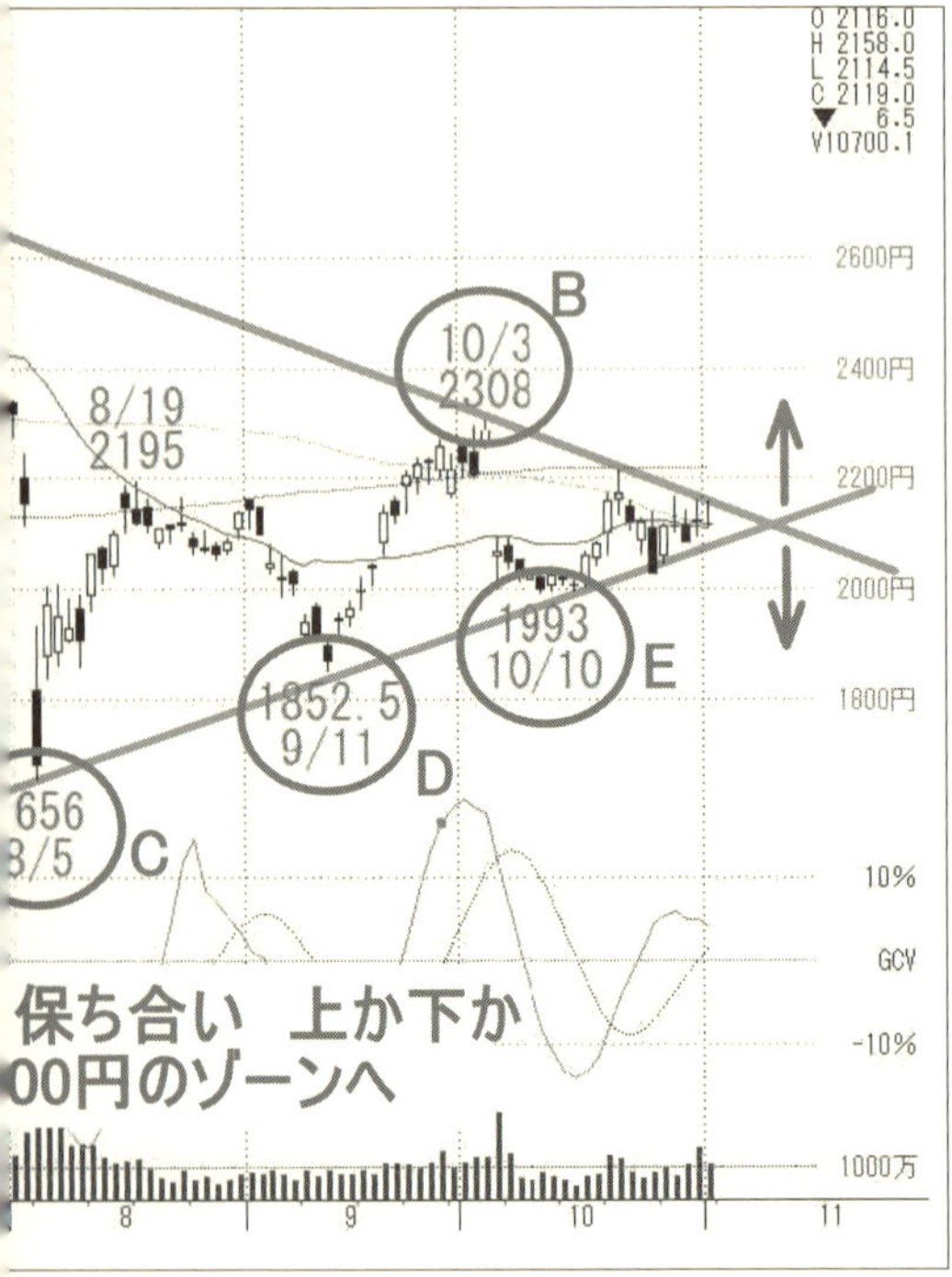
O 2116.0
H 2158.0
L 2114.5
C 2119.0
▼ 6.5
V10700.1
2600円
2400円
2200円
2000円
1800円
B
10/3
2308
8/19
2195
1993
10/10
E
1852.5
9/11
D
656
8/5
C
10%
GCV
-10%
保ち合い　上か下か
00円のゾーンへ
1000万
8
9
10
11

9107

川崎汽船

東証 PRM

海運業

日本郵船、商船三井に次いで国内第3位の規模を持つ海運大手企業。電力炭船、自動車船などに強み。主力の自動車船好調続く。ばら積み船も堅調。持ち分コンテナ船はスエズ運河回避で需給引き締まりで荷動き活発。

自社株買いなど500億

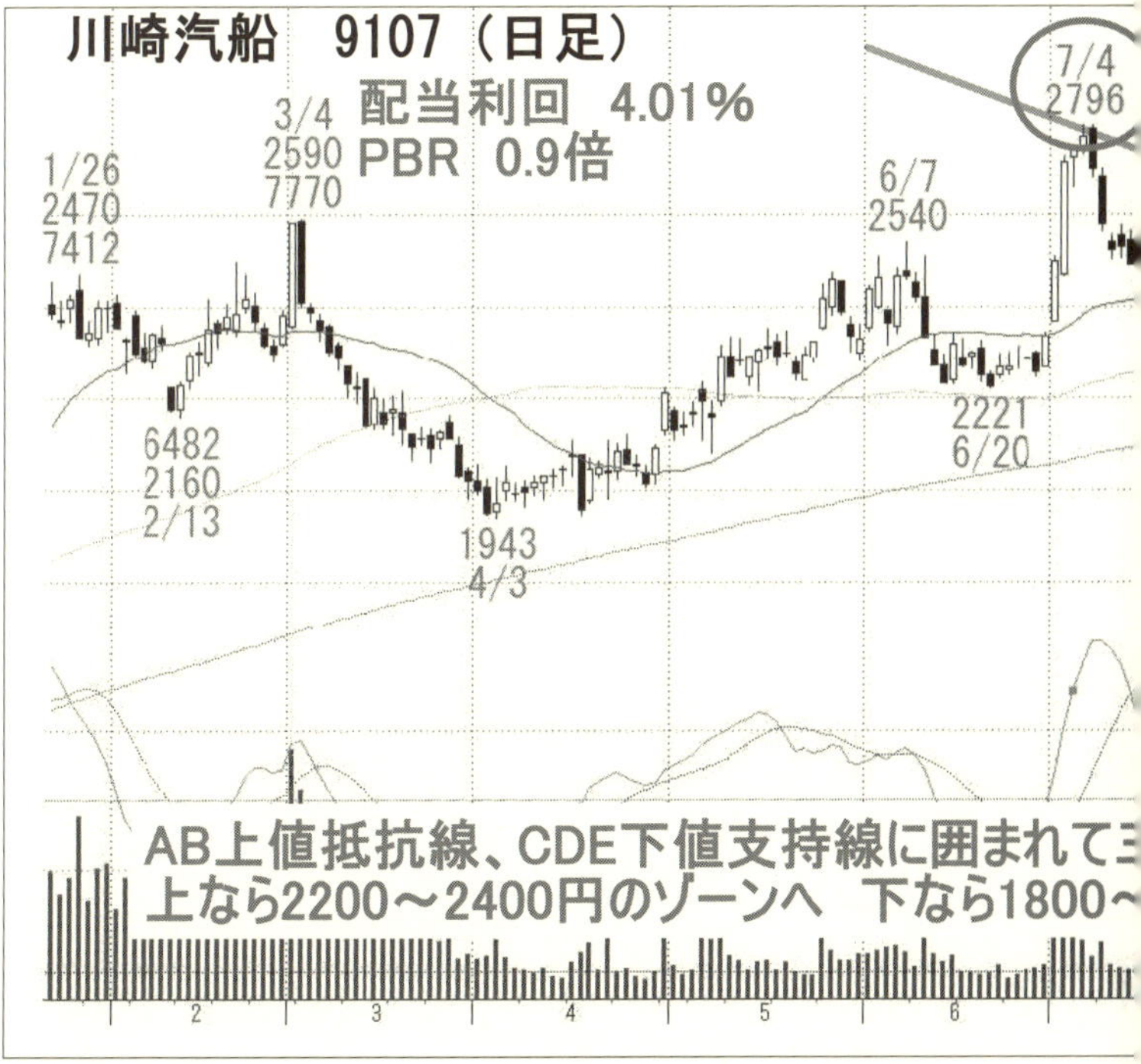
川崎汽船　9107（日足）
配当利回　4.01%
PBR　0.9倍
1/26
2470
7412
3/4
2590
7770
6/7
2540
7/4
2796
6482
2160
2/13
1943
4/3
2221
6/20
AB上値抵抗線、CDE下値支持線に囲まれて
上なら2200～2400円のゾーンへ　下なら1800～
2
3
4
5
6

円以上の追加株主還元などIR強化。株価は安値圏で底固めの動き。円安の恩恵もあり、大幅営業増益。次回の決算発表で株価が底打ちから反転上昇の動きとなるか。配当利回4・01%、PBR0・9倍。

2023年の株主配当金は、中間配当、期末配当ともに300円で600円となり、注目された。2024年は中間、期末とも100円の配当を予定。

❷

日本の防衛を担うトップ企業10

企業名	コード	市場
双日	2768	東 PRM
イーグル工業	6486	東 PRM
日立製作所	6501	東 PRM
三菱電機	6503	東 PRM
三菱重工業	7011	東 PRM
川崎重工業	7012	東 PRM
IHI	7013	東 PRM
名村造船所	7014	東 STD
新明和工業	7224	東 PRM
伊藤忠商事	8001	東 PRM

2024年11月1日現在

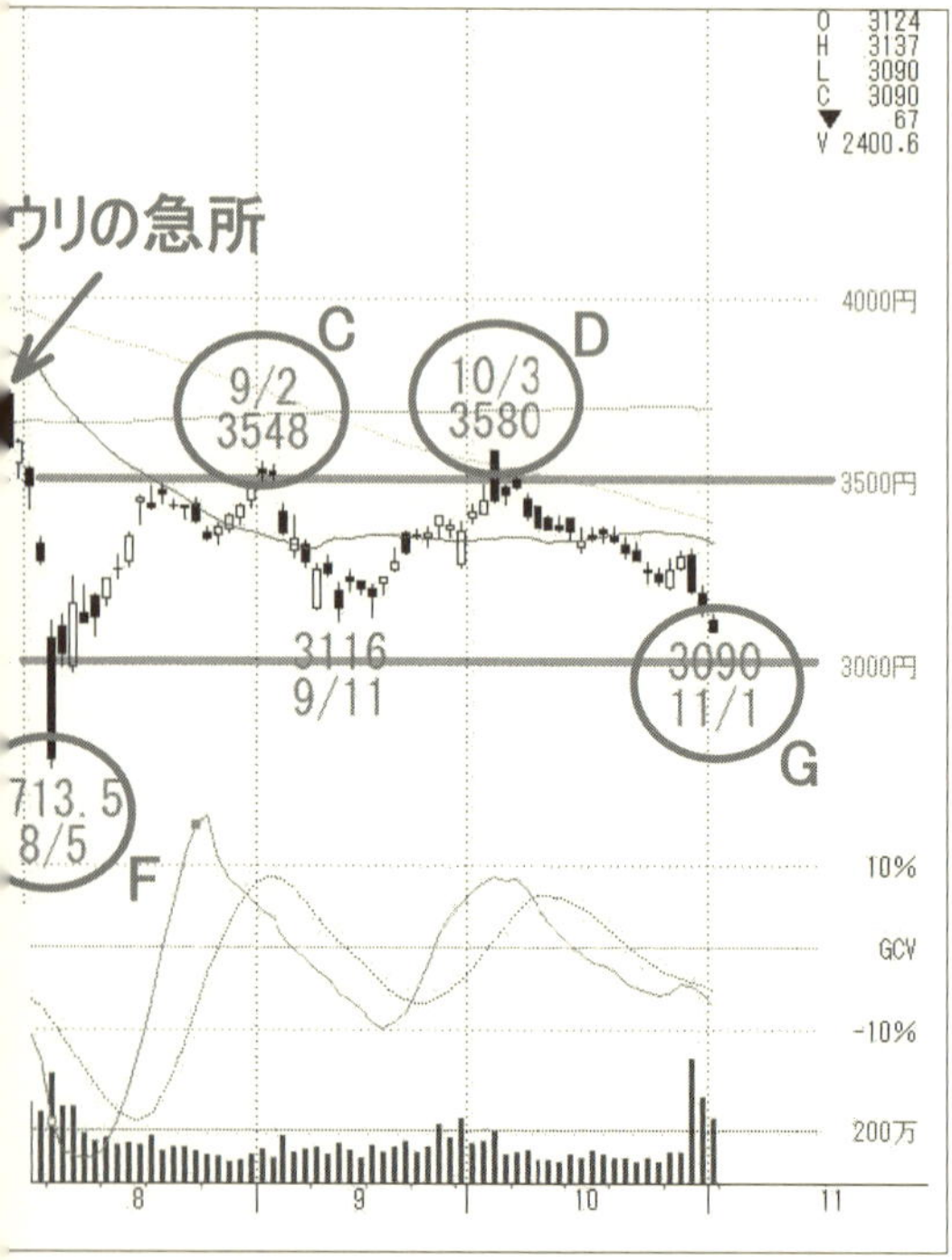
O 3124
H 3137
L 3090
C 3090
▼ 67
V 2400.6
ウリの急所
4000円
3500円
3000円
C
9/2
3548
D
10/3
3580
3116
9/11
3090
11/1
G
713.5
8/5
F
10%
GCV
-10%
200万
8
9
10
11

2768

双日

東証 PRM

卸売業

2004年に日商岩井とニチメンが統合。両社は、開国、明治・大正期の産業革命、戦後復興、高度成長といった近代日本の発展の過程で大きな役割を果たしてきた日本綿花、岩井商店・鈴木商店を源流とする。総合商社の一角を占める。

自動車、航空、化学肥料

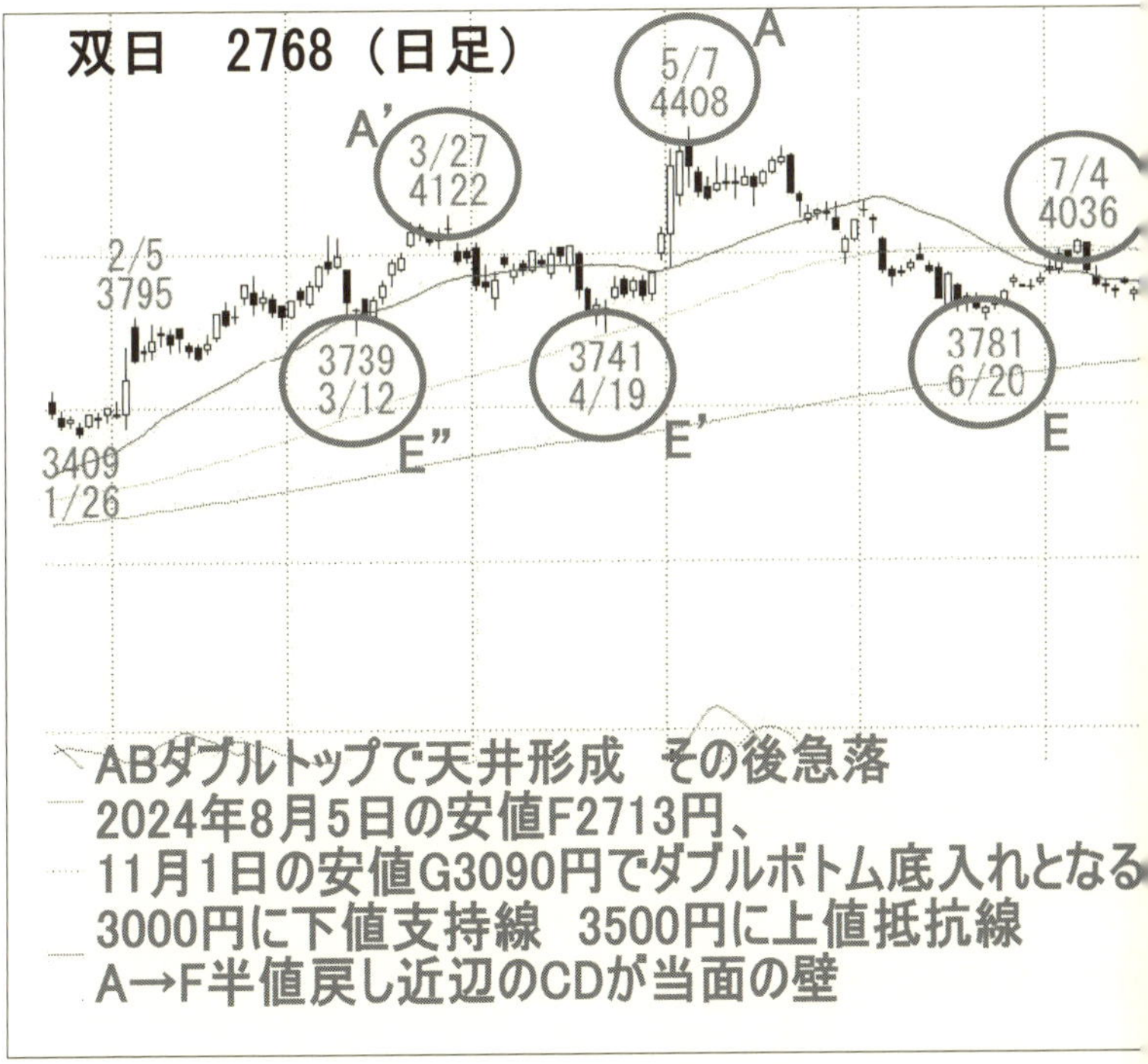
双日　2768（日足）
A
5/7
4408
A'
3/27
4122
7/4
4036
2/5
3795
3739
3/12
E"
3741
4/19
E'
3781
6/20
E
3409
1/26
ABダブルトップで天井形成　その後急落
2024年8月5日の安値F2713円、
11月1日の安値G3090円でダブルボトム底入れとなる
3000円に下値支持線　3500円に上値抵抗線
A→F半値戻し近辺のCDが当面の壁

に強み。稼ぎ頭の石炭市況が続落だが、ビジネスジェット、海外肥料が伸びる。化学品や合成樹脂も堅調。LNG事業も後半から業績に貢献。

純益好転し、最高益水準に迫る。

増配期待。配当利回4・68％、PBR0・8倍はお買い得銘柄では!?　好業績、高配当、PBR1倍割れで資産インフレ関連、防衛関連の有望株。

2024年11月1日現在

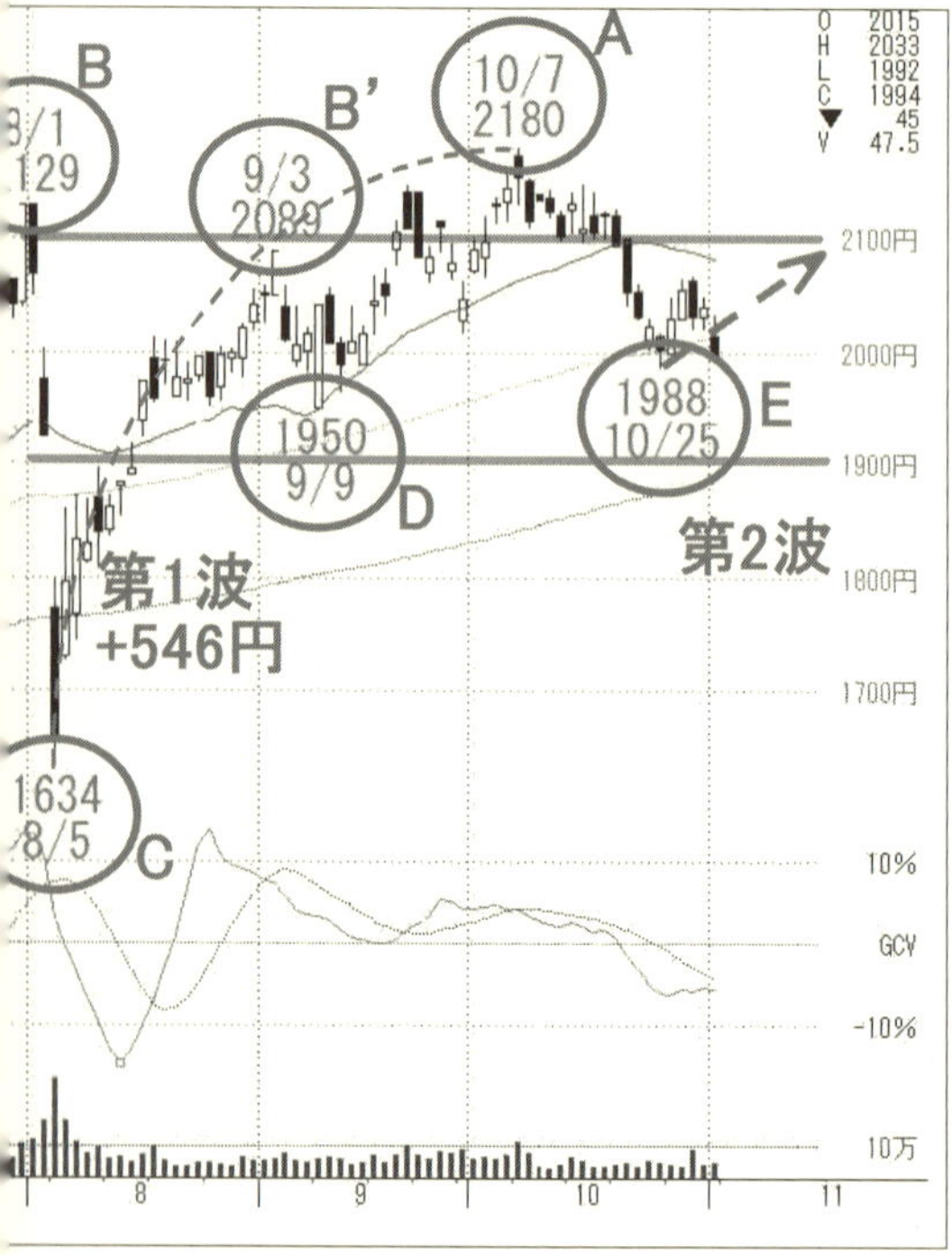
O 2015
H 2033
L 1992
C 1994
▼ 45
V 47.5
B
8/1
2129
B'
9/3
2089
10/7
2180
A
2100円
2000円
1900円
1800円
1700円
1950
9/9
D
1988
10/25
E
第1波
+546円
第2波
1634
8/5
C
10%
GCV
-10%
10万
8
9
10
11

6486

イーグル工業

東証 PRM

機械

ポンプやコンプレッサーなどの回転機構の動力を伝える軸部分（シャフト）に設置されるパッキン部品の一種であるメカニカルシールや特殊バルブの最大手。略称はＥＫＫ。

自動車向け中心に船舶用や航空機用も。車用は欧州の内燃機関車好調で数量上

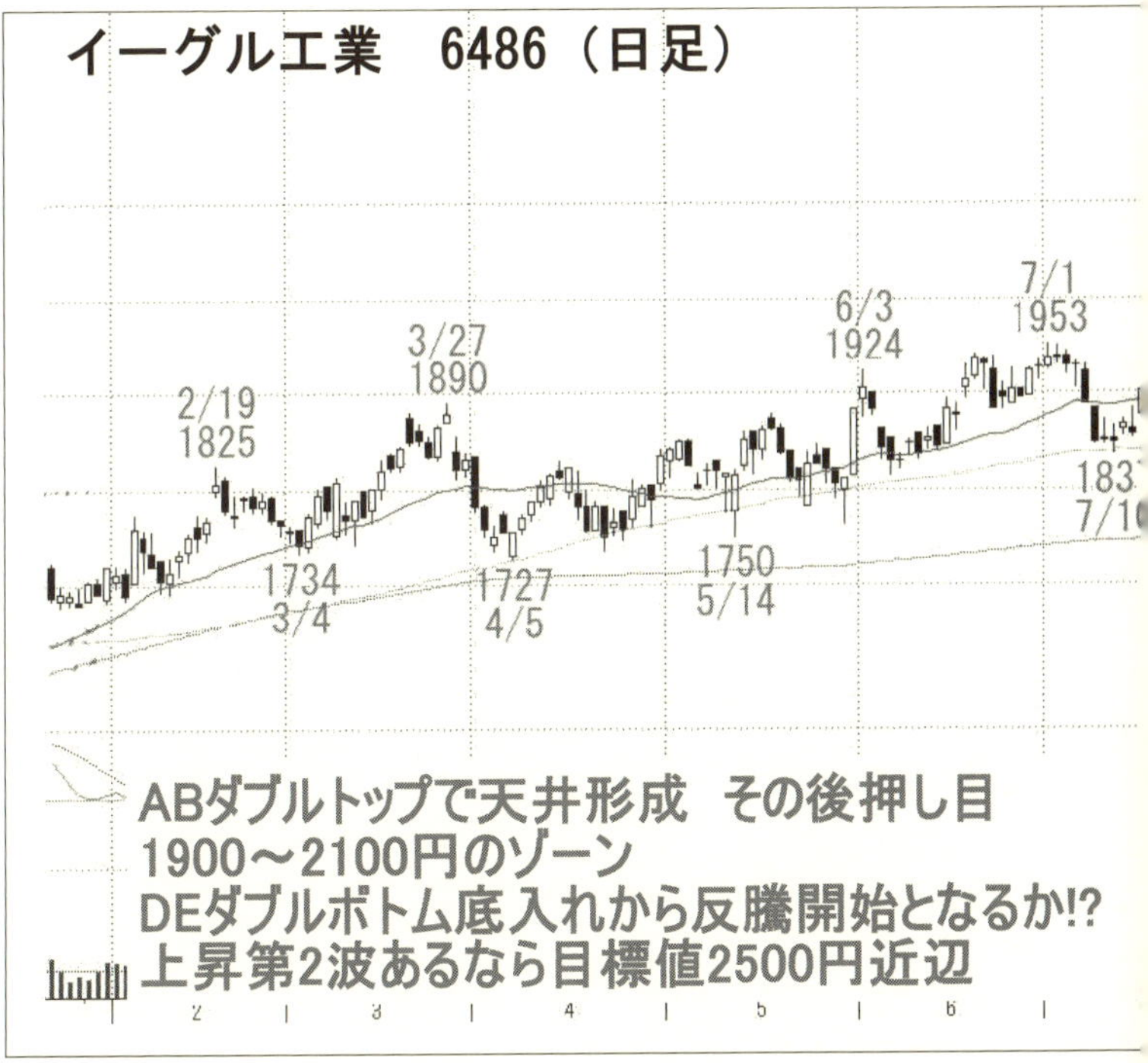
イーグル工業　6486（日足）
2/19
1825
3/27
1890
6/3
1924
7/1
1953
1734
3/4
1727
4/5
1750
5/14
ABダブルトップで天井形成　その後押し目
1900～2100円のゾーン
DEダブルボトム底入れから反騰開始となるか!?
上昇第2波あるなら目標値2500円近辺
2
3
4
5
6

振れ。人件費増こなし営業増益拡大。連続増配。

半導体需要回復に備えて増築していたつくば事業場が竣工し、今下期に量産開始予定。また長崎県佐世保で三菱重工、川崎重工などと潜水艦の受注、製造などで防衛関連としても注目される。

配当利回4・43％、PBR0・8倍の1倍割れはお買い得銘柄か。株価は高値圏で堅調な動き。

2024年11月1日現在

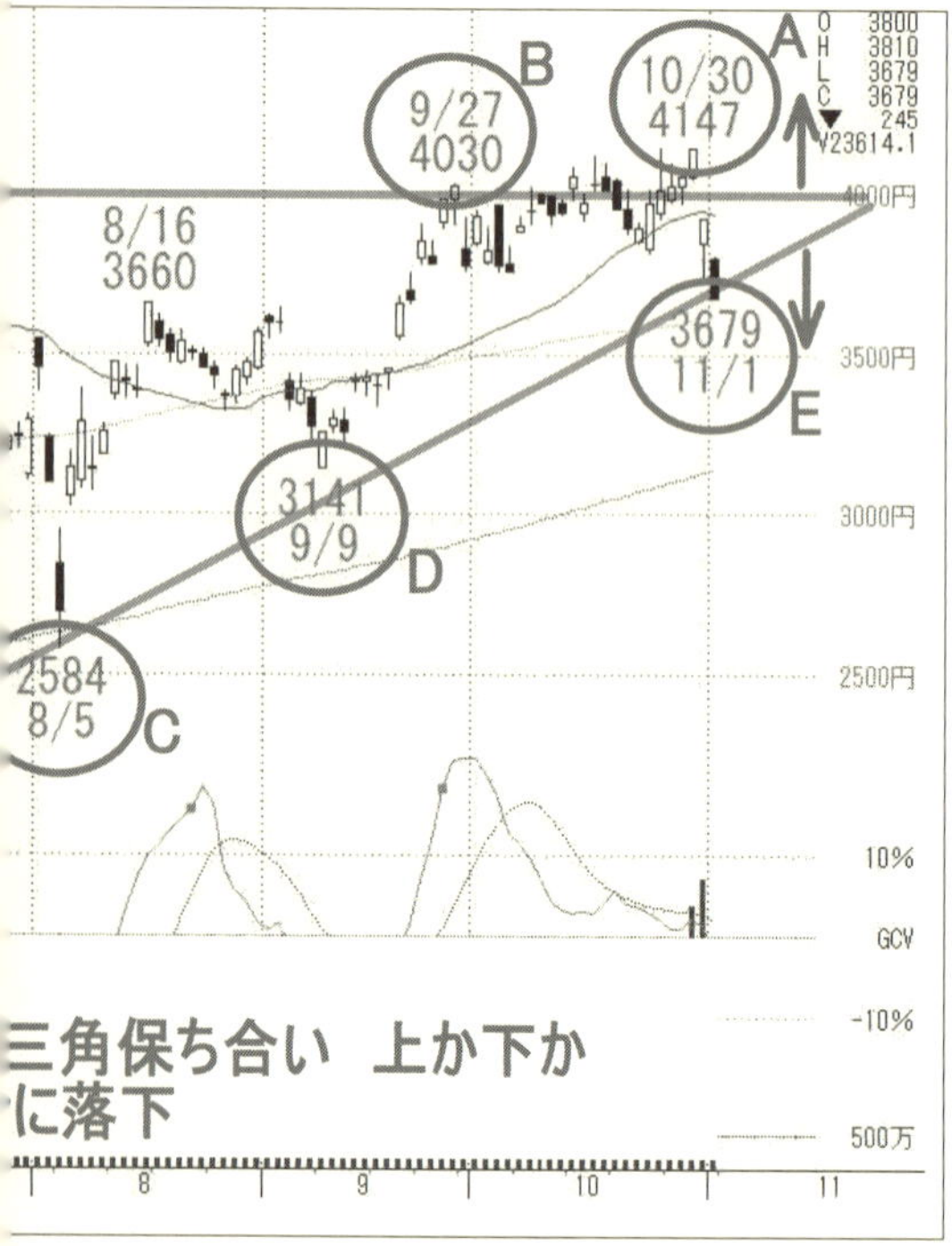

A
O 3800
H 3810
L 3679
C 3679
245
V23614.1
B
9/27
4030
10/30
4147
8/16
3660
4000円
3679
11/1
E
3500円
3141
9/9
D
3000円
2584
8/5
C
2500円
10%
GCV
-10%
三角保ち合い　上か下か
に落下
500万
8
9
10
11

6501

日立製作所

東証 PRM

電気機器

日立グループの中核企業であり、日本のみならず世界有数の総合電機メーカー。IT、エネルギー、インダストリー、モビリティ、ライフ、オートモティブシステム、その他の8の部門から構成される。

関連事業は広範囲だが総合路線見直し、インフラ系

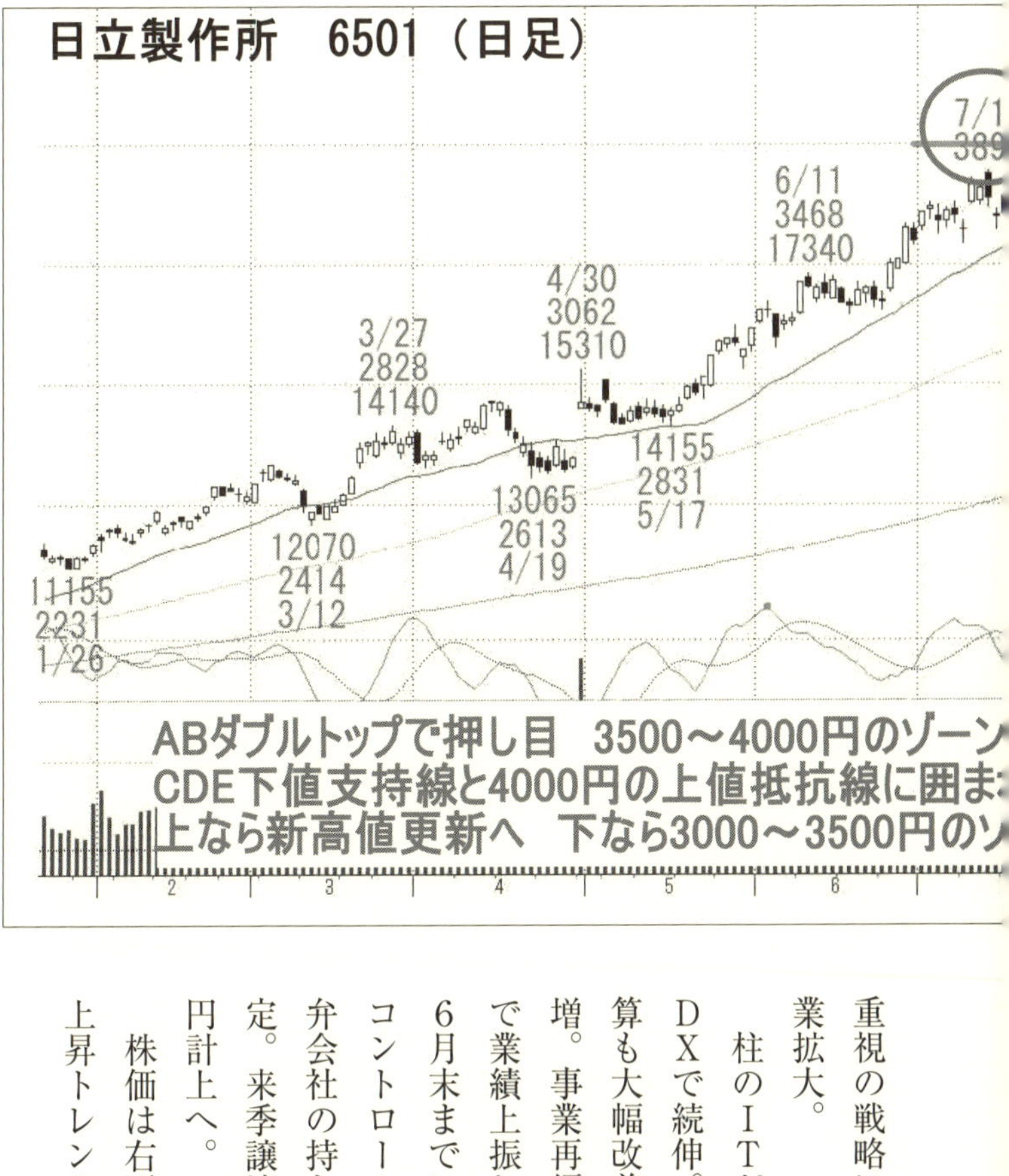
日立製作所　6501（日足）
7/1
389
6/11
3468
17340
4/30
3062
15310
3/27
2828
14140
14155
2831
5/17
13065
2613
4/19
12070
2414
3/12
11155
2231
1/26
ABダブルトップで押し目　3500～4000円のゾーン
CDE下値支持線と4000円の上値抵抗線に囲ま
上なら新高値更新へ　下なら3000～3500円のゾ
2
3
4
5
6

重視の戦略に転換。海外事業拡大。

柱のＩＴがクラウド化やＤＸで続伸。送電事業の採算も大幅改善し営業益反転増。事業再編等経営効率化で業績上振れ。２０２５年６月末までに米ジョンソンコントロールズとの空調合弁会社の持ち分４割売却予定。来季譲渡益１２５０億円計上へ。

株価は右肩上がりの強い上昇トレンド。

2024年11月1日現在

O 2760.0
H 2787.0
L 2662.5
C 2726.0
△ 338.5
V 22331
C
11/1
2787
2800円
9/2
2487.5
10/7
2479
○マド
2600円
2400円
2268
10/28
F
2200円
2155.5
9/9
E
2000円
1867
8/5
D
15%
GCV
-15%
500万
9
10
11

6503

三菱電機

東証 PRM

電気機器

三菱グループの中核となる大手総合電機メーカー。売上高は日立製作所に次いで業界2位。一般消費者向けの家電から重電、人工衛星まで幅広い製品を販売。

FA機器、昇降機（エレベーターなど）、タービン発電機、鉄道車両用電機品、パワー半導体、人工衛星な

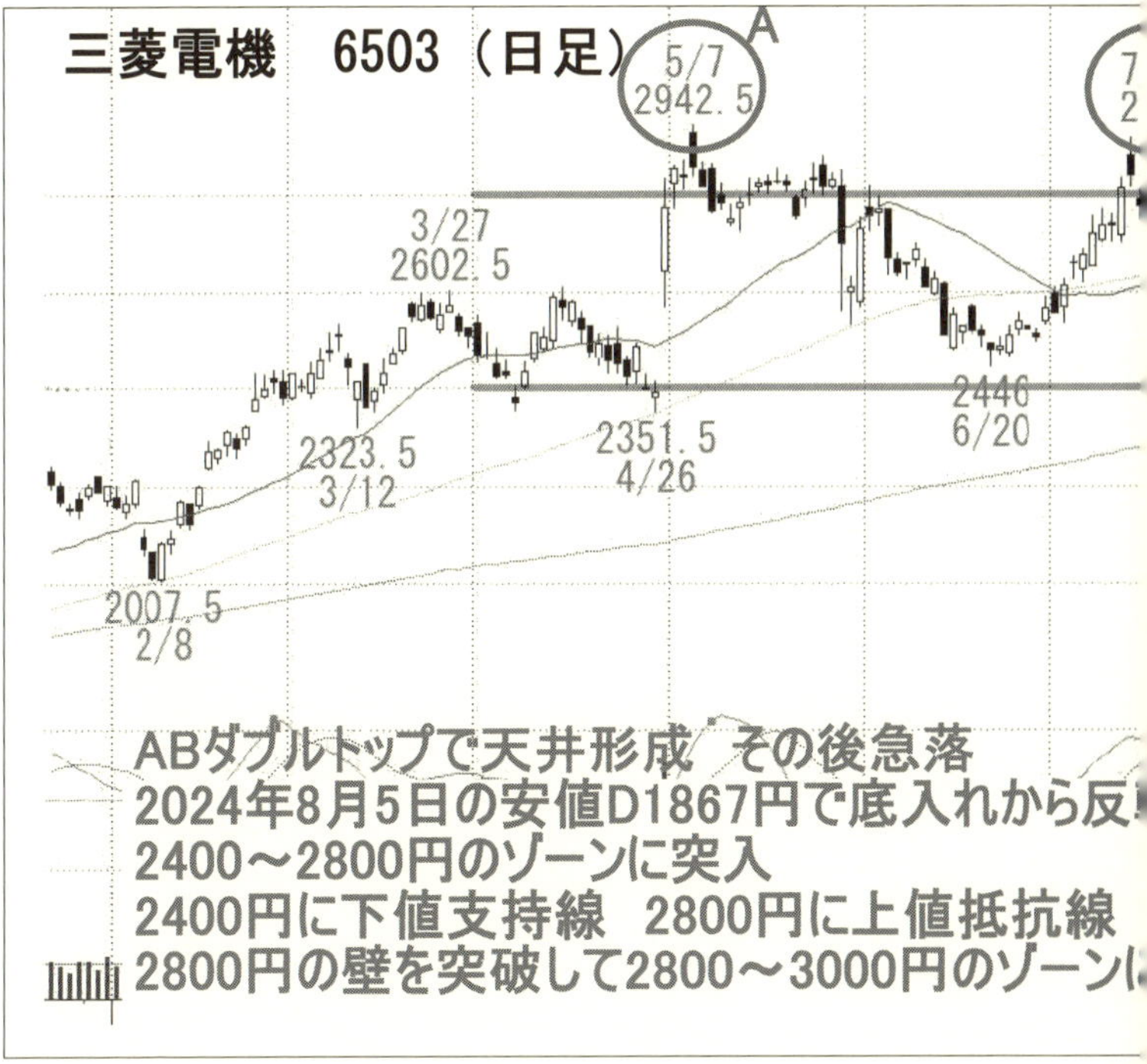
三菱電機　6503（日足）
5/7
2942.5
A
3/27
2602.5
2323.5
3/12
2351.5
4/26
2446
6/20
2007.5
2/8
ABダブルトップで天井形成　その後急落
2024年8月5日の安値D1867円で底入れから反
2400～2800円のゾーンに突入
2400円に下値支持線　2800円に上値抵抗線
2800円の壁を突破して2800～3000円のゾーンに

ど多くの産業用電気機器で日本国内トップシェアである。

主力のFAは後半回復へ。北米中心に電力インフラが好発進。防衛関連も順調。自動車向け中心に半導体伸びる。下期、物流子会社の売却益300億円上乗せ。営業益続伸。三菱電機ロジスティクスをセイノーHDに売却。一方ヴィスコ・テクノロジーズをTOBで買収へ。株価は中段保ち合いから一進一退の動き。

7011

三菱重工業

東証 PRM

機械

2024年11月1日現在

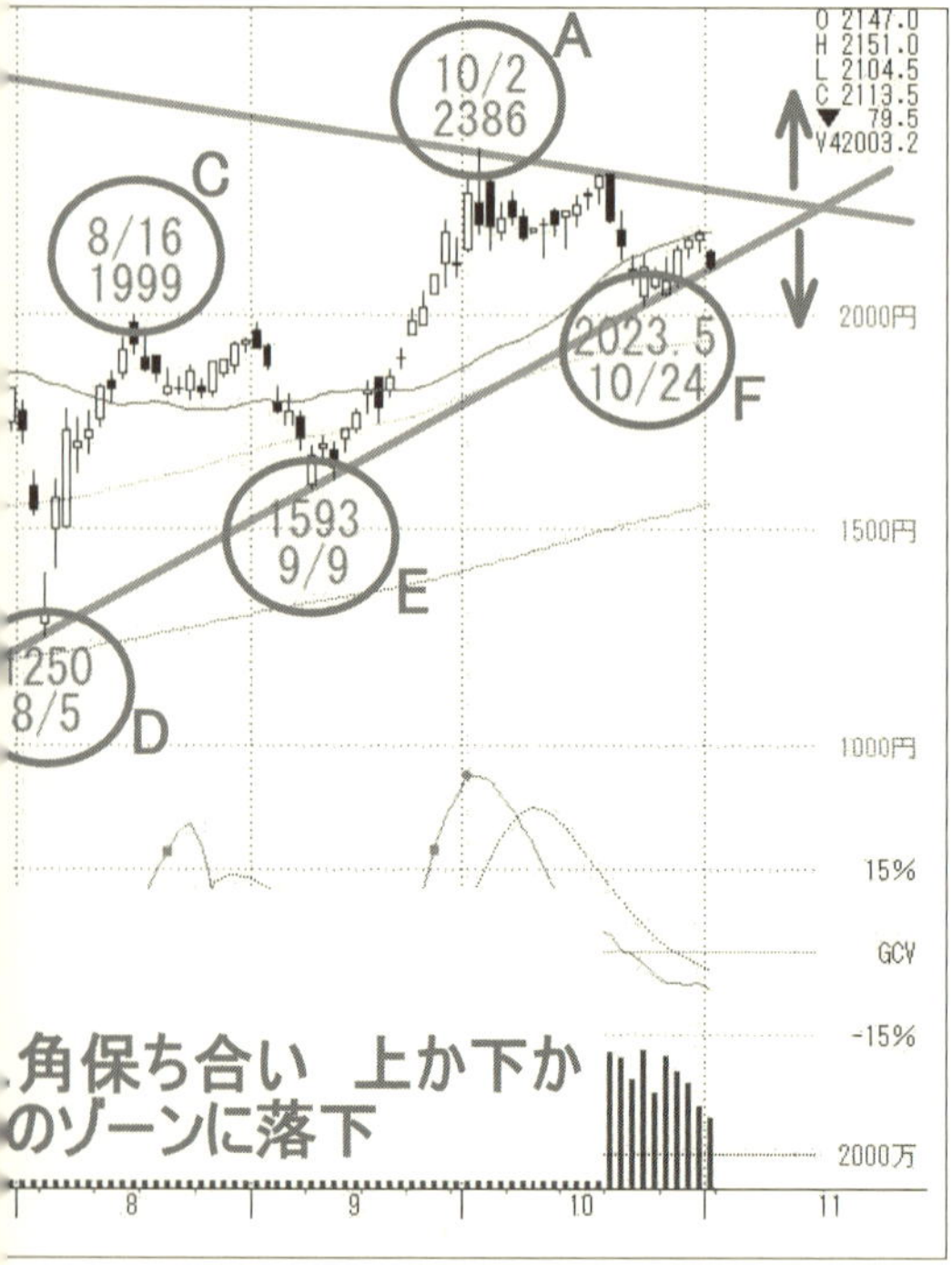

O 2147.0
H 2151.0
L 2104.5
C 2113.5
79.5
V42003.2
A
10/2
2386
C
8/16
1999
2023.5
10/24
F
1593
9/9
E
1250
8/5
D
2000円
1500円
1000円
15%
GCV
-15%
2000万
角保ち合い　上か下か
のゾーンに落下
8
9
10
11

日本の総合重機ナンバーワン。特にターボ、フォークリフトで世界的。電化需要強く、主力のガスタービンの受注絶好調。原子力堅調に増加。

　そうりゅう型潜水艦をはじめ、優れた推進性能や環境性能を備えた船舶、先ごろ4号機を打ち上げたH－

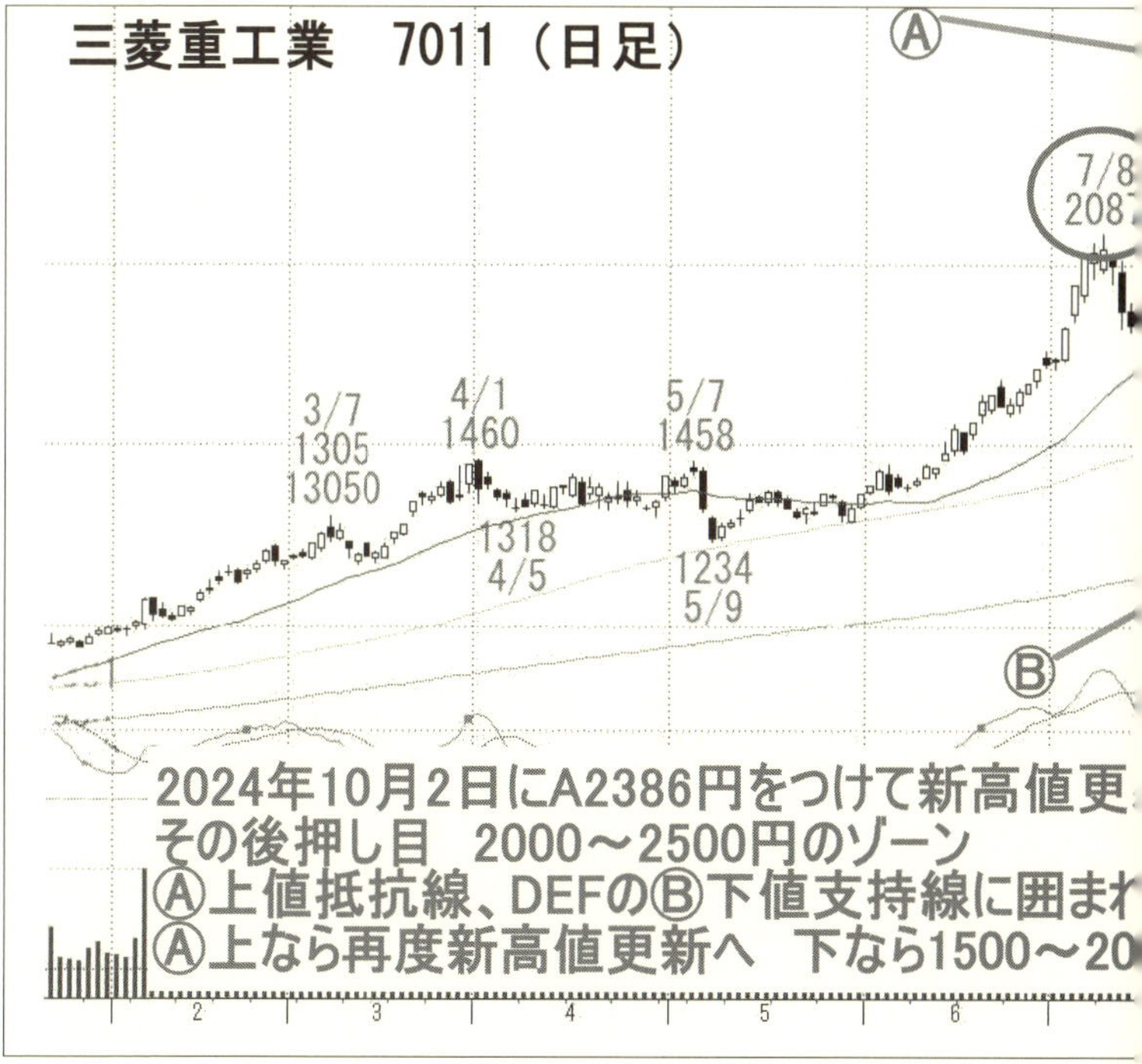
三菱重工業　7011（日足）
Ⓐ
7/8
2087
3/7
1305
13050
4/1
1460
5/7
1458
1318
4/5
1234
5/9
Ⓑ
2024年10月2日にA2386円をつけて新高値更
その後押し目　2000～2500円のゾーン
Ⓐ上値抵抗線、DEFのⒷ下値支持線に囲まれ
Ⓐ上なら再度新高値更新へ　下なら1500～20
2
3
4
5
6

3ロケットなど、造船、原動機、航空宇宙、防衛などその事業は多岐にわたる。

政府は今後5年間に防衛費を43兆円増額することを決定し、防衛の受注残潤沢。

土地売却益もあり、営業益続伸。次期戦闘機の国際共同開発へ新会社設立。電源・冷却・制御統合のデータセンター事業に注力。防衛関連の本命株。株価は右肩上がりの強い上昇トレンド。

2024年11月1日現在

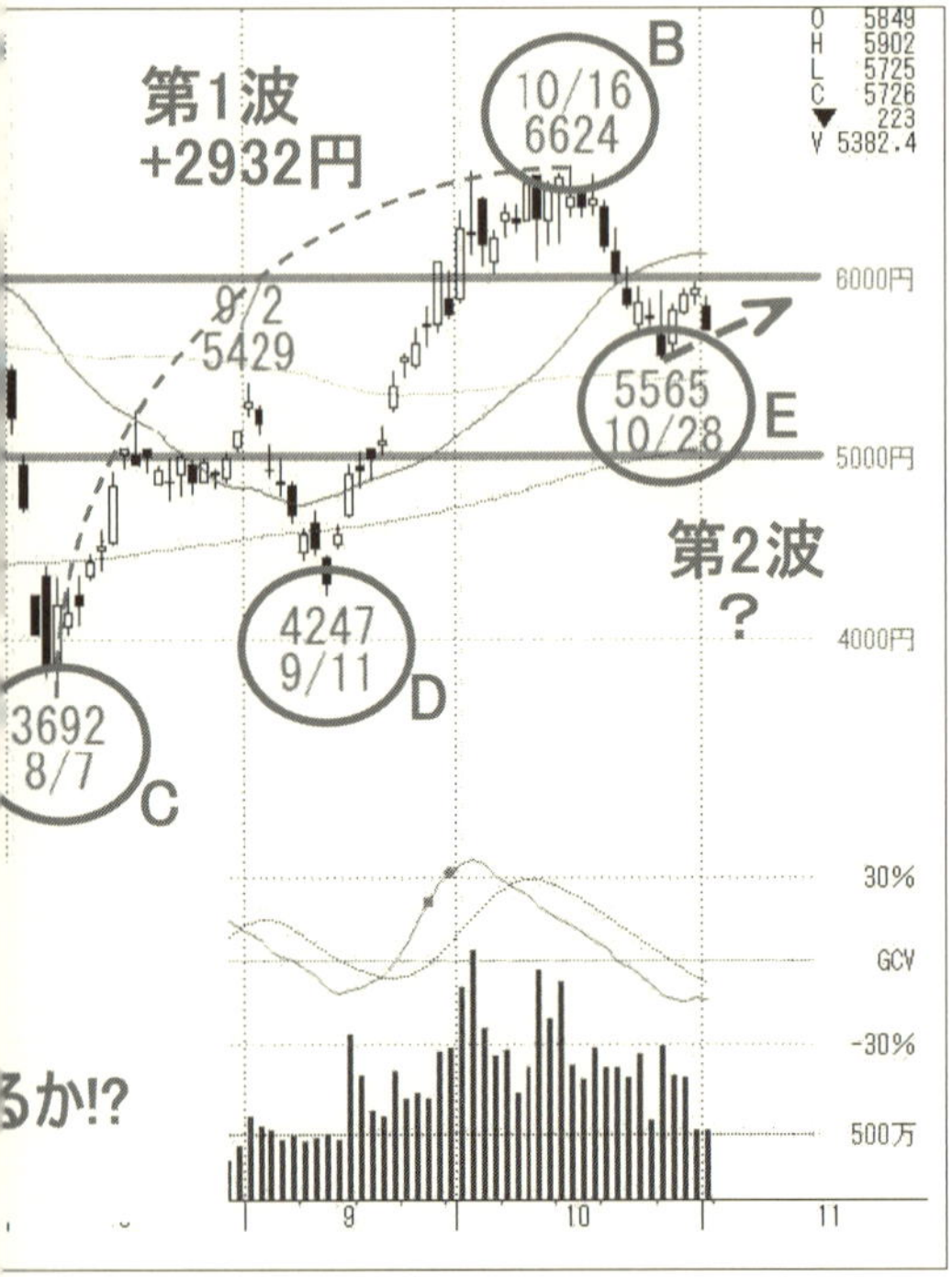
第1波
+2932円
10/16
6624
B
O 5849
H 5902
L 5725
C 5726
223
V 5382.4
9/2
5429
6000円
5565
10/28
E
5000円
4247
9/11
D
第2波
?
4000円
3692
8/7
C
30%
GCV
-30%
500万
るか!?
9
10
11

7012

川崎重工業

東証 PRM

輸送用機器

三菱重工業と並んで総合重機大手。

船舶、鉄道車両、航空機などの輸送用機器や、コージェネレーション、ガスタービンなどのエネルギー、油圧機器、産業用ロボットなどの産業用設備、モーターサイクルまで扱う。旅客機分担品や鉄道車両、大型

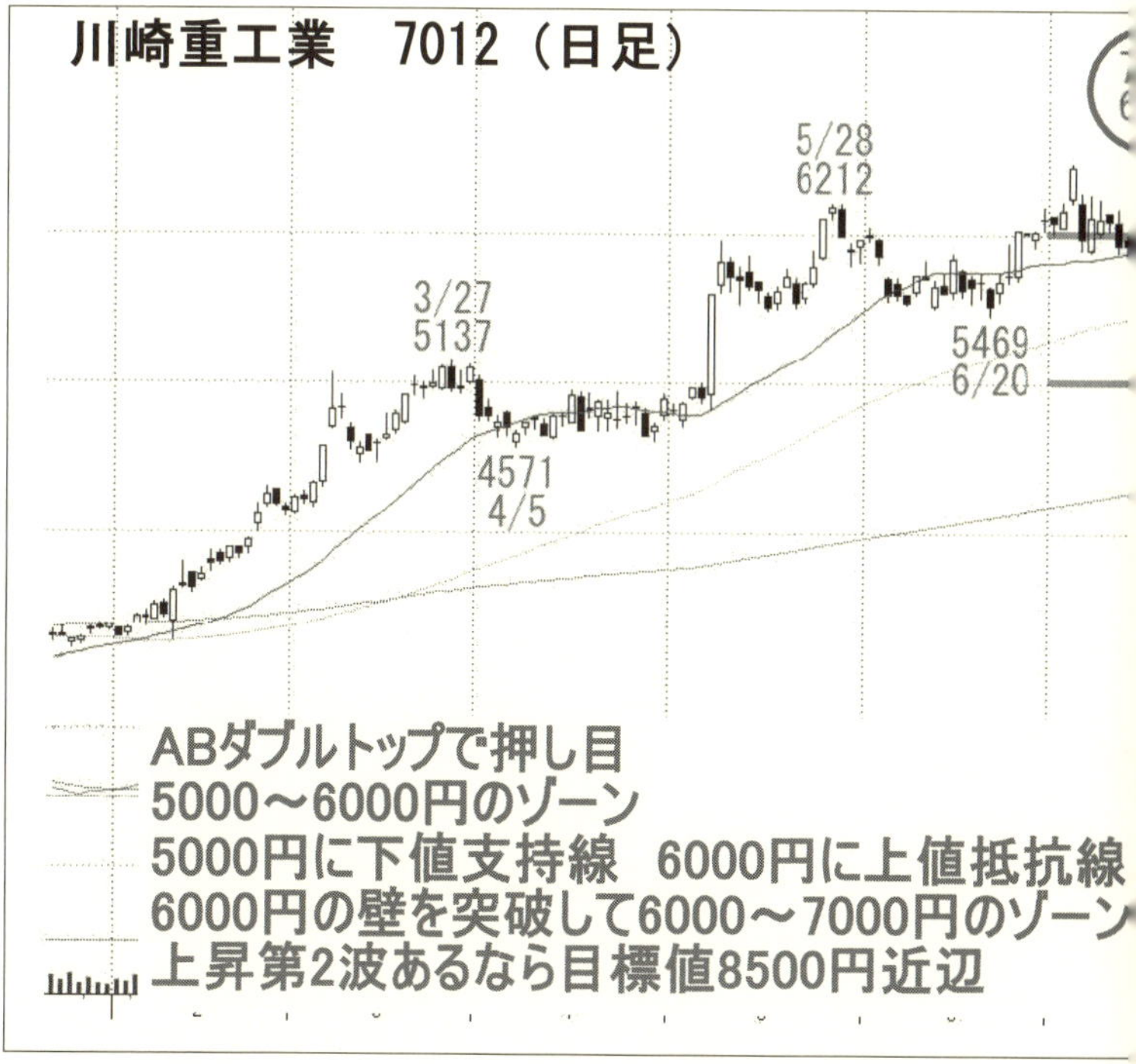
川崎重工業　7012（日足）
5/28
6212
3/27
5137
5469
6/20
4571
4/5
ABダブルトップで押し目
5000〜6000円のゾーン
5000円に下値支持線　6000円に上値抵抗線
6000円の壁を突破して6000〜7000円のゾーン
上昇第2波あるなら目標値8500円近辺

2輪に強み。

自衛隊の潜水艦、航空機も担う。独自開発したP1哨戒機は世界レベルの対潜哨戒機として知られる。防衛受注増勢。展開需要も増。精密・ロボット関連や船舶など市況改善も追い風となって最高純益。独ダイムラートラックと液化水素の供給網構築で協力。

2025年3月期は増収増益予想。株価は高値圏で推移。防衛関連の本命株。

7013

ＩＨＩ

東証 PRM

機械

2024年11月1日現在

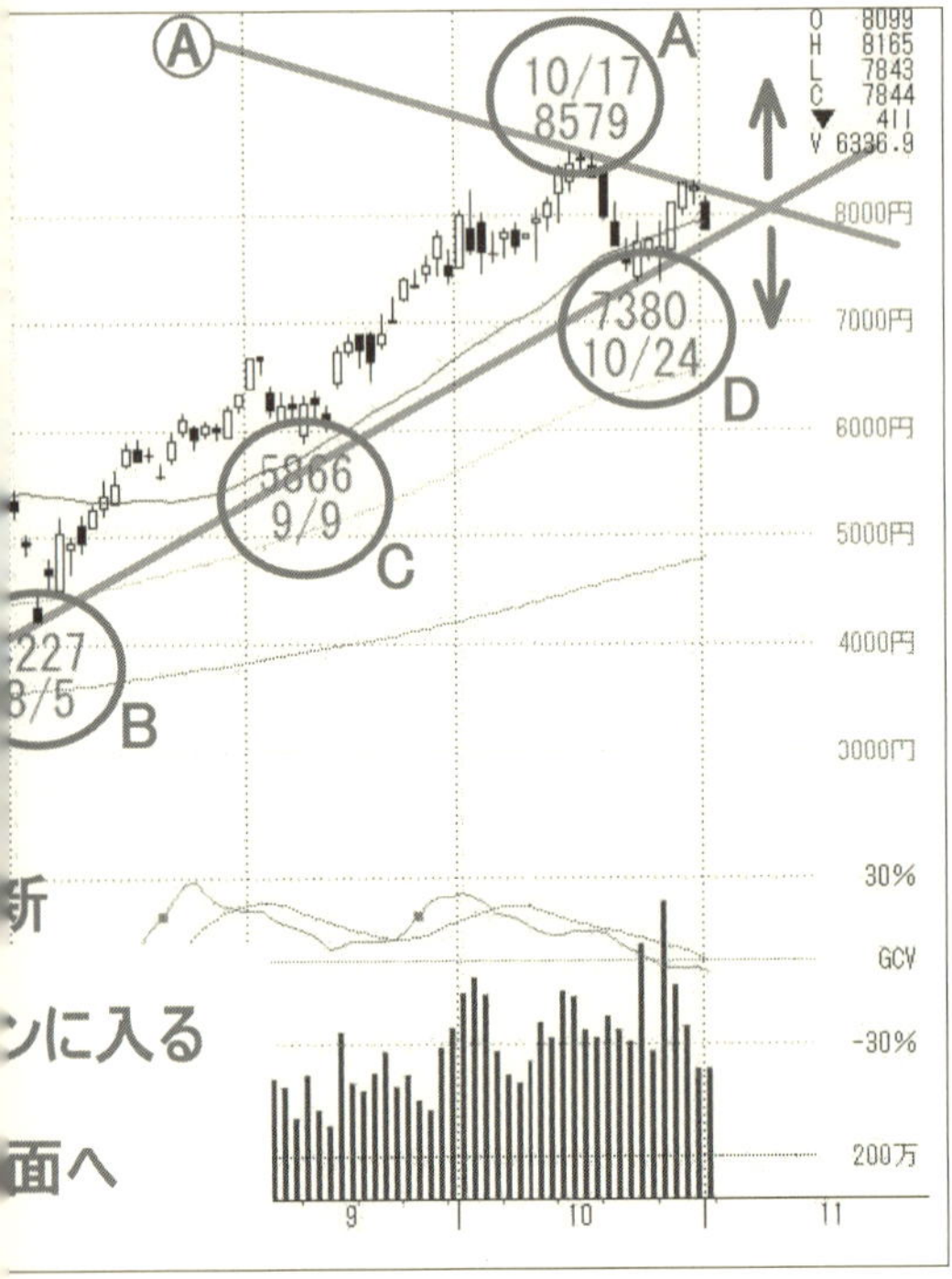
Ⓐ
A
10/17
8579
O 8099
H 8165
L 7843
C 7844
▼ 411
V 6336.9
8000円
7380
10/24
D
7000円
6000円
5866
9/9
C
5000円
4000円
227
8/5
B
3000円
30%
GCV
-30%
200万
9
10
11
析
ンに入る
面へ

旧商号は石川島播磨重工業株式会社で幕末から１６０年を超える日本を代表する重工業企業。

航空エンジン首位。造船、宇宙、防衛技術に強み。

稼ぎ頭の航空エンジン、スペアパーツが拡大。防衛受注増勢。Ｆ35戦闘機搭載のエンジン量産部品を初出

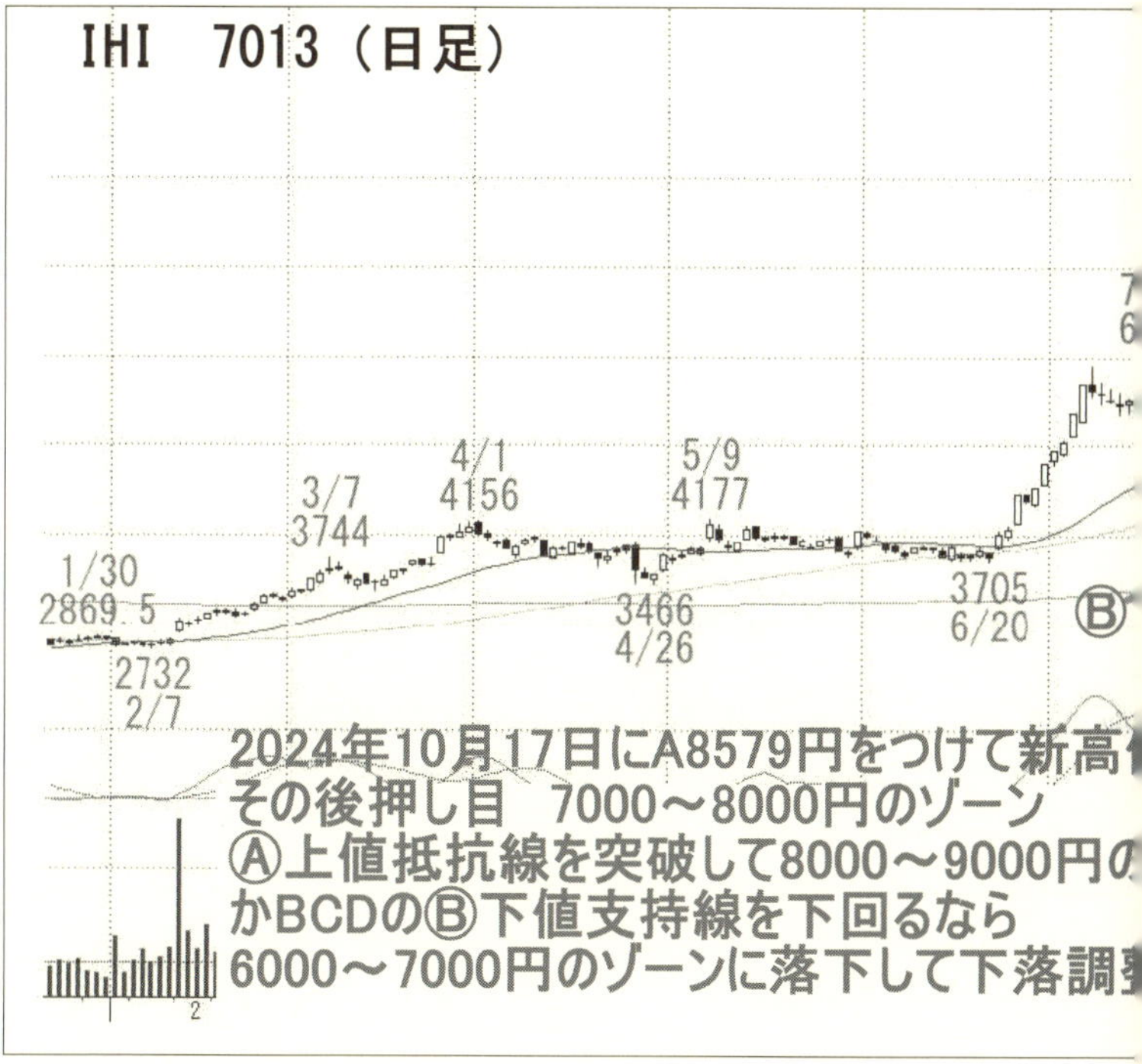
IHI　7013（日足）
1/30
2869.5
2732
2/7
3/7
3744
4/1
4156
5/9
4177
3466
4/26
3705
6/20
Ⓑ
2024年10月17日にA8579円をつけて新高
その後押し目　7000～8000円のゾーン
Ⓐ上値抵抗線を突破して8000～9000円の
かBCDのⒷ下値支持線を下回るなら
6000～7000円のゾーンに落下して下落調
2

荷。

イギリス、イタリアと共同開発になった航空自衛隊第6世代戦闘機F3のエンジンとしてIHIが開発したXF9エンジンが期待される。

豊洲の不動産一部売却などで黒字急浮上。2025年3月期は増収増益予想。

株価は直近新高値をつけて頑強。押し目らしい押し目もなく、上昇トレンド続くか。

防衛関連の注目株。

7014

名村造船所

東証 PRM

輸送用機器

2024年11月1日現在

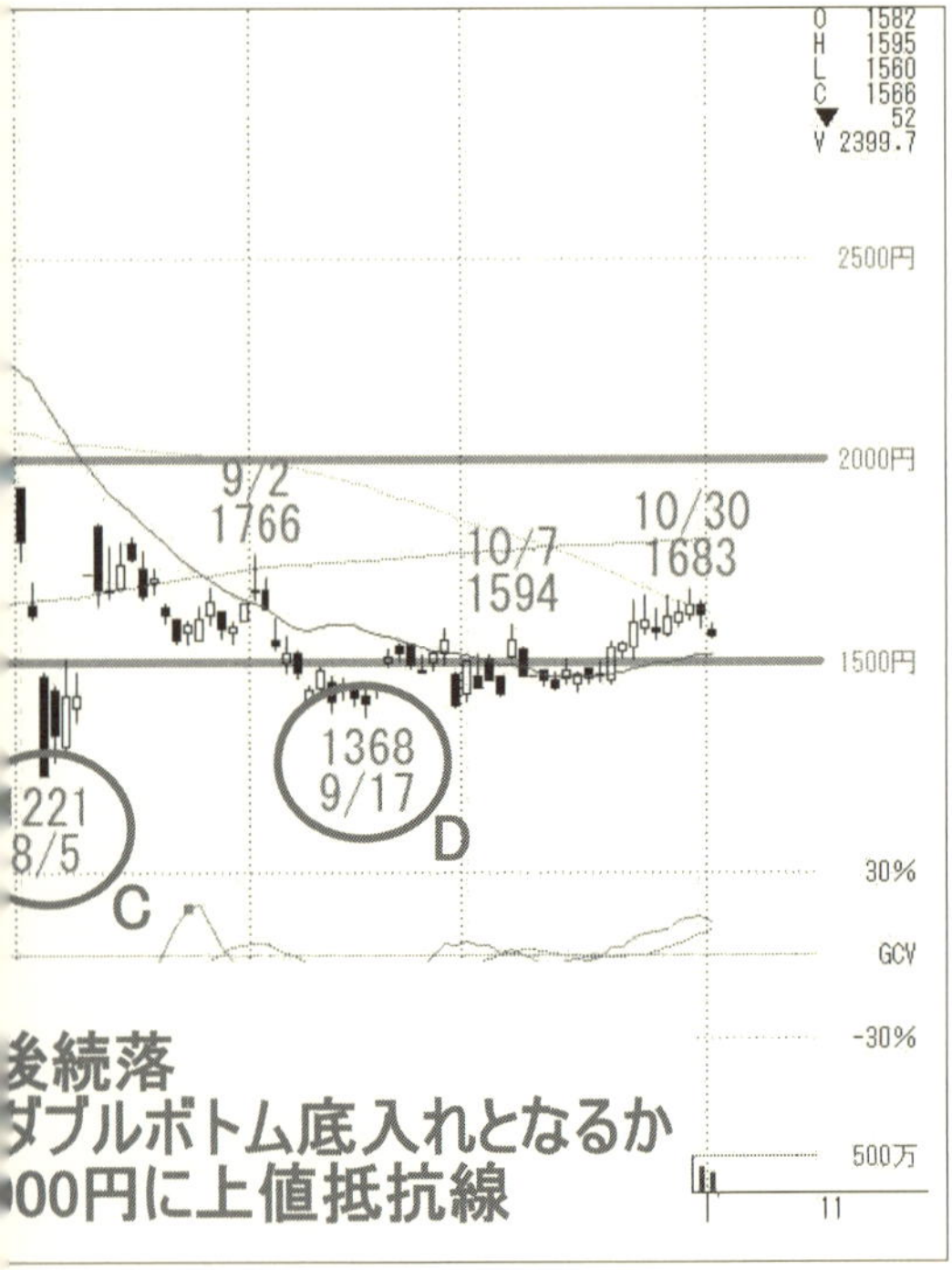
O 1582
H 1595
L 1560
C 1566
▼ 52
V 2399.7
2500円
2000円
1500円
9/2
1766
10/7
1594
10/30
1683
1368
9/17
D
221
8/5
C
30%
GCV
-30%
500万
11
後続落
ダブルボトム底入れとなるか
00円に上値抵抗線

造船準大手。中・大型船が主力。主力とする新造船事業においてはケープサイズバルクキャリア、マラッカマックス型超大型油送船など、3万トンから30万トンまでの大型船舶を主に建造している。

2008年に函館どつく、2014年には佐世保重工

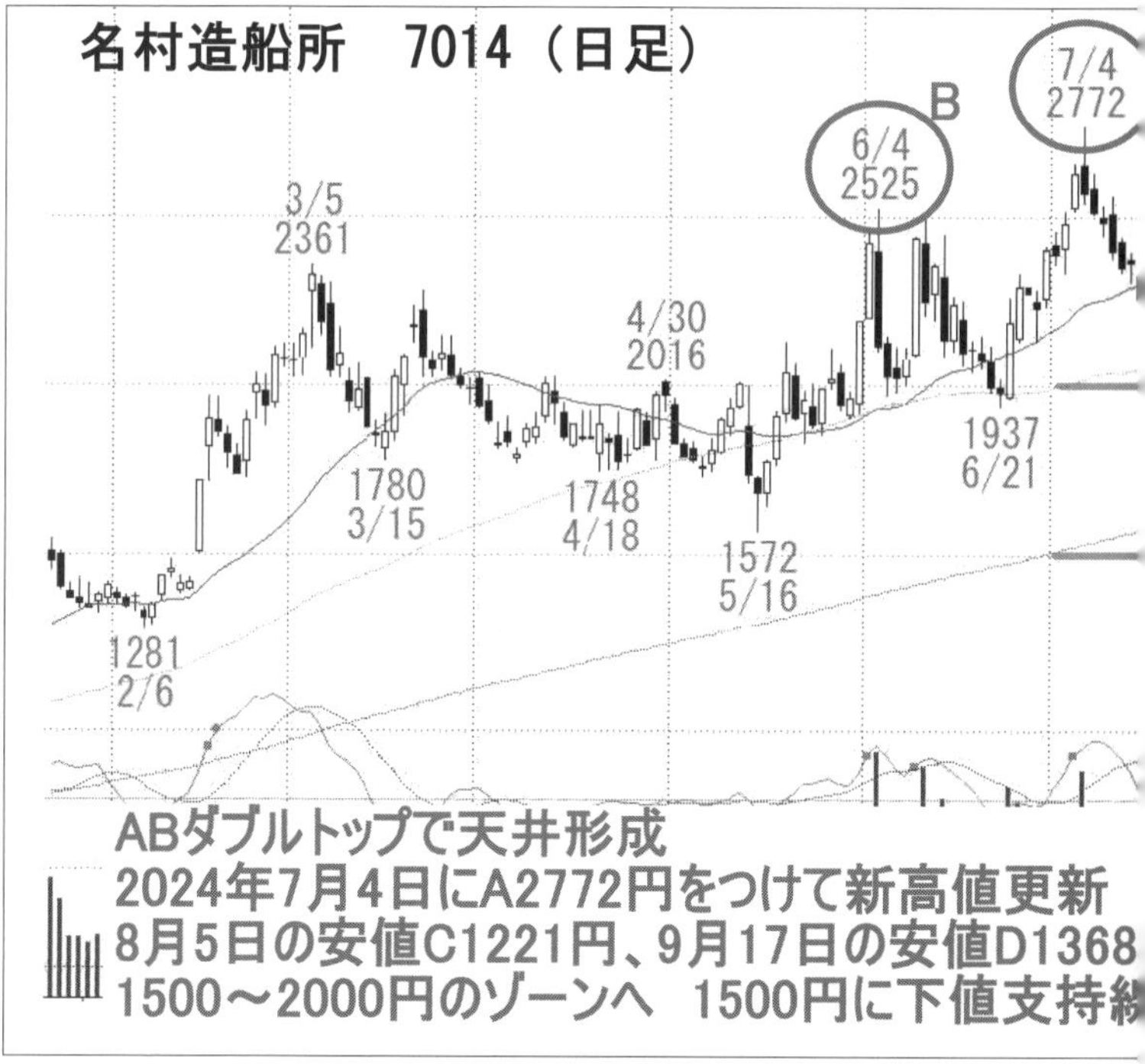
名村造船所　7014（日足）
B
6/4
2525
7/4
2772
3/5
2361
4/30
2016
1780
3/15
1748
4/18
1572
5/16
1937
6/21
1281
2/6
ABダブルトップで天井形成
2024年7月4日にA2772円をつけて新高値更新
8月5日の安値C1221円、9月17日の安値D1368
1500～2000円のゾーンへ　1500円に下値支持

業を子会社化したことにより、国内3位グループを大島造船所と争う規模に。

柱の新造船は案件数の増加で高稼働継続のうえ船舶価格も上昇で、鋼材価格の高騰の負担を補う。修繕船も着実増。

円安で船価上振れ、営業増益幅拡大。2024年6月末の受注残高が前年比42・8％増。長期保有の株主を増やすために還元策強化を検討。株価ほぼ底値圏。押し目買いチャンスか!?

2024年11月1日現在

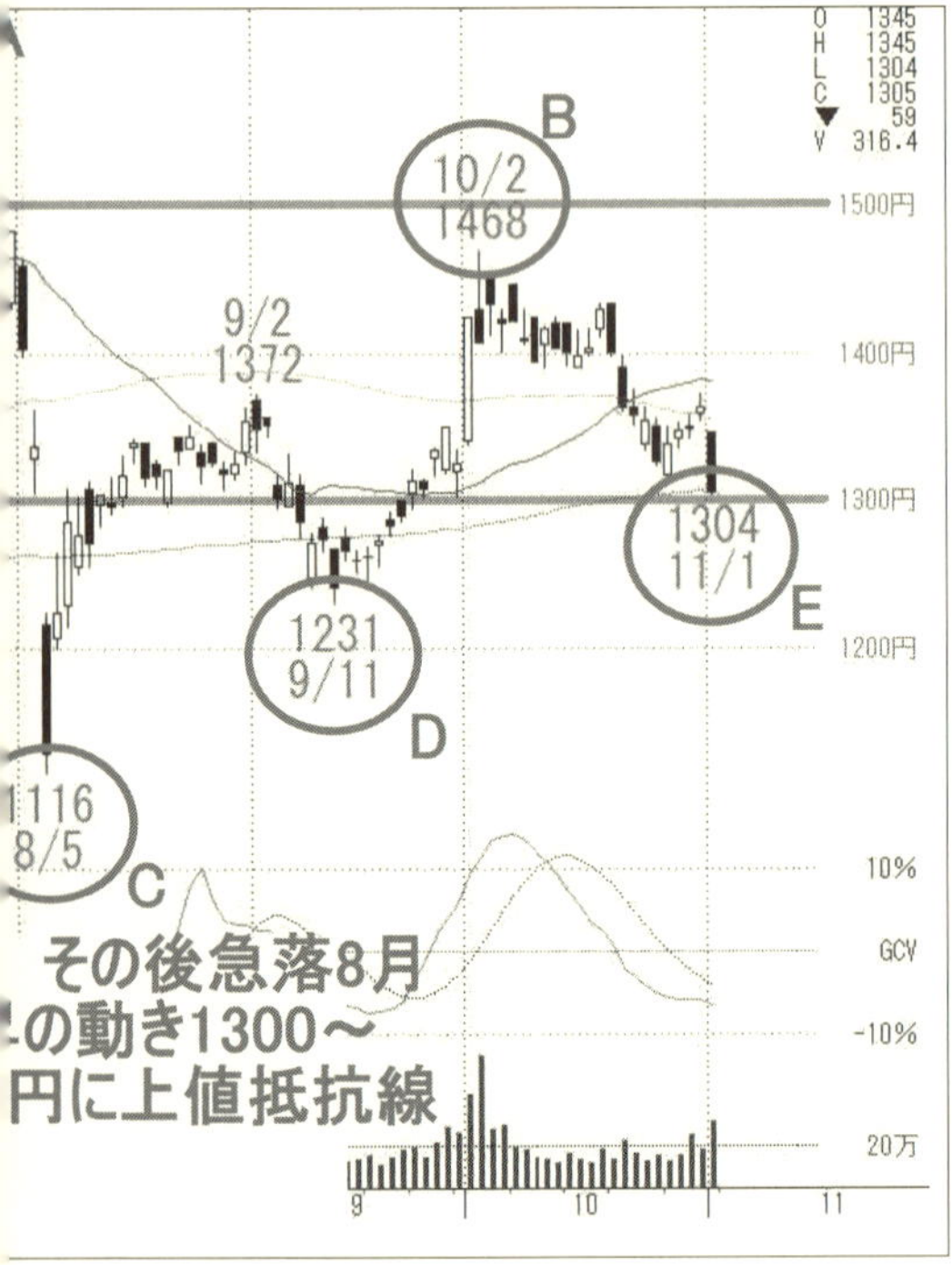
O 1345
H 1345
L 1304
C 1305
▼ 59
V 316.4
B
10/2
1468
1500円
9/2
1372
1400円
1300円
1304
11/1
E
1200円
1231
9/11
D
1116
8/5
C
10%
GCV
-10%
20万
9
10
11
その後急落8月
の動き1300～
円に上値抵抗線

7224

新明和工業

東証 PRM

輸送用機器

日立系。特装車、パーキングシステム、産業・環境システム、流体、航空などの事業を展開。

特装車が主力。ダンプなど特装車首位。

前身の川西航空機は、九七式飛行艇や二式大型飛行艇などの飛行艇、局地戦闘機紫電／紫電改を開発・製

新明和工業　7224（日足）
1/25
1239
1153
2/5
3/22
1278
1168
3/14
1148
4/19
5/10
1343
6/4
1442
1345
6/14
2024年7月18日にA1538円をつけて新高値
5日に安値C1116円をつけて底入れから反転
1500円のゾーンへ　1300円に下値支持線
DEダブルボトムで底入れとなるか!?

造した会社として知られ、防衛省向け救難飛行艇US2が名機として名高い。特装車は値上げ効果で採算大きく改善。受注も高水準続く。

機械式駐車場設備なども展開。パーキングは堅調。航空機への部品供給も民間向けが伸びる。受注も拡大。資材価格の上昇も一段落、営業益続伸。連続増配。配当利回3・67%、PBR0・8倍はお買い得銘柄か!?

2024年11月1日現在

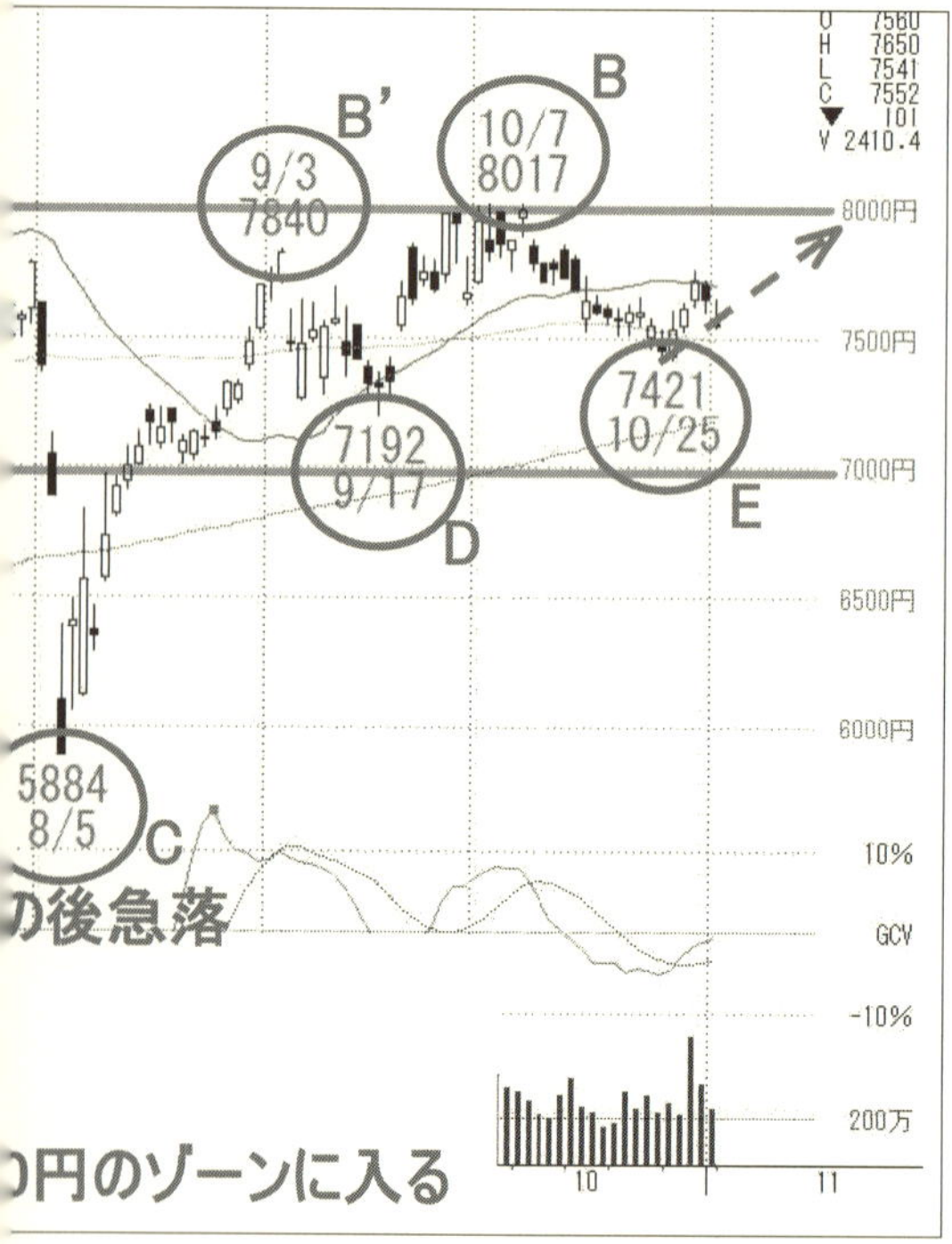
O 7560
H 7650
L 7541
C 7552
▼ 101
V 2410.4
B'
9/3
7840
B
10/7
8017
8000円
7500円
7192
9/17
D
7421
10/25
E
7000円
6500円
6000円
5884
8/5
C
の後急落
10%
GCV
-10%
200万
0円のゾーンに入る
10
11

8001

伊藤忠商事

東証 PRM

卸売業

世界61カ国に約90カ所の事業拠点を持ち、５大商社のなかでもトップを争う大手総合商社。

戦前は多数の紡織会社を傘下に持つ伊藤忠財閥の中核企業であり、かつては世界最大の繊維商社であった。現在は祖業である繊維の他に、食料や生活資材、情報

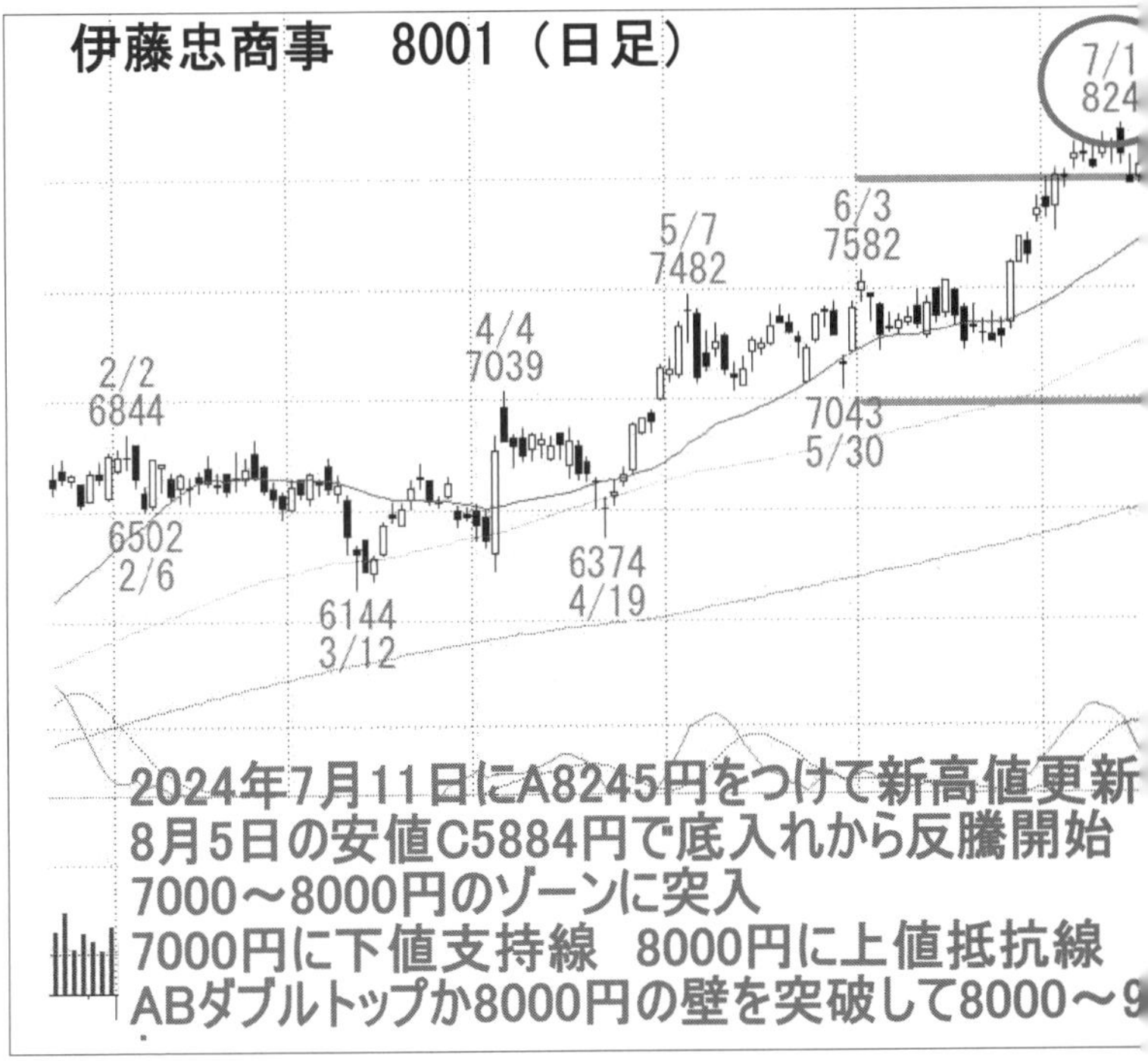
伊藤忠商事　8001（日足）
7/1
824
6/3
7582
5/7
7482
4/4
7039
2/2
6844
7043
5/30
6502
2/6
6374
4/19
6144
3/12
2024年7月11日にA8245円をつけて新高値更新
8月5日の安値C5884円で底入れから反騰開始
7000～8000円のゾーンに突入
7000円に下値支持線　8000円に上値抵抗線
ABダブルトップか8000円の壁を突破して8000～9

通信、保険、金融といった非資源分野全般を強みとしている。

傘下にファミリーマートなどの有力企業多数。中国ＣＩＴＩＣ堅調。北米で畜産回復。デサントを完全子会社化して経営強化を図る。

最高純益。ウォーレン・バフェット効果で５大商社の株価は上昇、高値圏で推移だがその中で、伊藤忠商事の株価の波動はとくに強い。高値圏で頑強。双日と共に防衛関連の注目株。

❸ 地方創生で盛り上がる消費関連銘柄10

企業名	コード	市場
森永製菓	2201	東 PRM
六甲バター	2266	東 PRM
明治ホールディングス	2269	東 PRM
エービーシー・マート	2670	東 PRM
ビックカメラ	3048	東 PRM
ドトール・日レスホールディングス	3087	東 PRM
大塚ホールディングス	4578	東 PRM
サイゼリヤ	7581	東 PRM
モスフードサービス	8153	東 PRM
西武ホールディングス	9024	東 PRM

2201

森永製菓

東証 PRM

食料品

2024年11月1日現在

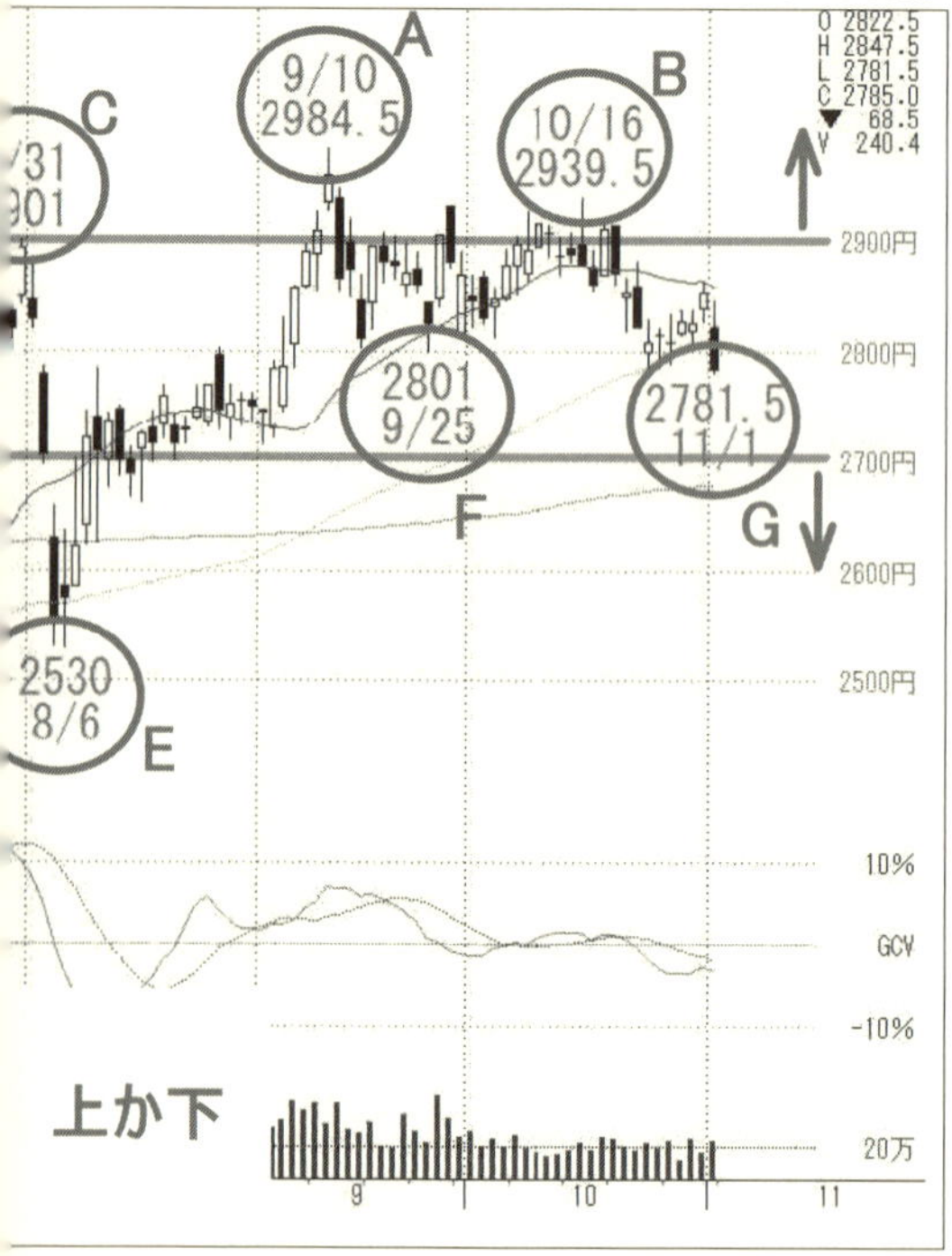

1899年（明治32）年創業の菓子製造販売大手。チョコ・ボールやチョコモナカジャンボなど菓子、冷菓が主力。健康食品にも進出し、海外事業の展開にも積極的。

米国で食べられるチューイング・キャンディの「ハイチュウ」新商品発売。国

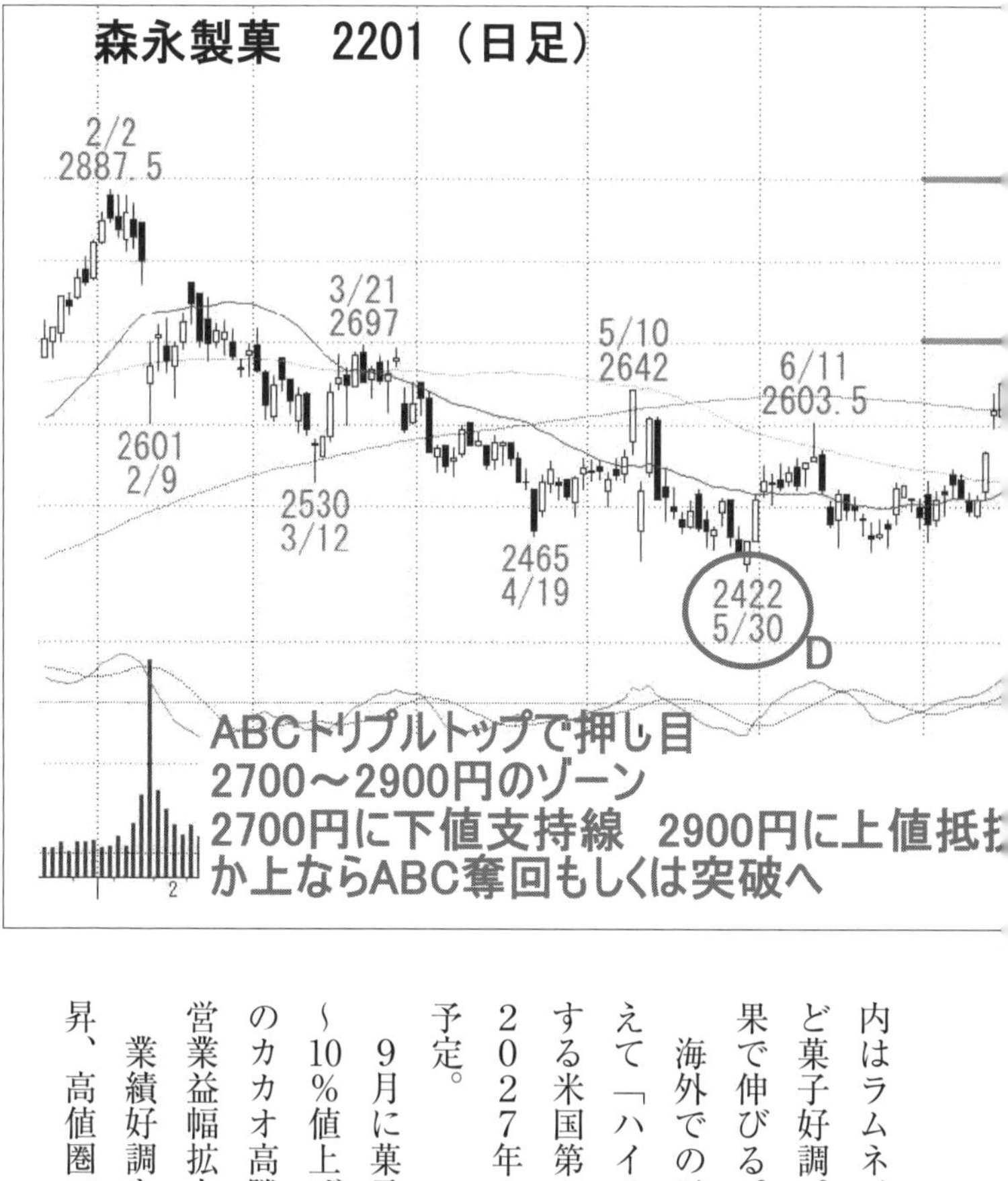
森永製菓　2201（日足）
2/2
2887.5
3/21
2697
5/10
2642
6/11
2603.5
2601
2/9
2530
3/12
2465
4/19
2422
5/30
D
ABCトリプルトップで押し目
2700～2900円のゾーン
2700円に下値支持線　2900円に上値抵抗
か上ならABC奪回もしくは突破へ

内はラムネ、ビスケットなど菓子好調。冷菓も販促効果で伸びる。

海外での需要拡大を見据えて「ハイチュウ」を生産する米国第2工場を設立。2027年1月から稼働の予定。

9月に菓子や冷菓を約3～10％値上げして、原材料のカカオ高騰を価格転嫁し、営業益幅拡大。

業績好調を受けて株価上昇、高値圏で推移。

2024年11月1日現在

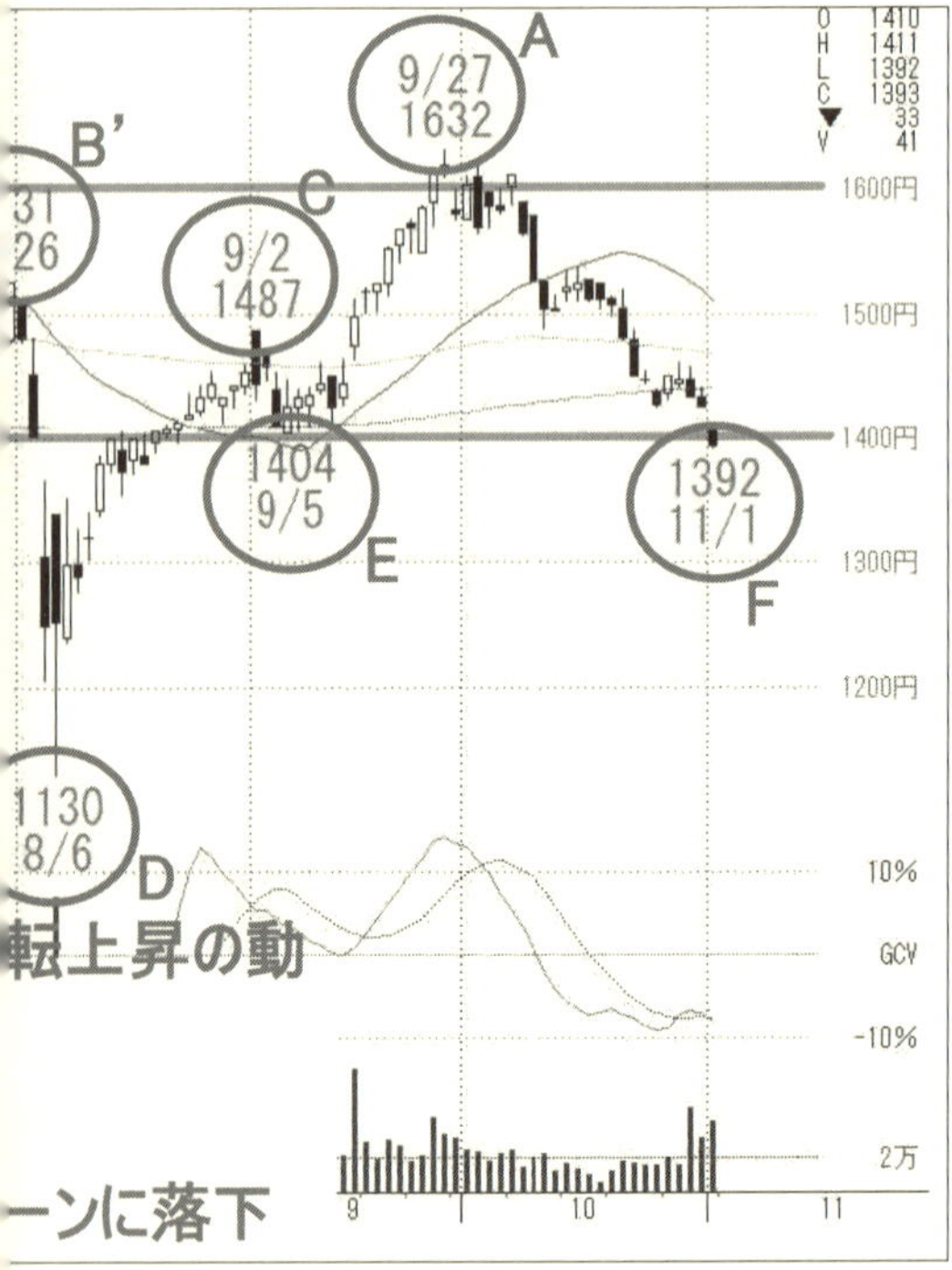

A
9/27
1632
B'
C
9/2
1487
1404
9/5
E
1392
11/1
F
1130
8/6
D
転上昇の動
ーンに落下
O 1410
H 1411
L 1392
C 1393
▼ 33
V 41
1600円
1500円
1400円
1300円
1200円
10%
GCV
-10%
2万
9
10
11

2266

六甲バター

東証 PRM

食料品

1960年、世界で最初のスティックチーズを開発し、QBBのチーズブランドで知られる乳製品メーカー。

チーズ販売では雪印に次ぐ大手。ベビーチーズでは最大手。主力の家庭用は減少したものの業務用は外食向けが伸びる。

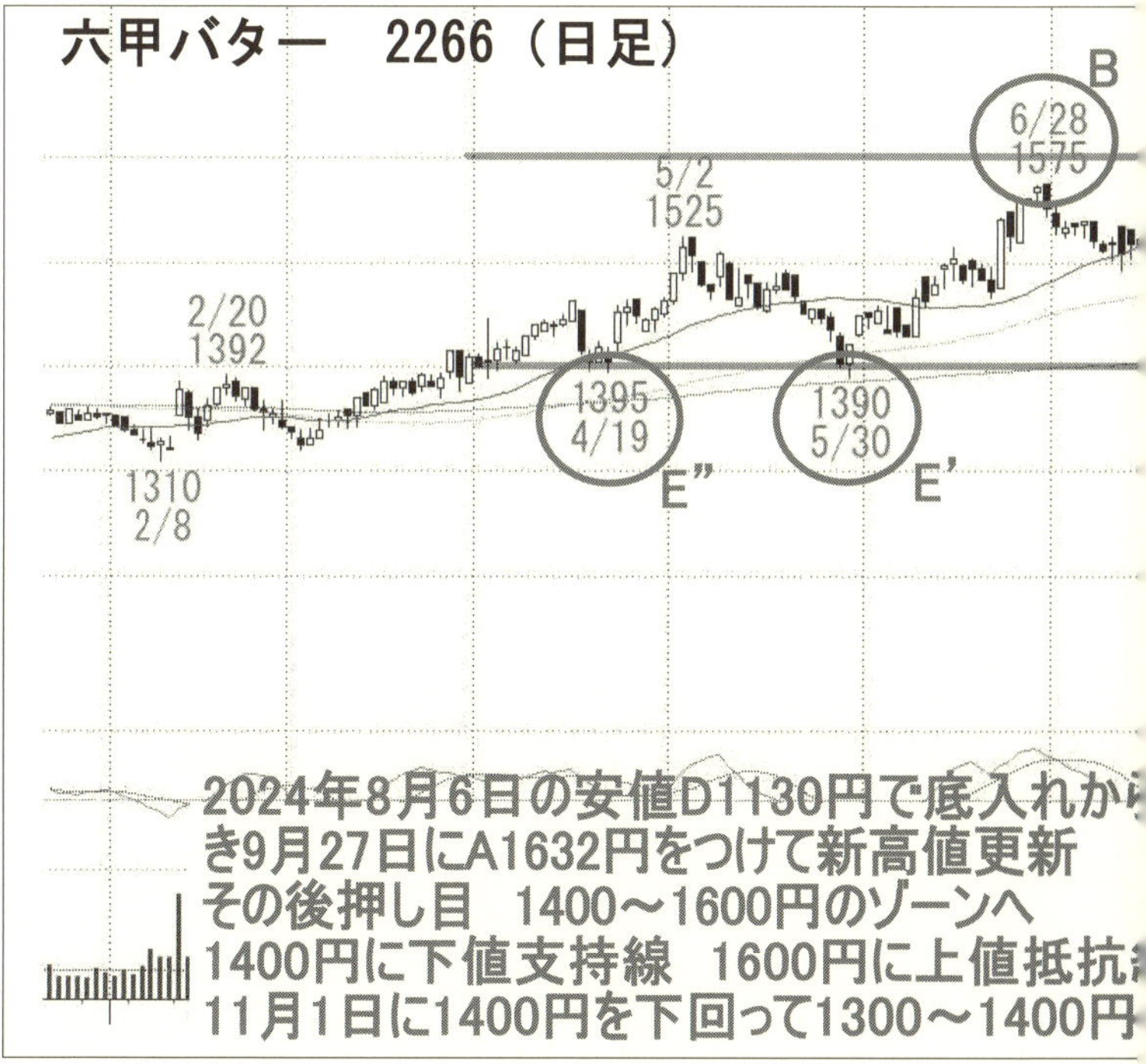
六甲バター　2266（日足）
B
6/28
1575
5/2
1525
2/20
1392
1395
4/19
E”
1390
5/30
E’
1310
2/8
2024年8月6日の安値D1130円で底入れか
き9月27日にA1632円をつけて新高値更新
その後押し目　1400～1600円のゾーンへ
1400円に下値支持線　1600円に上値抵抗
11月1日に1400円を下回って1300～1400円

原料チーズ価格値下がりに加え、製品価格値上げで営業益大幅増。２０２７年12月期に売上高６２０億円、営業利益43億円を目指す中期計画を発表。

仕入れ、販売面で三菱商事と協力。

三菱商事が筆頭株主で16・５％保有。

株価は直近の11月１日に2番底入れて反転上昇の兆し。２０２４年12月期、増収増益予想。

2269
明治ホールディングス

東証 PRM

食料品

2024年11月1日現在

O 3521
H 3545
L 3505
C 3520
30
V 596.9
B’
5/10
3780
A
8/9
3837
2/8
3800円
3600円
3400円
3200円
3395
8/14
E
3272
4/11
D
10%
GCV
-10%
100万
て新高値更新
に上値抵抗線
2 3 4 5 6 7 8 9 10 11

２００９年に乳業最大手の明治乳業と、菓子大手の明治製菓が統合。製薬会社のＭｅｉｊｉ　Ｓｅｉｋａファルマを傘下に持つ持株会社として設立。

前身企業である明治乳業・明治製菓は、ともに旧・明治製糖から派生した企業。

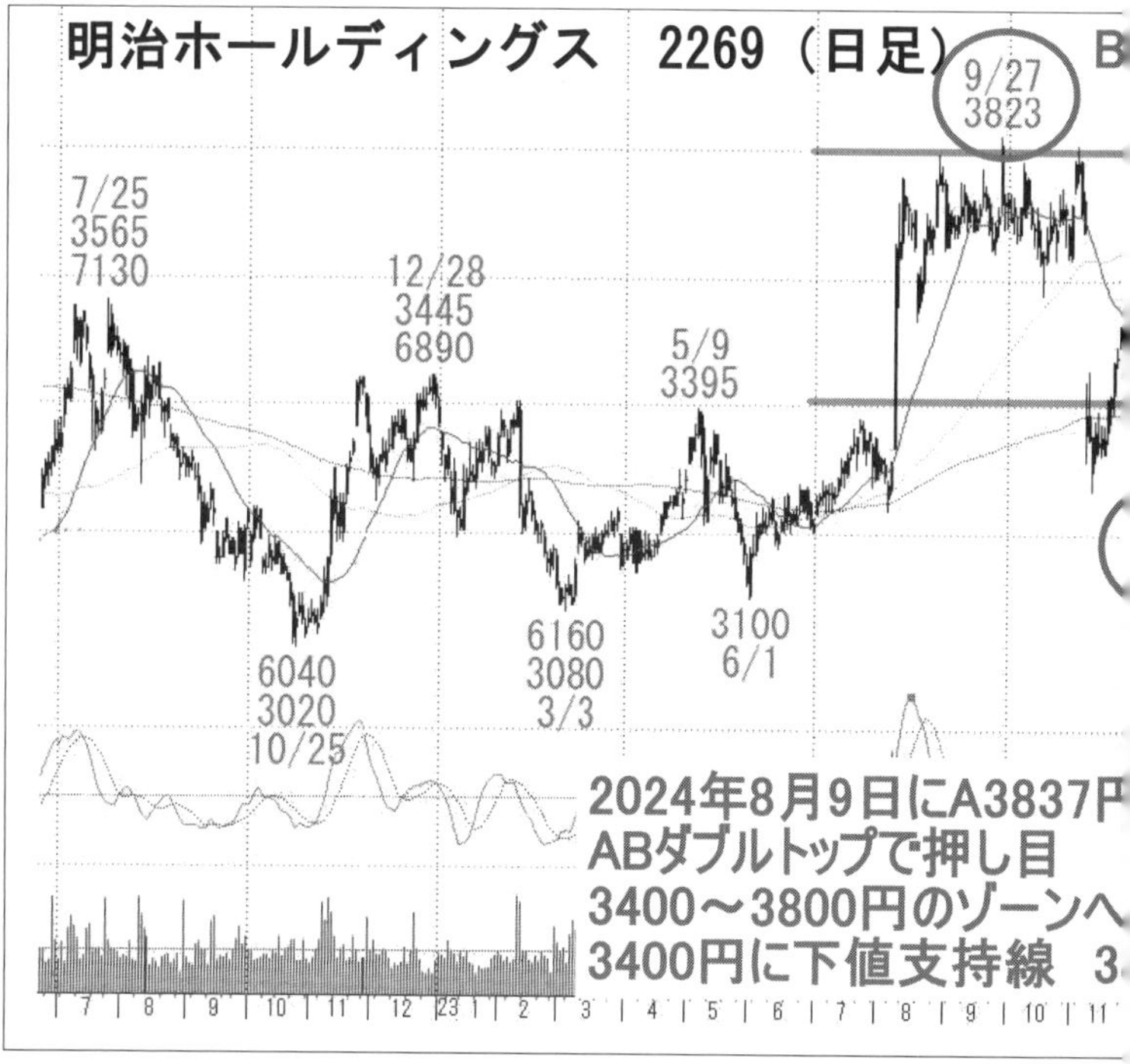
明治ホールディングス　2269（日足）
B
9/27
3823
7/25
3565
7130
12/28
3445
6890
5/9
3395
6040
3020
10/25
6160
3080
3/3
3100
6/1
2024年8月9日にA3837円
ABダブルトップで押し目
3400～3800円のゾーンへ
3400円に下値支持線

国内トップの乳業、菓子と医薬品の2本柱。医薬品はワクチン配給開始で業績に寄与。食品はヨーグルト「ブルガリア」やプロテインの売上が伸びる。値上げも貢献。

ただ研究開発費増で営業益が伸び悩んでいることもあり、株価は安値圏で底値模索の展開。新商品投入で巻き返しへ。

3400円～3800円のゾーンから上昇第2波か。

2670

エービーシー・マート

東証 PRM

小売業

2024年11月1日現在

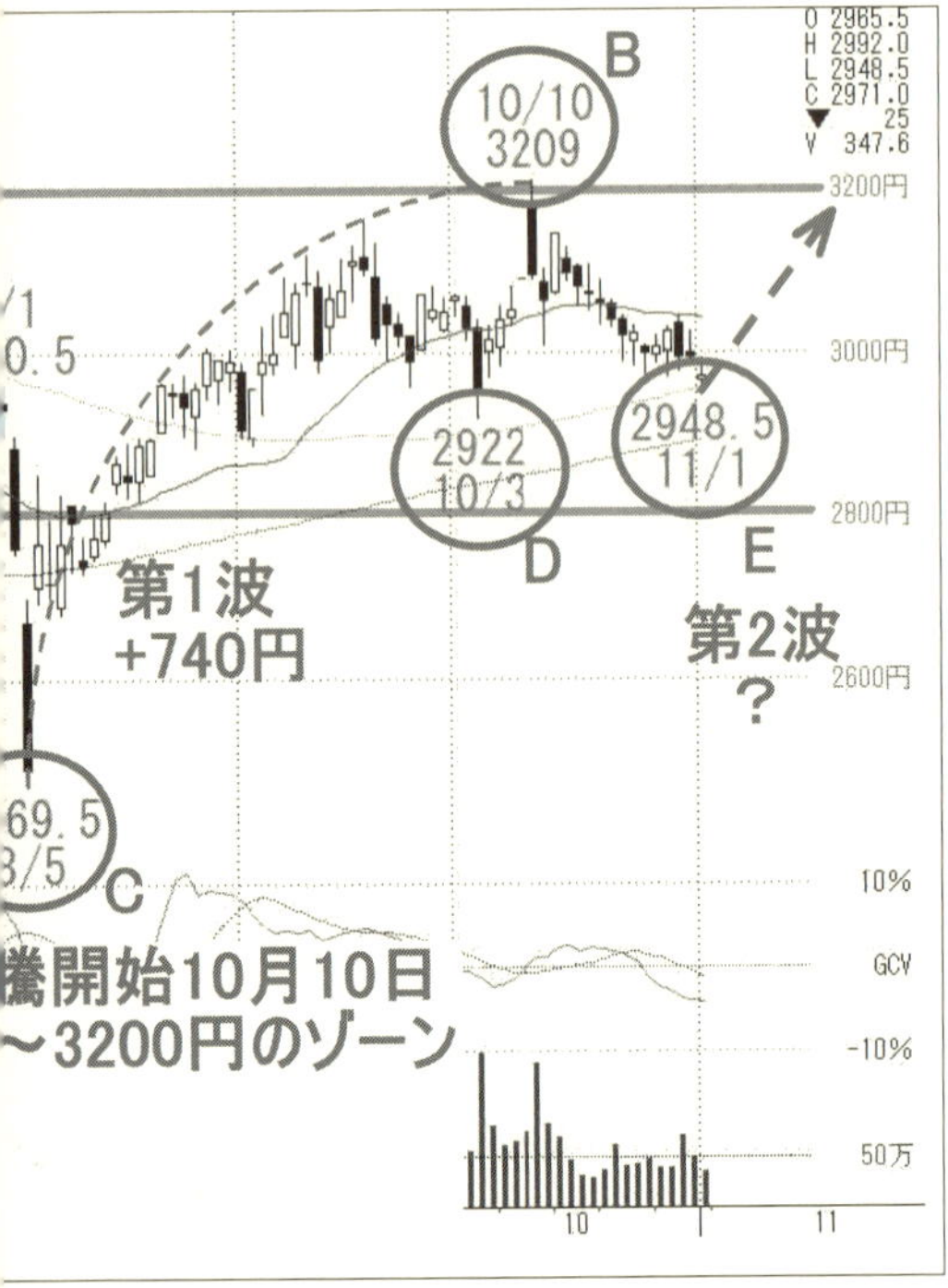
10/10
3209
B
3200円
3000円
2800円
2600円
2922
10/3
D
2948.5
11/1
E
第1波
+740円
第2波
？
69.5
3/5
C
騰開始10月10日
～3200円のゾーン
10%
GCV
-10%
50万
10
11

スポーツ用品や靴通販を扱うスポーツ専門ショップ「ABCマート」を国内外で展開。ランニング、サッカー、ゴルフなどのスポーツやウエア、シューズ、アクセサリーなどの商品を豊富に取り揃えスニーカーに強い。靴小売り最大手。

国内20店舗増に加え、海

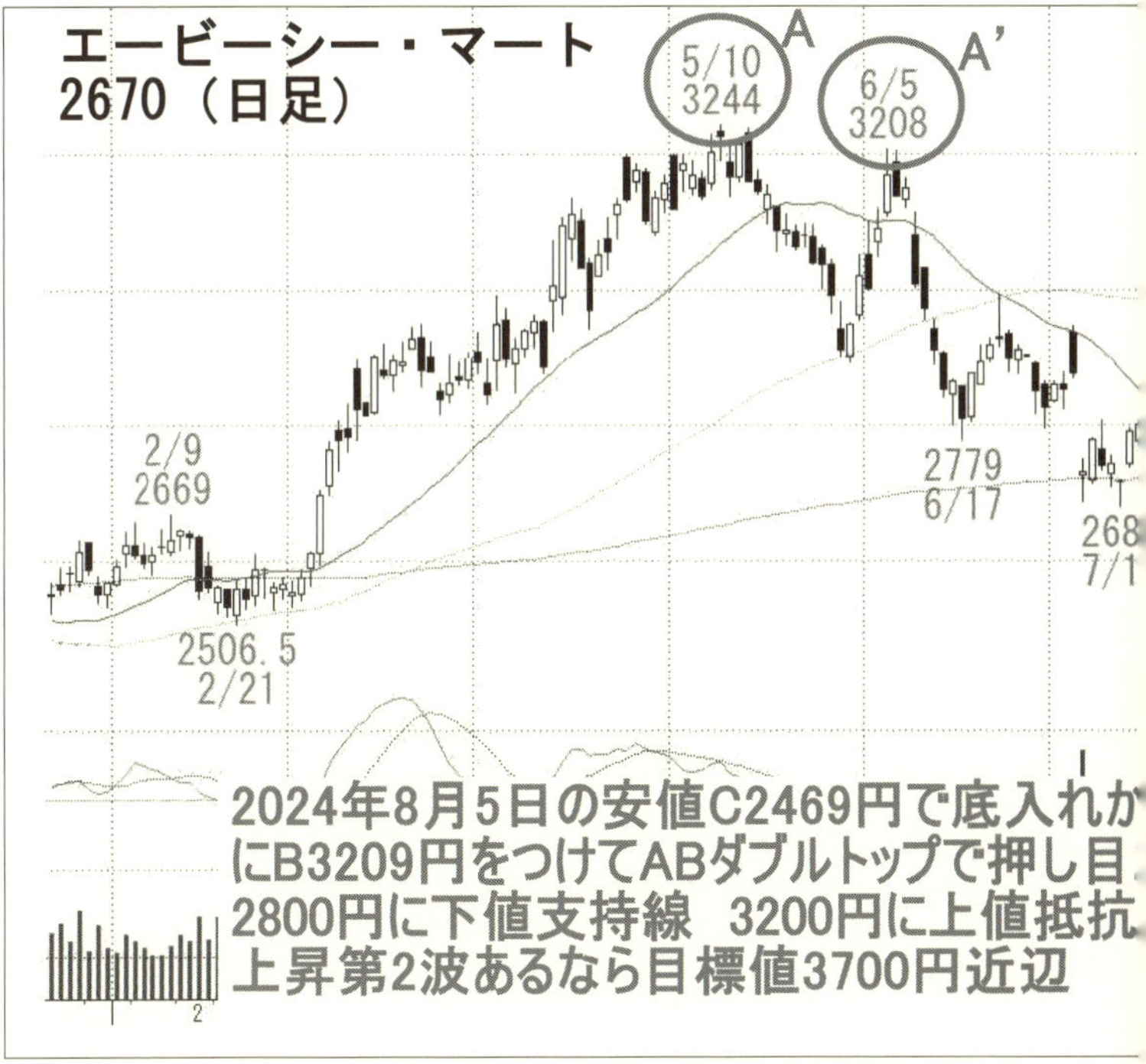
エービーシー・マート
2670（日足）
A
5/10
3244
A'
6/5
3208
2/9
2669
2779
6/17
268
7/1
2506.5
2/21
2024年8月5日の安値C2469円で底入れか
にB3209円をつけてABダブルトップで押し目
2800円に下値支持線　3200円に上値抵抗
上昇第2波あるなら目標値3700円近辺

外進出強化で8店舗増。サンダルなどトレンディーな品揃えで売上増勢。

インバウンドで既存店が想定を上回る伸びを示す。デジタル化による業務改善の効果もあり、増益幅拡大。

業績好調を反映して内需・消費関連の注目株。株価は高値圏で推移。

8月5日の安値2469円から反騰へ。上昇第2波あるなら目標3700円近辺。

3048

ビックカメラ

東証 PRM

小売業

2024年11月1日現在

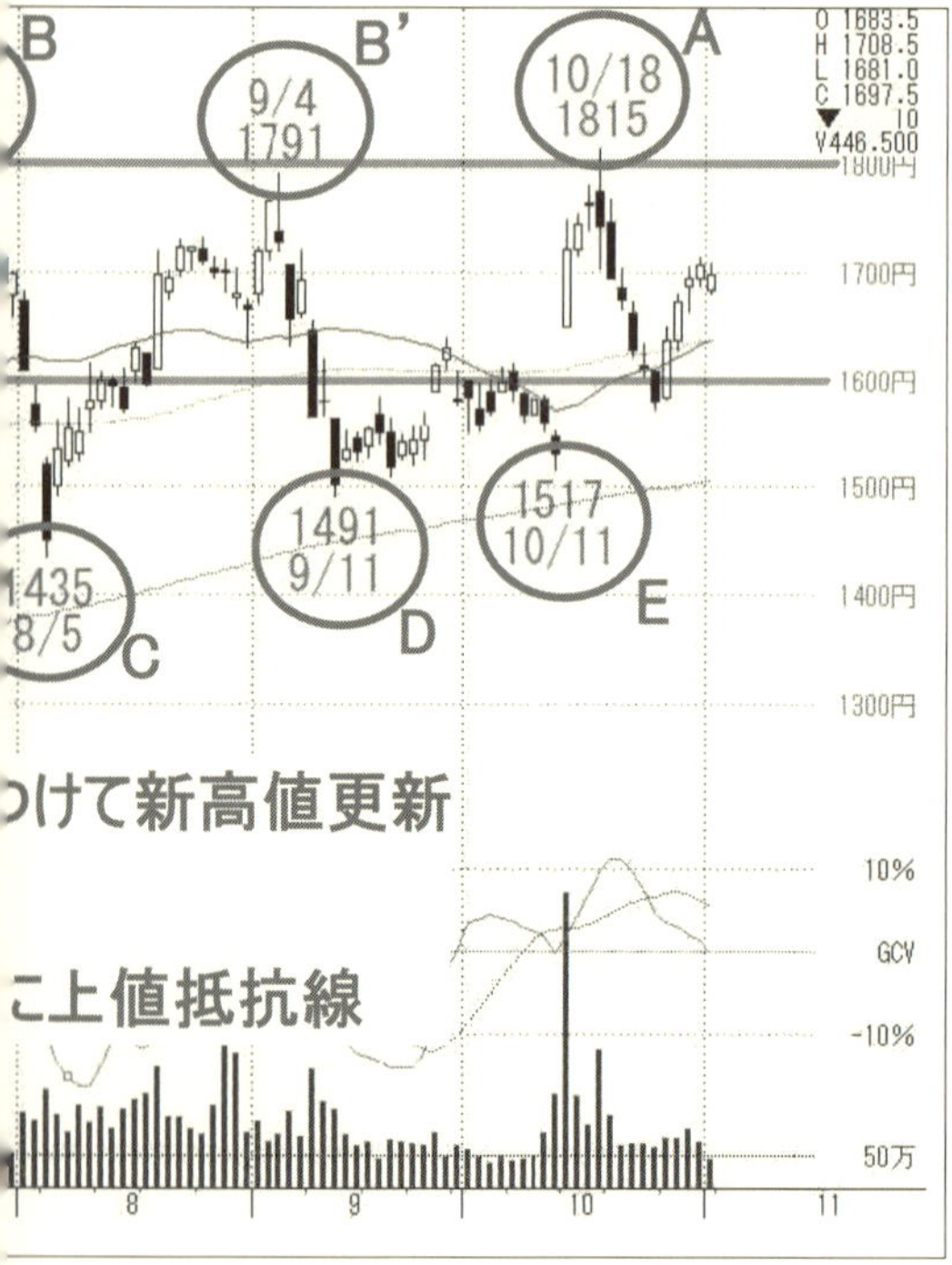

B
B'
A
9/4
1791
10/18
1815
O 1683.5
H 1708.5
L 1681.0
C 1697.5
▼ 10
V446.500
1800円
1700円
1600円
1500円
1400円
1300円
1435
8/5
C
1491
9/11
D
1517
10/11
E
つけて新高値更新
に上値抵抗線
10%
GCV
-10%
50万
8
9
10
11

家電量販最大手。駅近、ターミナル駅周辺で大型店を展開。新宿三越の跡地にユニクロと共同で店舗化したビックロが一時話題になったが、いまは終了している。

パソコン専門店のソフマップに加え2012年にコジマを傘下に入れる。

ビックカメラ　3048（日足）
4/15
1648
6/18
1632
2/5
1387
1441
5/24
1474
7/8
1236
3/11
2024年10月18日にA1815
ABダブルトップでその後押し
1600～1800円のゾーン
1600円に下値支持線
2
3
4
5
6

円安もあり、安くて性能も高い日本製品が訪日客に人気で、２０２４年８月期は売上好調。

ただ人件費増もあり、営業益小幅増。

インバウンド、デジタル家電に活路。株価は高値圏で推移しているが、やや頭打ちの動き。内需・消費関連、インバウンド銘柄の注目株。

10月18日に１８１５円をつけて新高値を更新。

2024年11月1日現在

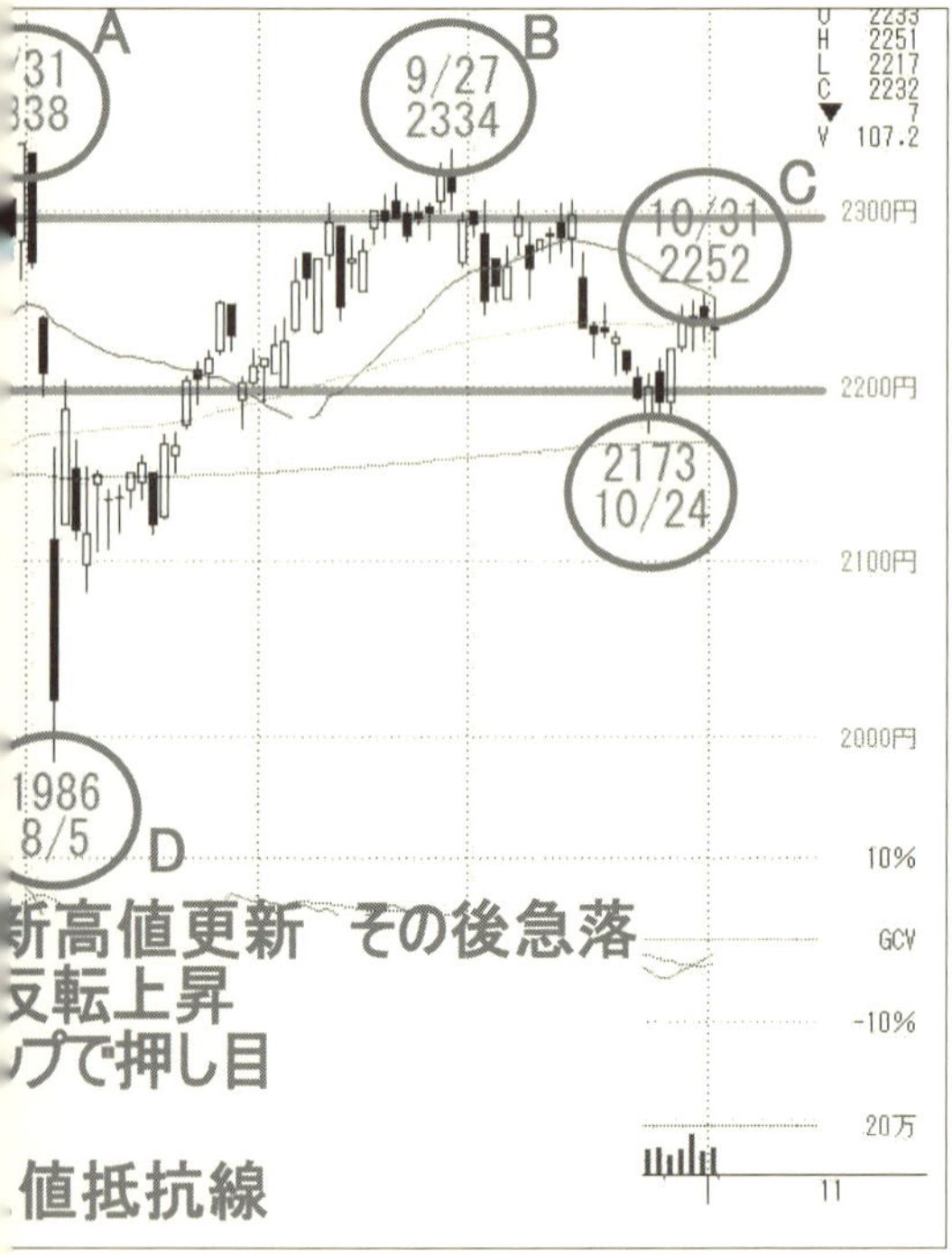
A
B
C
D
9/27
2334
10/31
2252
2173
10/24
1986
8/5
H 2251
L 2217
C 2232
V 107.2
2300円
2200円
2100円
2000円
10%
GCV
-10%
20万
11
新高値更新　その後急落
値抵抗線

3087

ドトール・日レスホールディングス

東証 PRM

小売業

コーヒーチェーンの大手ドトールコーヒーと日本レストランシステム株式会社を傘下にもつ外食産業の持ち株会社。

　日本レストランシステムは、ＦＣ主体の「星野珈琲店」を展開する。

　店舗数40増。値上げ効果や客単価上昇などで営業益

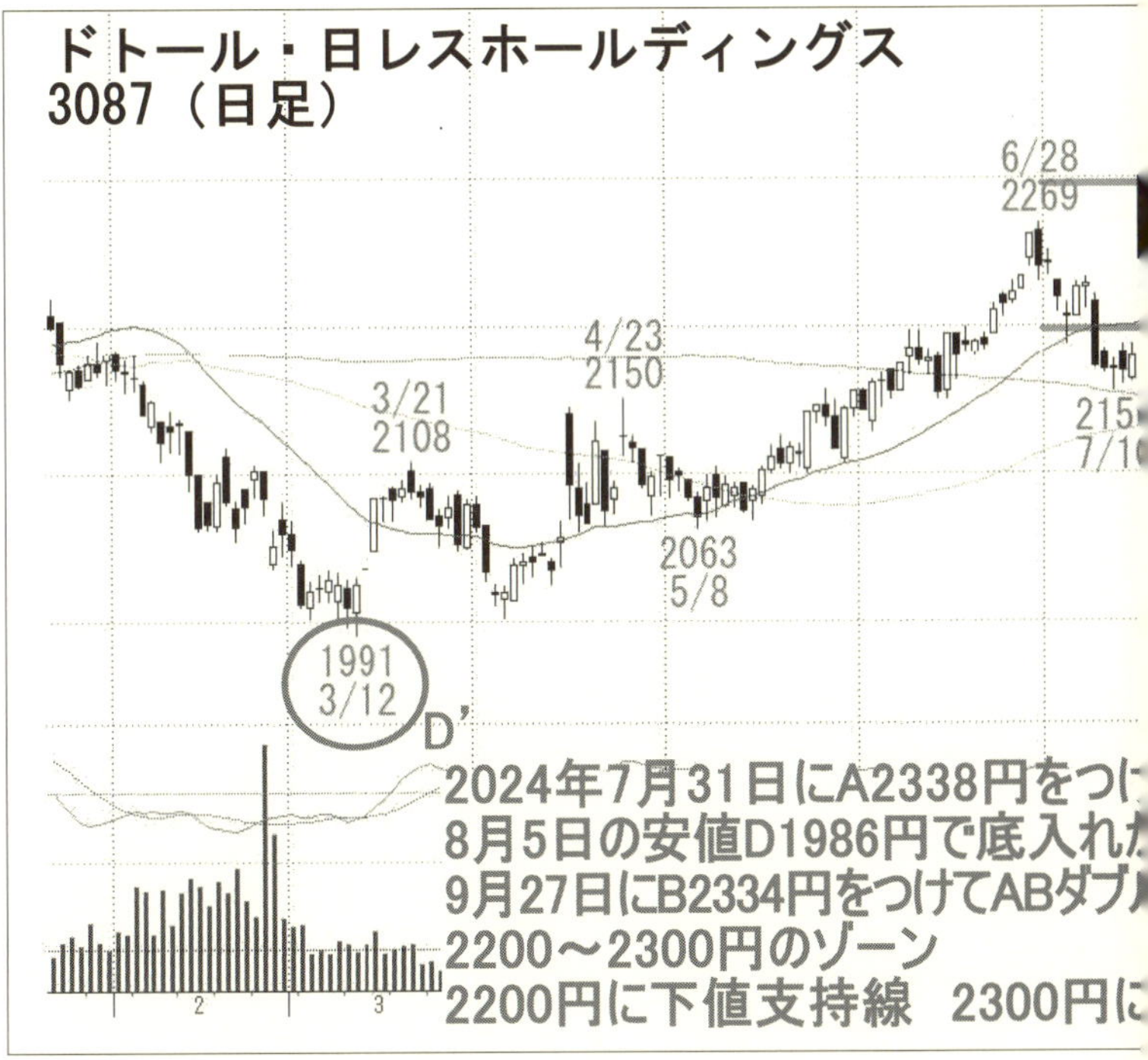
ドトール・日レスホールディングス
3087（日足）
6/28
2269
4/23
2150
3/21
2108
2063
5/8
1991
3/12
D'
2024年7月31日にA2338円をつけ
8月5日の安値D1986円で底入れた
9月27日にB2334円をつけてABダブ
2200～2300円のゾーン
2200円に下値支持線　2300円に
2
3

続伸。またドトールでは炭酸飲料などの商品を拡大。店内でコーヒー類の卸売も。女性客や若年層を包括。「星野珈琲店」では今期30出店。

東南アジアなど海外にも進出。外食産業の注目株。

株価は堅調な動きが続いている。

８月５日の安値１９８６円から反転上昇。２２００～２３００円のゾーンから上昇第２波か。

2024年11月1日現在

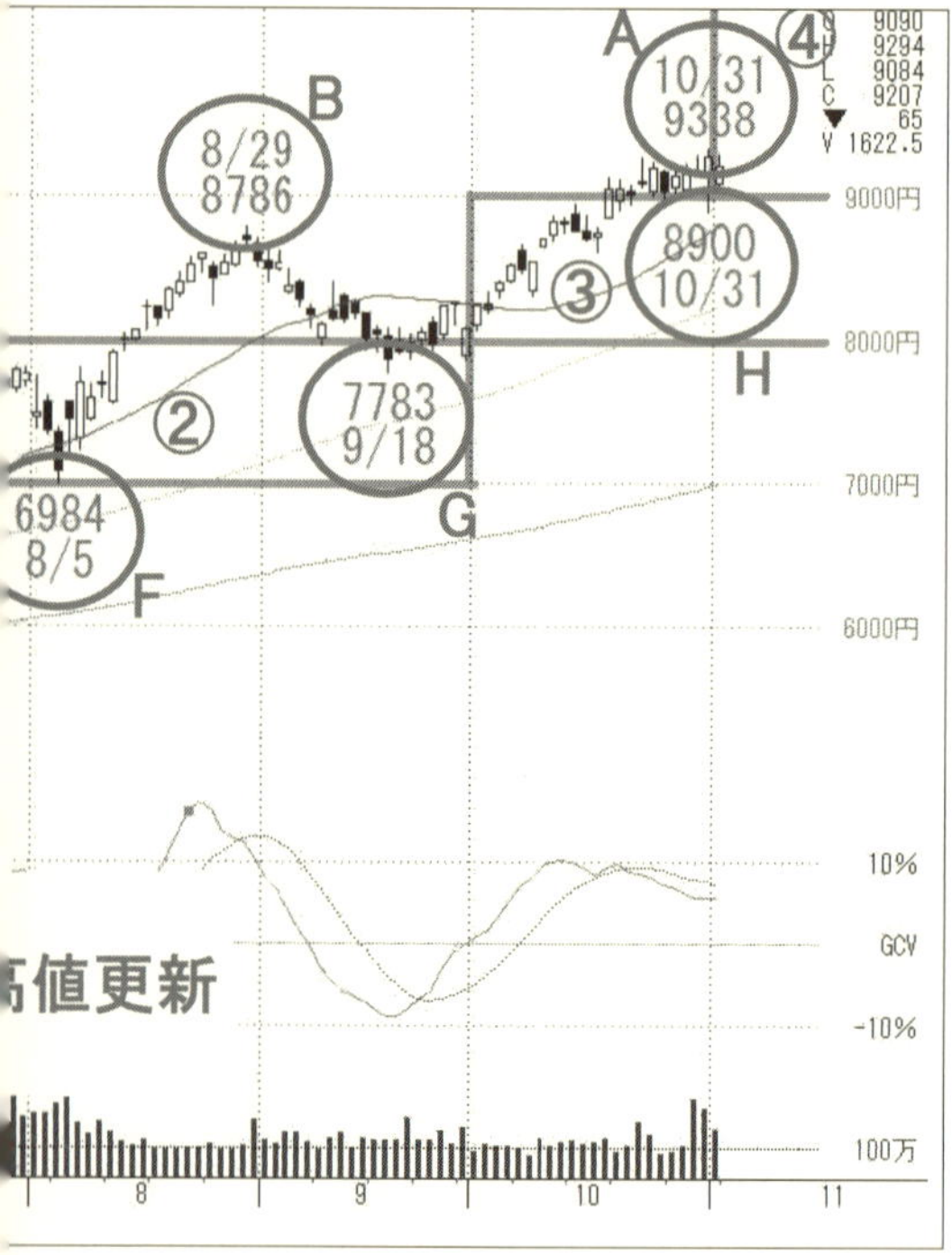
A
④
O 9090
H 9294
L 9084
C 9207
▼ 65
V 1622.5
10/31
9338
B
8/29
8786
8900
10/31
③
H
②
7783
9/18
G
6984
8/5
F
9000円
8000円
7000円
6000円
10%
GCV
-10%
値更新
100万
8
9
10
11

4578

大塚ホールディングス

東証 PRM

医薬品

国内製薬大手。

医療関連事業では抗精神薬が主力。医療カテゴリー別のシェアで国内9製品、グローバル3製品がトップを占める。

ポカリスエットなど機能性食品も拡大。

世界90カ国に工場を持つ。円安の恩恵もあり、大幅営

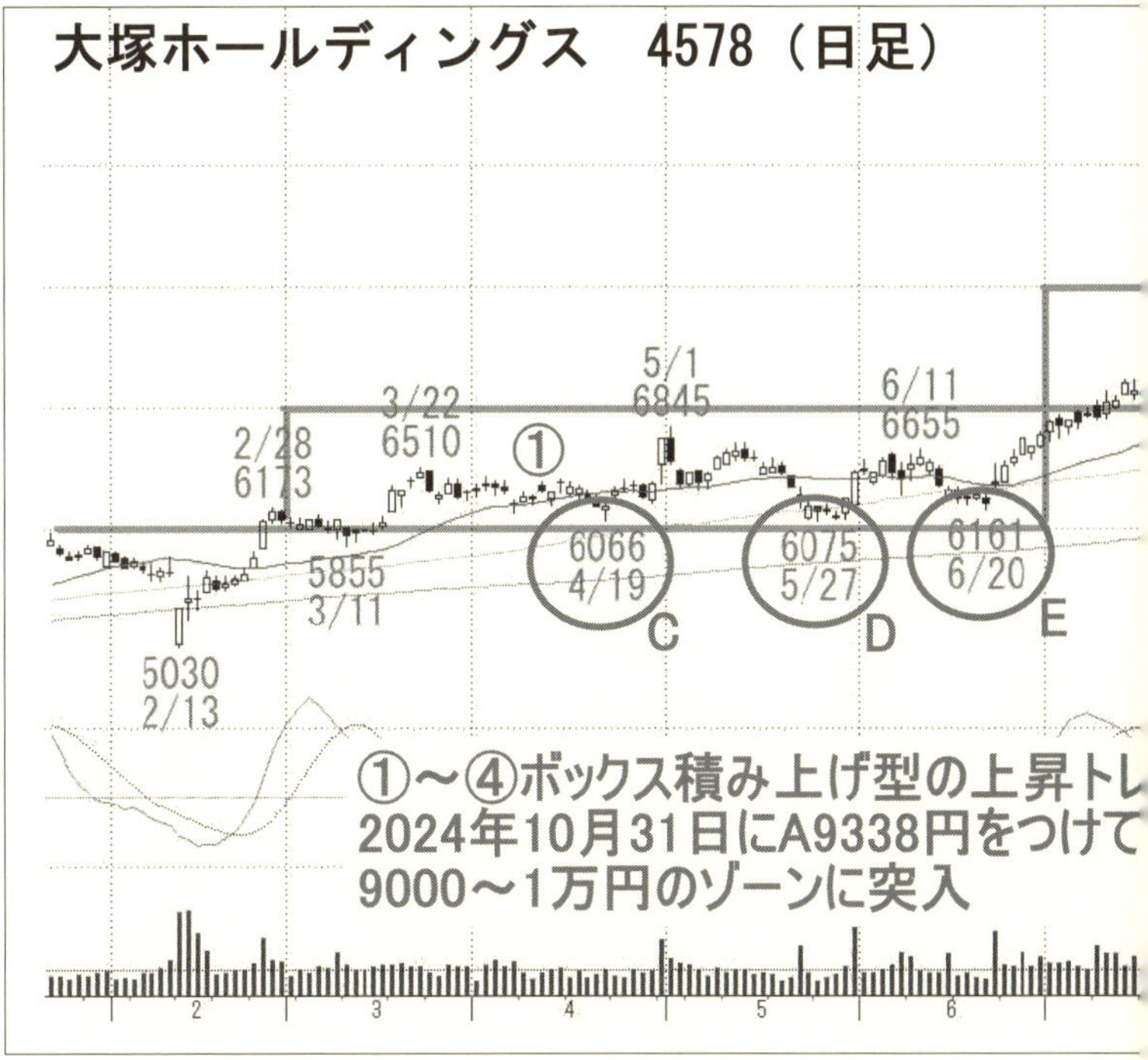
大塚ホールディングス　4578（日足）
5/1
6845
6/11
6655
3/22
6510
2/28
6173
①
6066
4/19
6075
5/27
6161
6/20
5855
3/11
C
D
E
5030
2/13
①～④ボックス積み上げ型の上昇トレ
2024年10月31日にA9338円をつけて
9000～1万円のゾーンに突入
2
3
4
5
6

業増益、増配。

腎領域創薬の米国ジュナナ社を買収。買収金額約1160億円。

2026年度売上収益2兆2000億円を目指す。

すでに時価総額5兆円超の医療、食品、ヘルスケアなどのコングロマリット（複合企業）。

株価は直近の10月23日に新高値を更新。①～④のボックス積み上げ型の上昇トレンド。

2024年11月1日現在

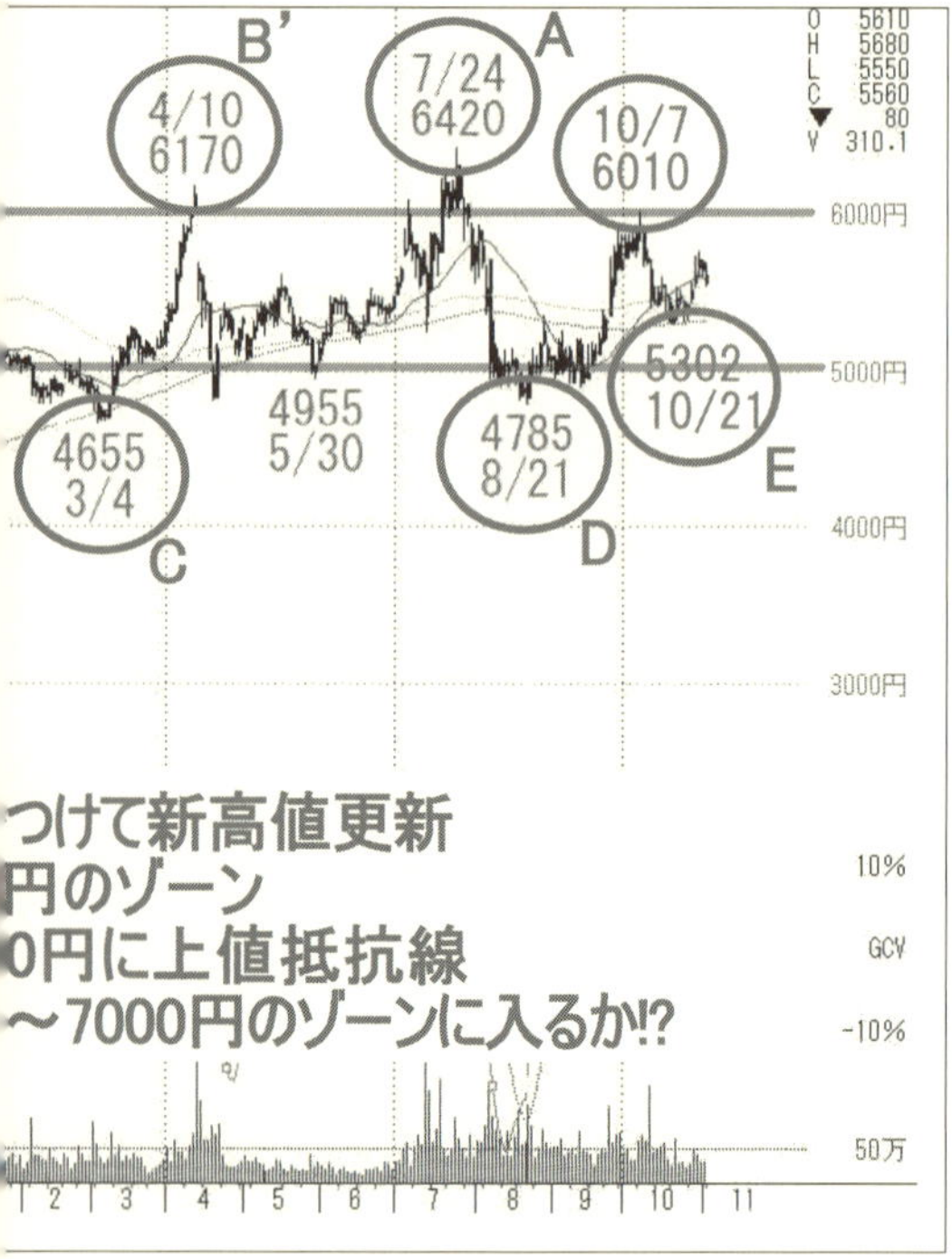
B'
4/10
6170
7/24
6420
A
10/7
6010
O 5610
H 5680
L 5550
C 5560
80
V 310.1
6000円
5000円
4000円
3000円
4655
3/4
C
4955
5/30
4785
8/21
D
5302
10/21
E
つけて新高値更新
円のゾーン
0円に上値抵抗線
～7000円のゾーン に入るか!?
10%
GCV
-10%
50万
2 3 4 5 6 7 8 9 10 11

7581

サイゼリヤ

東証 PRM

小売業

低価格のイタリアンワイン&カフェレストラン「サイゼリヤ」を直営展開。

その低価格とコスパのよさで、若い主婦層に「サイゼ」の愛称で親しまれる人気店となり、2010年には年間来客数が日本の人口を超えた。

2024年8月期の国内

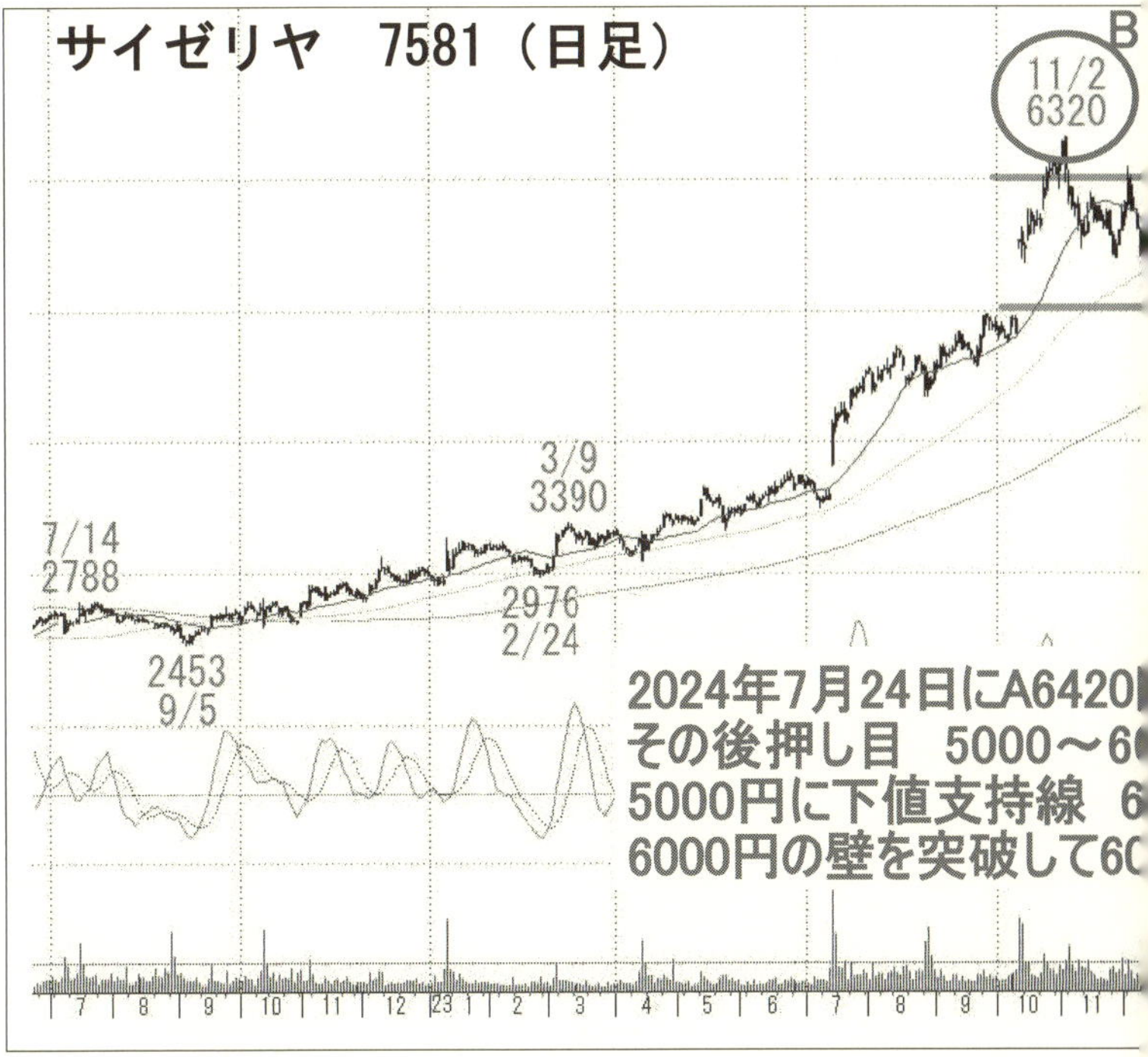
サイゼリヤ　7581（日足）
B
11/2
6320
3/9
3390
7/14
2788
2976
2/24
2453
9/5
2024年7月24日にA6420
その後押し目　5000～6
5000円に下値支持線　6
6000円の壁を突破して60
7 8 9 10 11 12 23 1 2 3 4 5 6 7 8 9 10 11

店舗数は横ばいだが、海外70店舗出店と拡大路線。9月にベトナムで子会社設立。２０２５年８月期中に出店へ。

特に東南アジアでの積極展開を目指す。

訪日観光客増も追い風で客数伸びる。

外食産業の注目株。７月24日に６４２０円をつけて新高値更新。株価は高値圏で推移。

8153
モスフードサービス

東証PRM

卸売業

2024年11月1日現在

A
10/9
3785
O 3590
H 3615
L 3570
C 3570
30
V 46.2
3700円
3600円
3500円
3400円
3300円
/31
550
8/27
3510
3535
10/23
F
3350
9/9
E
3225
8/5
10%
GCV
-10%
10万
11
保ち合い　上か下か
のゾーンに落下

1972年に東京・成増で、わずか2・8坪の小さな店からスタートしたハンバーガーチェーン。和風味付けハンバーガーの「モスバーガー」を展開。材料にこだわったメニュー、商品力に定評がある。

フランチャイズ比率は8割強。今期、店舗数15を出

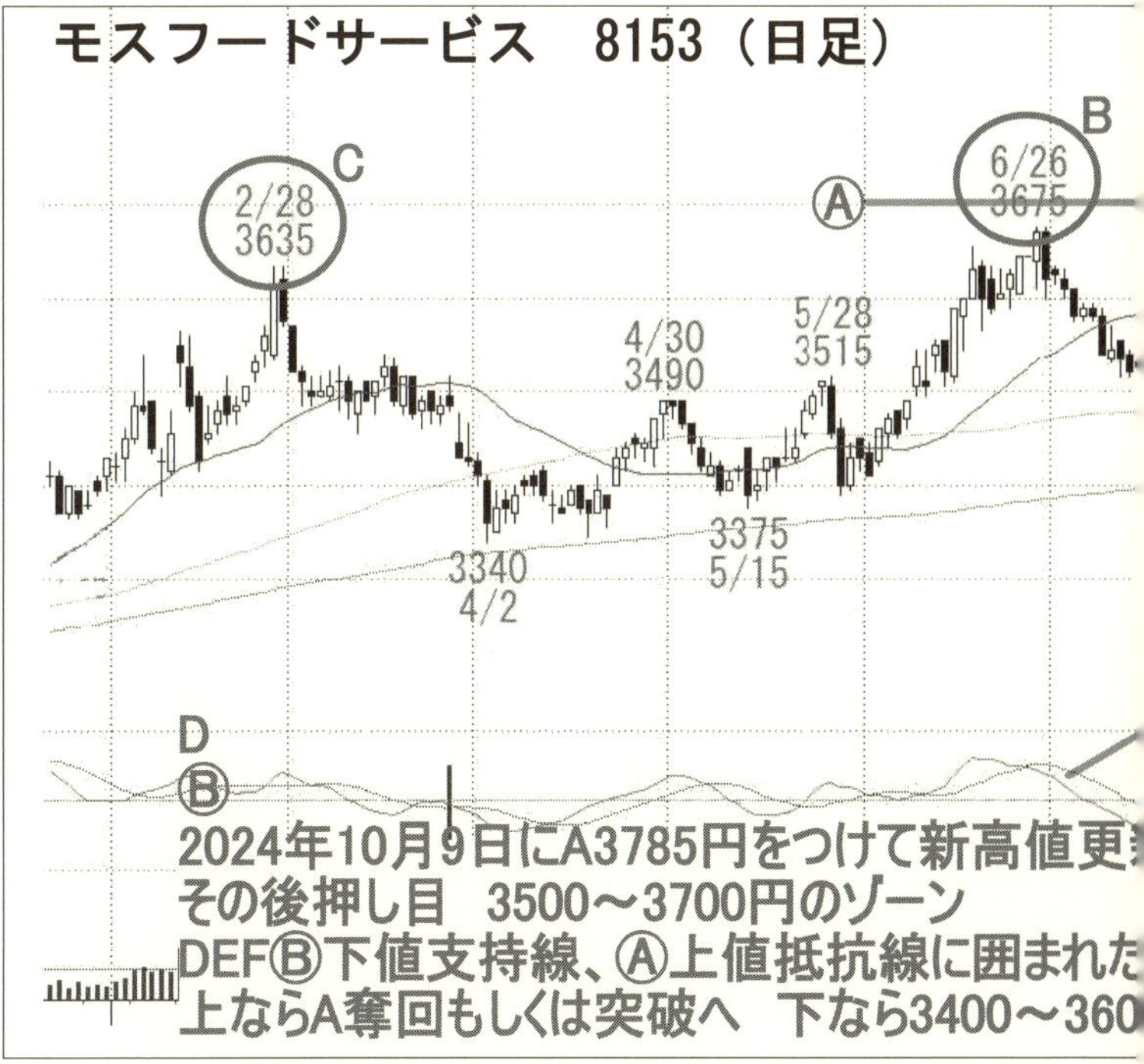
モスフードサービス　8153（日足）
C
2/28
3635
B
6/26
3675
Ⓐ
4/30
3490
5/28
3515
3340
4/2
3375
5/15
D
Ⓑ
2024年10月9日にA3785円をつけて新高値更
その後押し目　3500～3700円のゾーン
DEFⒷ下値支持線、Ⓐ上値抵抗線に囲まれた
上ならA奪回もしくは突破へ　下なら3400～360

店予定。

　インバウンド需要の急増もあり、「新とびきりバーガー」など新商品投入や広告宣伝効果などで客数が伸びている。また海外は台湾などアジアに展開。内外で赤字店閉鎖し収益改善目指す。

　株価は堅調な動き。外食産業、消費関連の注目株。10月9日に3785円をつけて新高値更新。三角保ち合いを上に放れるか。

2024年11月1日現在

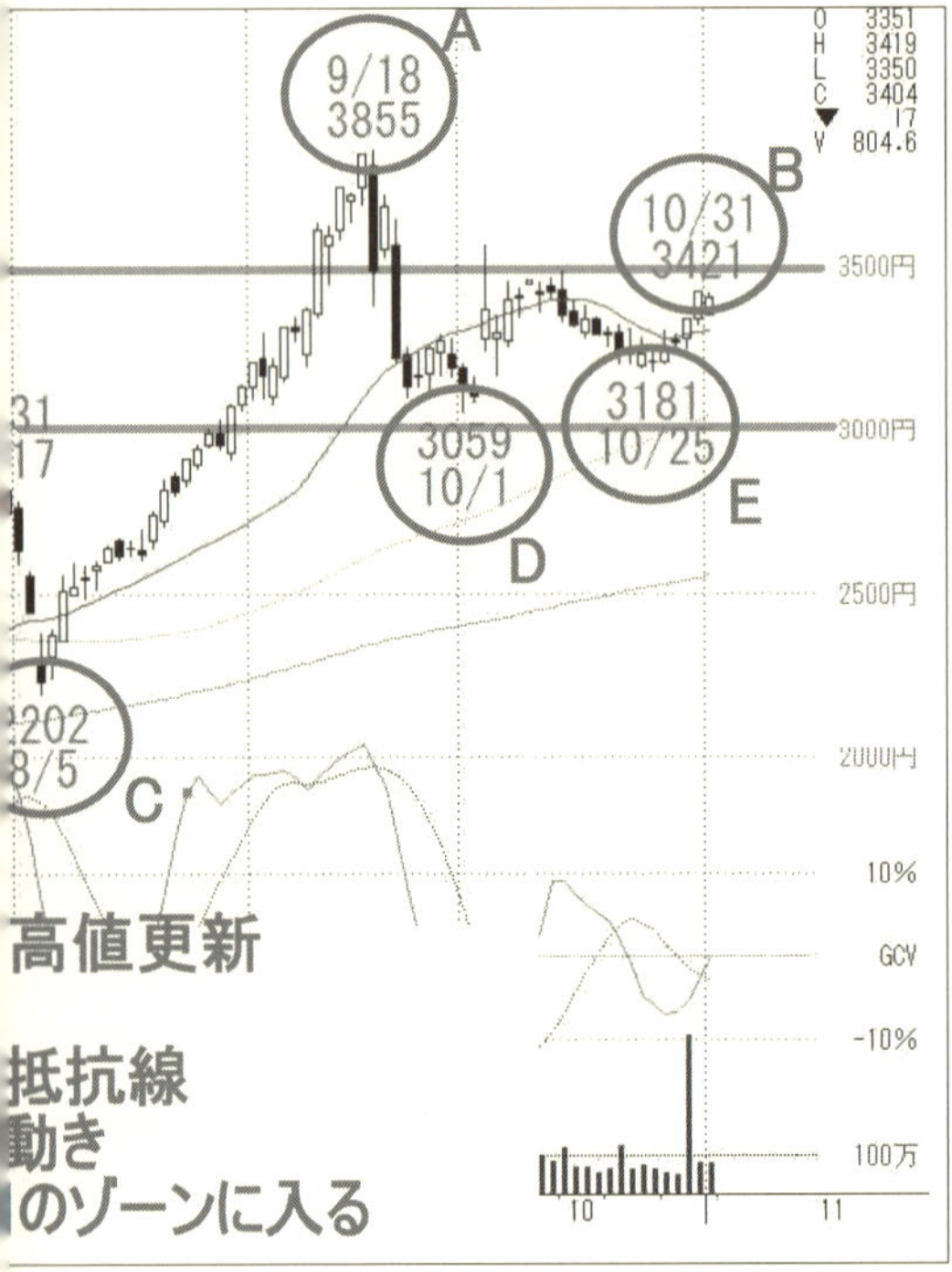

O 3351
H 3419
L 3350
C 3404
17
V 804.6
9/18
3855
A
10/31
3421
B
3500円
3181
10/25
E
3059
10/1
D
3000円
2500円
2000円
8/5
C
10%
GCV
-10%
100万
10
11
高値更新
抵抗線
動き
のゾーンに入る

9024

西武ホールディングス

東証 PRM

陸運業

西武グループの持株会社として2006年に設立し、グループの中核事業を担う「西武鉄道」「西武・プリンスホテルズワールドワイド」「西武リアルティソリューションズ」など80社の事業会社を統括する。

　都市交通、沿線事業、ホテル、レジャー事業、不動

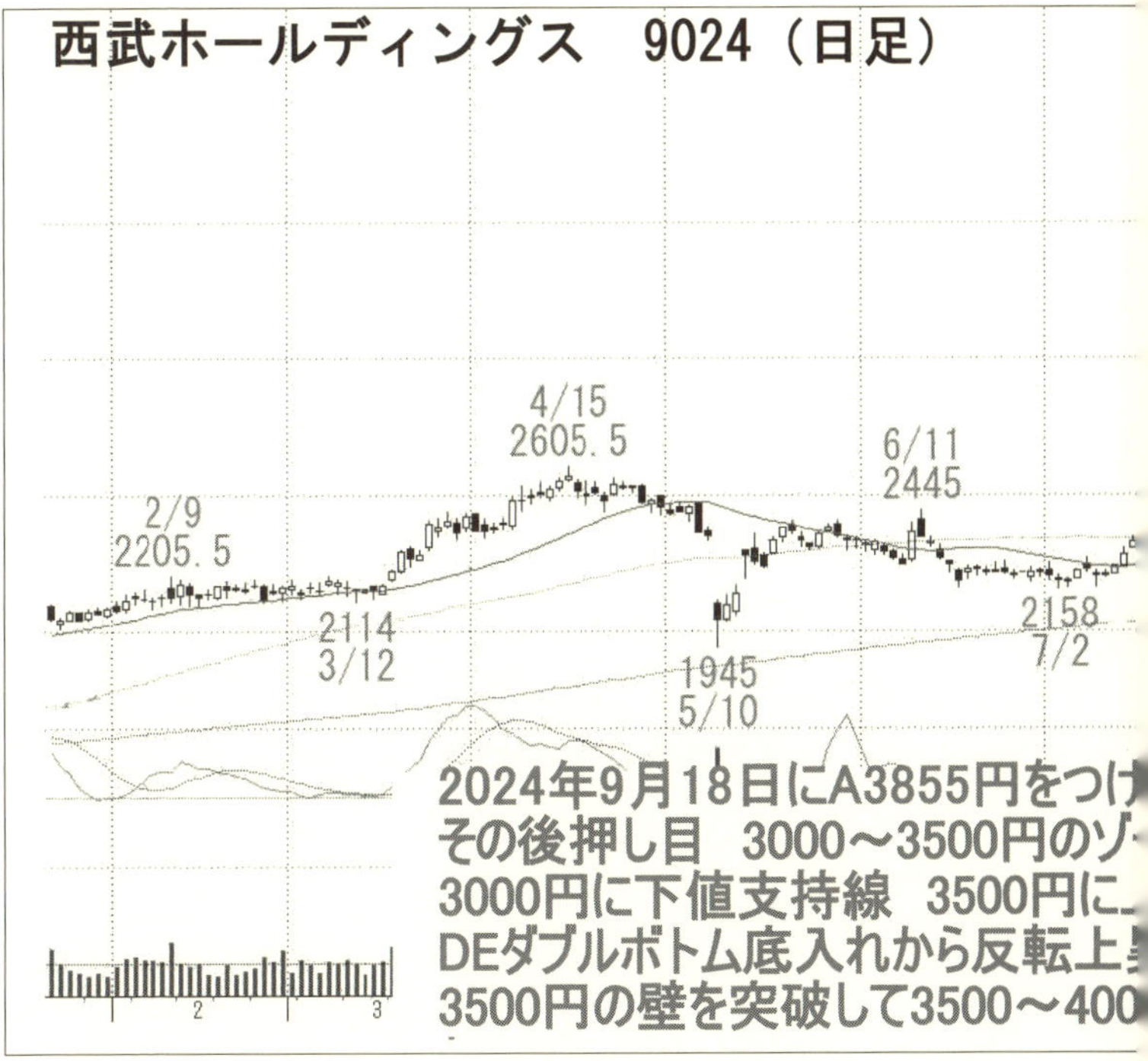
西武ホールディングス　9024（日足）
4/15
2605.5
6/11
2445
2/9
2205.5
2114
3/12
1945
5/10
2158
7/2
2024年9月18日にA3855円をつけ
その後押し目　3000～3500円のゾ
3000円に下値支持線　3500円に
DEダブルボトム底入れから反転上
3500円の壁を突破して3500～400
2
3

産事業と幅広い分野で事業を展開。

　不動産は、旧赤坂プリンスホテル跡地の複合ビル「紀尾井町ガーデンテラス」を年内に売却予定。2次入札実施し、2024年内に売買契約締結へ。

　株価は大型物件売却を織り込んで上昇し、高値圏で推移。2025年も都内に大型物件建設し不動産事業に注力。内需関連の注目株。

　9月18日に3855円をつけて新高値更新。

❹

大化けが期待できる銘柄10

企業名	コード	市場
ペッパーフードサービス	3053	東 STD
アンビションDXホールディングス	3300	東 GRT
メタプラネット	3350	東 STD
アツギ	3529	東 STD
ネクセラファーマ	4565	東 PRM
クオリプス	4894	東 GRT
SBIホールディングス	8473	東 PRM
マネックスグループ	8698	東 PRM
京成電鉄	9009	東 PRM
ソフトバンクグループ	9984	東 PRM

3053

ペッパーフードサービス

東証 STD

小売業

2024年11月1日現在

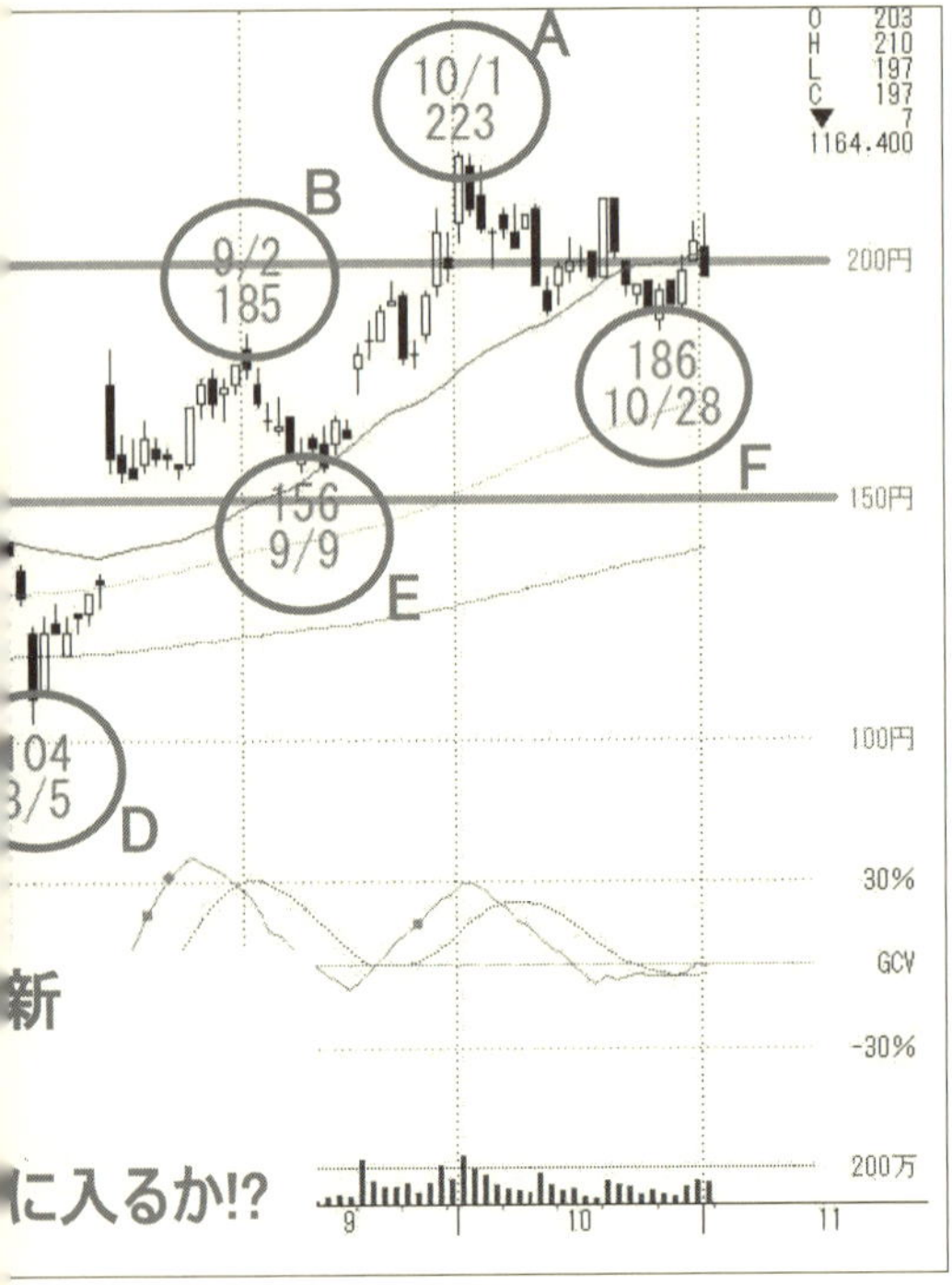
O 203
H 210
L 197
C 197
▼ 7
1164.400
10/1
223
A
9/2
185
B
186
10/28
F
156
9/9
E
104
3/5
D
200円
150円
100円
30%
GCV
-30%
200万
9
10
11

新

に入るか!?

美味しいステーキをお腹いっぱい食べてもらうことを目指す食事チェーン。「いきなり！ステーキ」「炭焼ステーキ・くに」「こだわりとんかつ・かつき亭」を展開。立ち食い店「いきなり！ステーキ」を急拡大したことが経営の重しに。

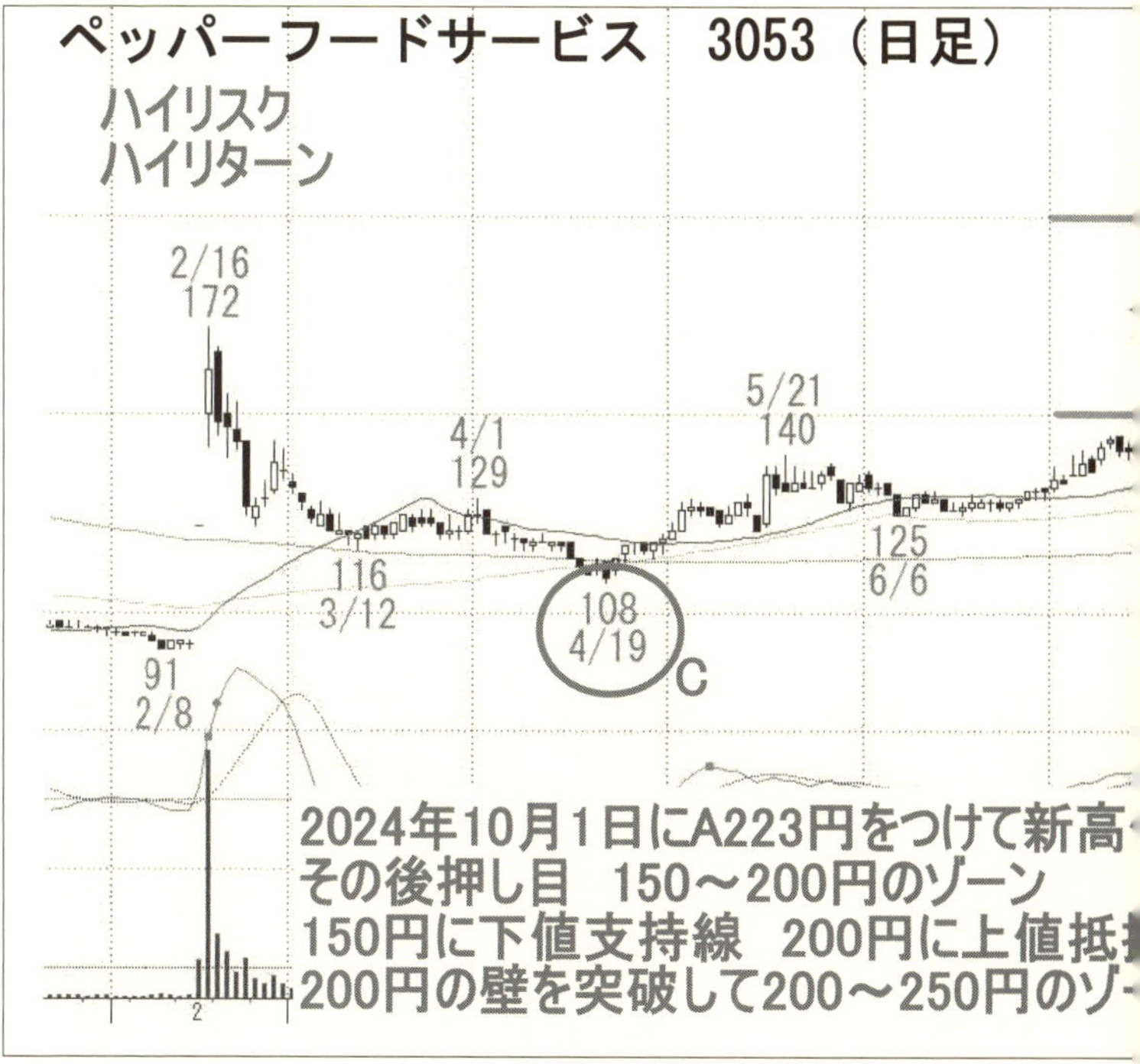
ペッパーフードサービス　3053（日足）
ハイリスク
ハイリターン
2/16
172
4/1
129
5/21
140
116
3/12
108
4/19
125
6/6
91
2/8
C
2
2024年10月1日にA223円をつけて新高
その後押し目　150～200円のゾーン
150円に下値支持線　200円に上値抵
200円の壁を突破して200～250円のゾ

店舗数減が続いているが、コラボ販促などで既存店客数は維持。

値上げや経費削減効果で営業黒字幅やや上振れ。減損縮小。

２０２５年度は店舗純増に転換。駅前路面店など軸に出店増を目指す。

海外ではインドネシアに1号店を出店。すでに進出済みの台湾、フィリピンは来季以降店舗増へ。株価は業態底入れから、反転上昇の動き。

2024年11月1日現在

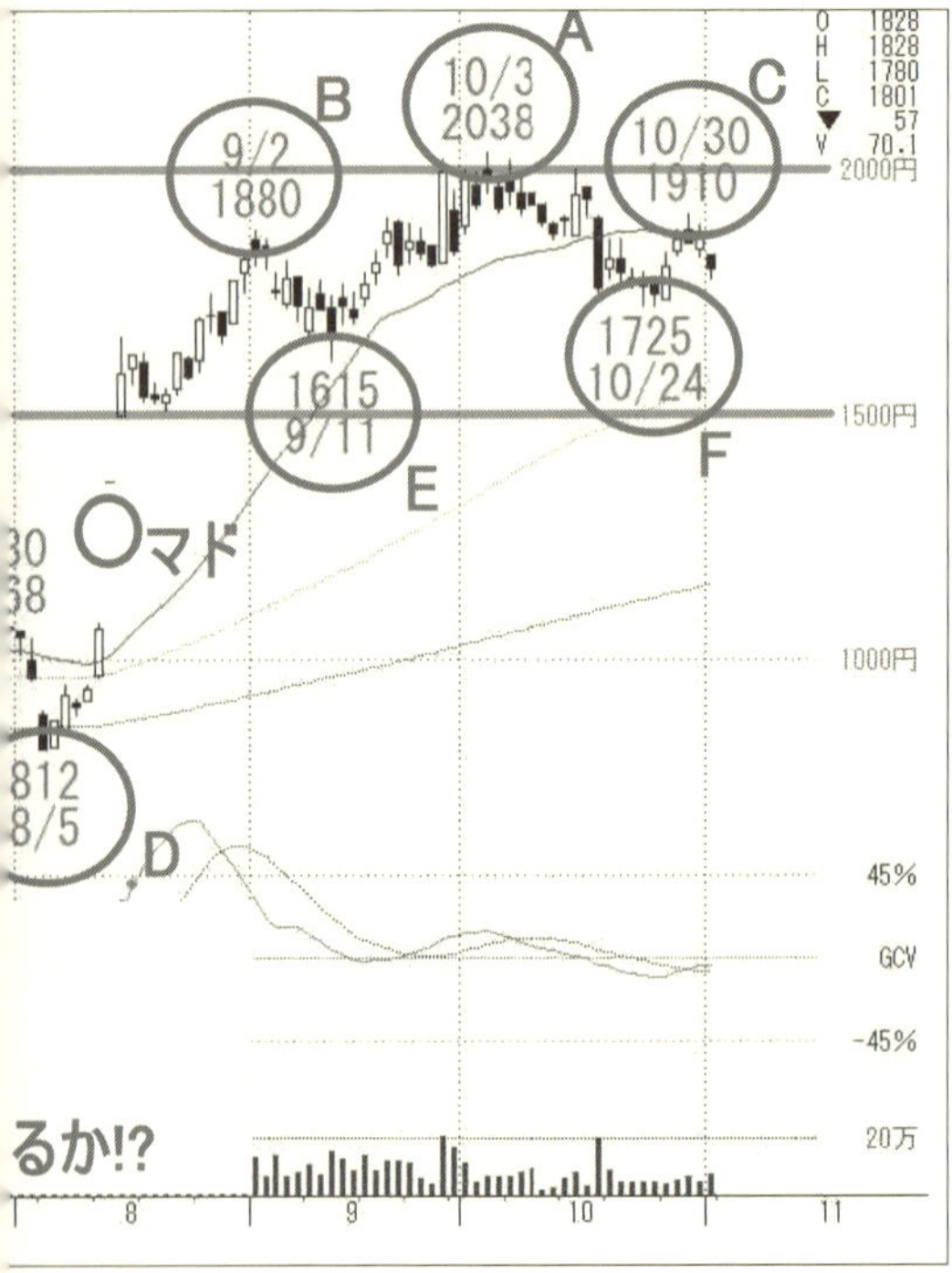
O 1828
H 1828
L 1780
C 1801
▼ 57
V 70.1
A
B
C
D
E
F
9/2
1880
10/3
2038
10/30
1910
1615
9/11
1725
10/24
812
8/5
2000円
1500円
1000円
45%
GCV
-45%
20万
8
9
10
11

3300

アンビションDXホールディングス

東証 GRT

不動産業

都心デザイナーズマンションの賃貸管理事業を中心に、開発・企画・仕入れ・仲介・販売・保険までをワンストップで提供し、そこで得た不動産ビッグデータを活用した不動産DXで業務効率化を推進。AIを取り入れた最新テクノロジーによる各種不動産サービス

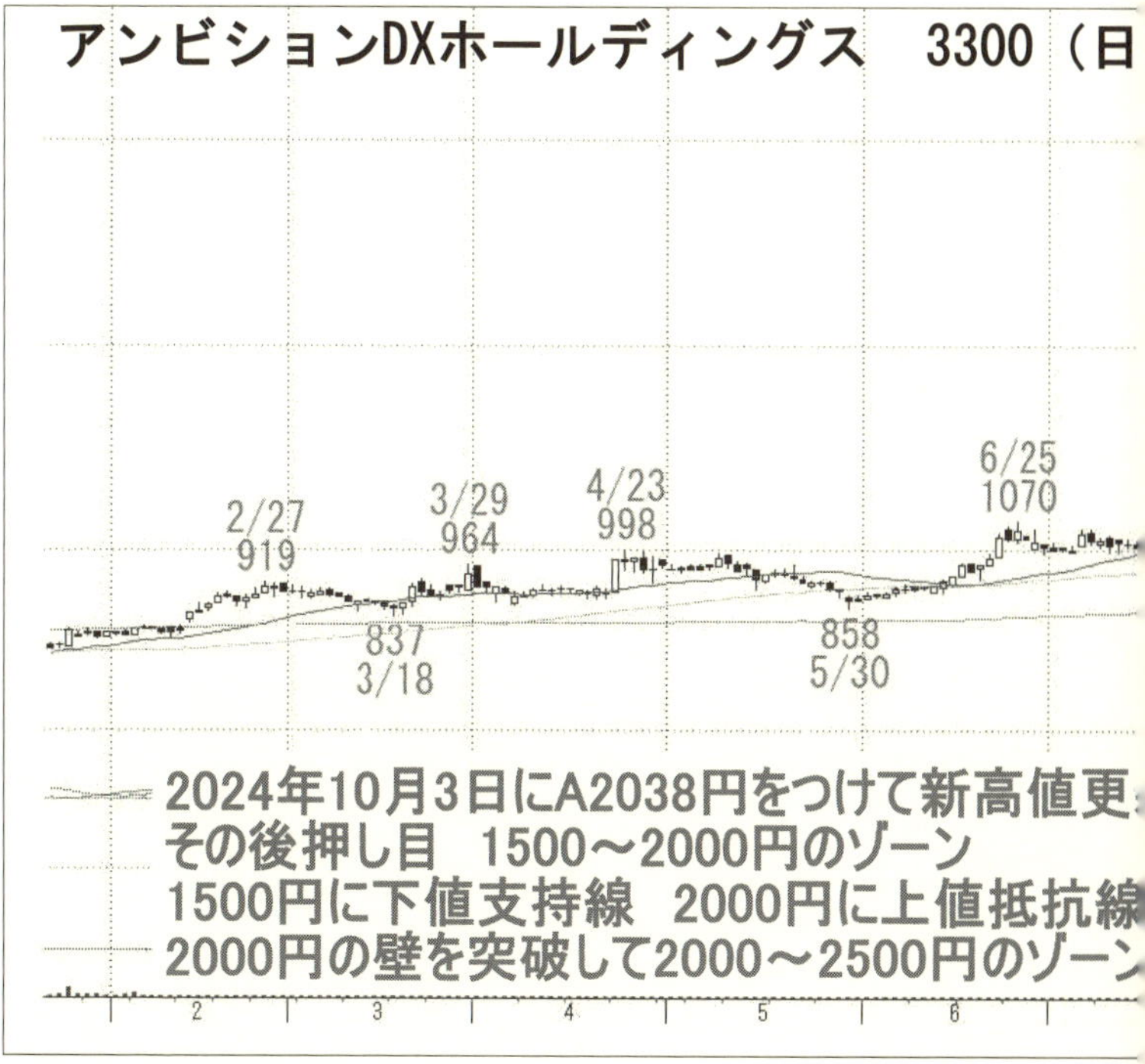
アンビションDXホールディングス　3300（日
2/27
919
3/29
964
4/23
998
6/25
1070
837
3/18
858
5/30
2024年10月3日にA2038円をつけて新高値更
その後押し目　1500～2000円のゾーン
1500円に下値支持線　2000円に上値抵抗線
2000円の壁を突破して2000～2500円のゾーン
2
3
4
5
6

を提供。

　都内中心に借り上げた居住用不動産を転貸するサブリースが主力。

　不動産ＤＸで賃貸需要旺盛で柱のサブリースの管理戸数増える。投資用マンションや分譲型リノベの不動産販売も拡大。業務効率化効き営業益続伸。

　上場10周年配で配当大幅増。配当利回５・65％、ＰＢＲ２・１倍。株価は業績好調、増配を反映して急上昇。高値圏で強い動き。

2024年11月1日現在

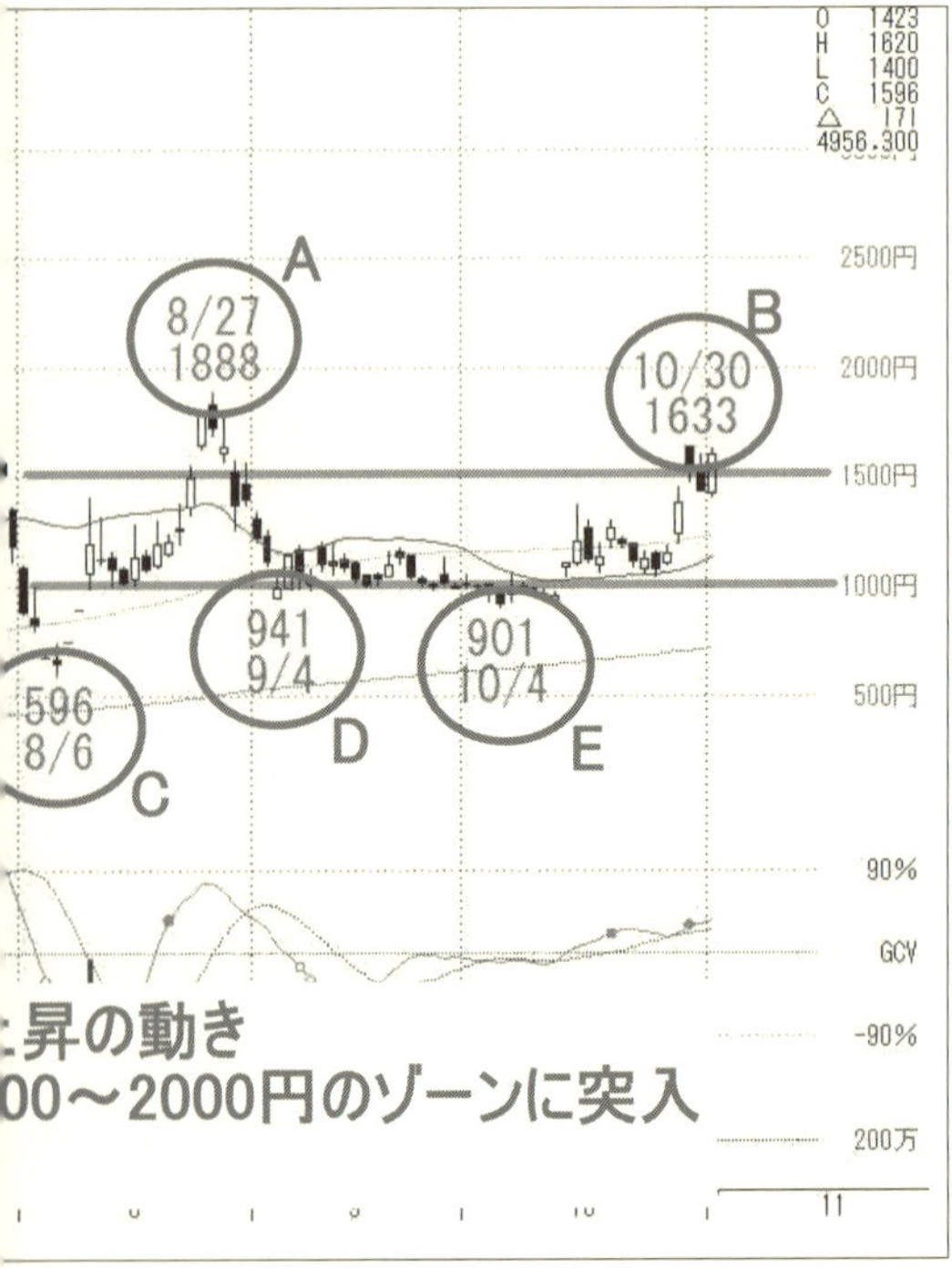
O 1423
H 1620
L 1400
C 1596
△ 171
4956.300
A
8/27
1888
B
10/30
1633
941
9/4
D
901
10/4
E
596
8/6
C
2500円
2000円
1500円
1000円
500円
90%
GCV
-90%
200万
11
昇の動き
00～2000円のゾーンに突入

3350

メタプラネット

東証 STD

卸売業

東京でインバウンド用のホテル1店を運営。

ビットコイン投資・長期保有によるビットコイン蓄積を通じて株主価値を高める戦略に軸足を置く投資会社。ビットコインを企業の準備資産として採用する企業を支援するコンサルティングサービスも行う。唯一

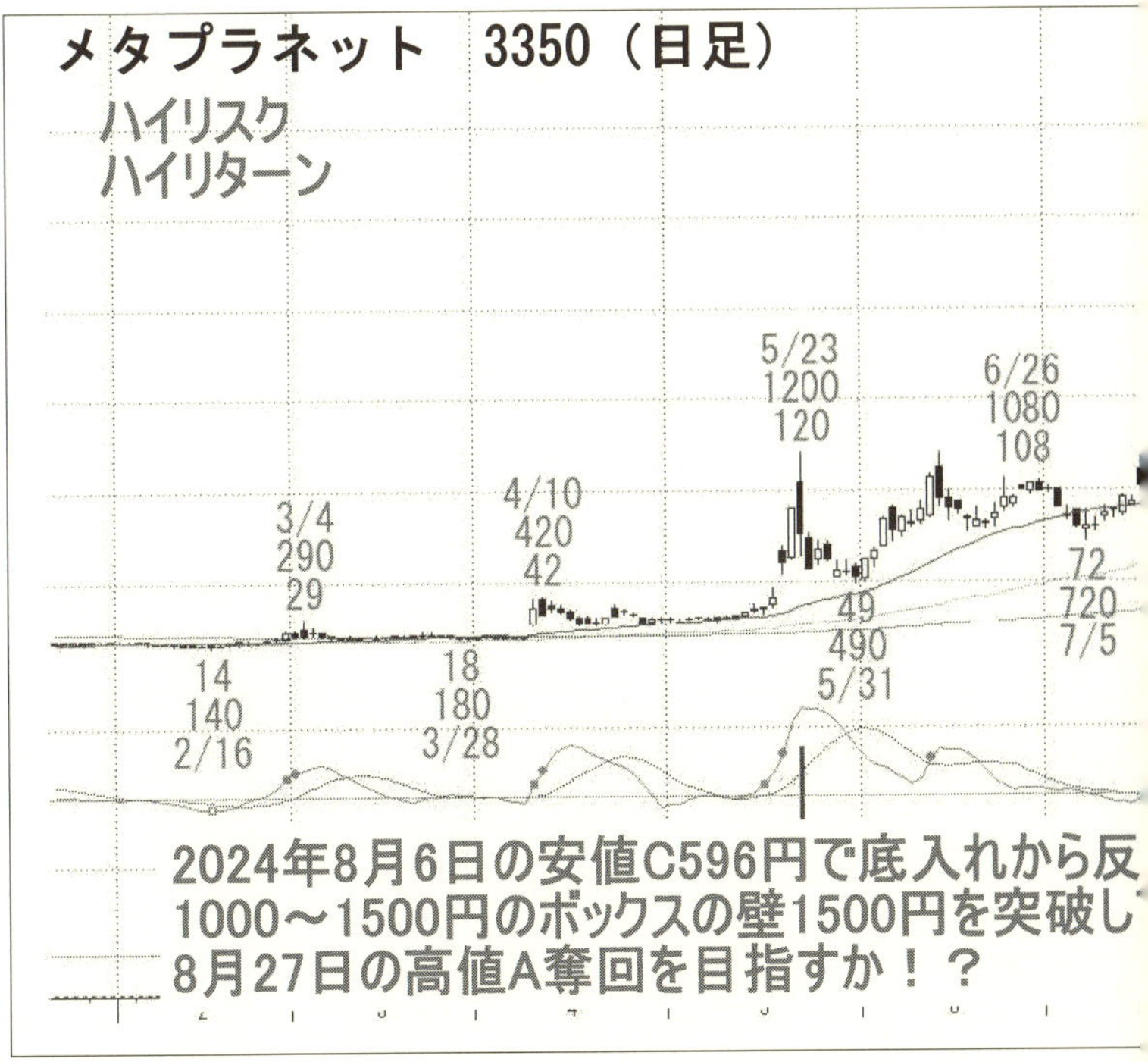
メタプラネット　3350（日足）
ハイリスク
ハイリターン
5/23
1200
120
6/26
1080
108
4/10
420
42
3/4
290
29
72
720
7/5
49
490
5/31
14
140
2/16
18
180
3/28
2024年8月6日の安値C596円で底入れから反
1000～1500円のボックスの壁1500円を突破し
8月27日の高値A奪回を目指すか！？

所有する五反田ホテルは稼働客室増えるが人件費など費用負担重く、営業赤字が続く。

株主への新株予約権無償割り当てで、最大100億円調達。10億円の社債返還以外は、ほぼ全額ビットコイン購入に充当。直近ビットコイン価格上昇に連動して株価も上昇。ビットコインへの投資・長期保有を表明。

ハイリスク、ハイリターン狙いの思惑株。

2024年11月1日現在

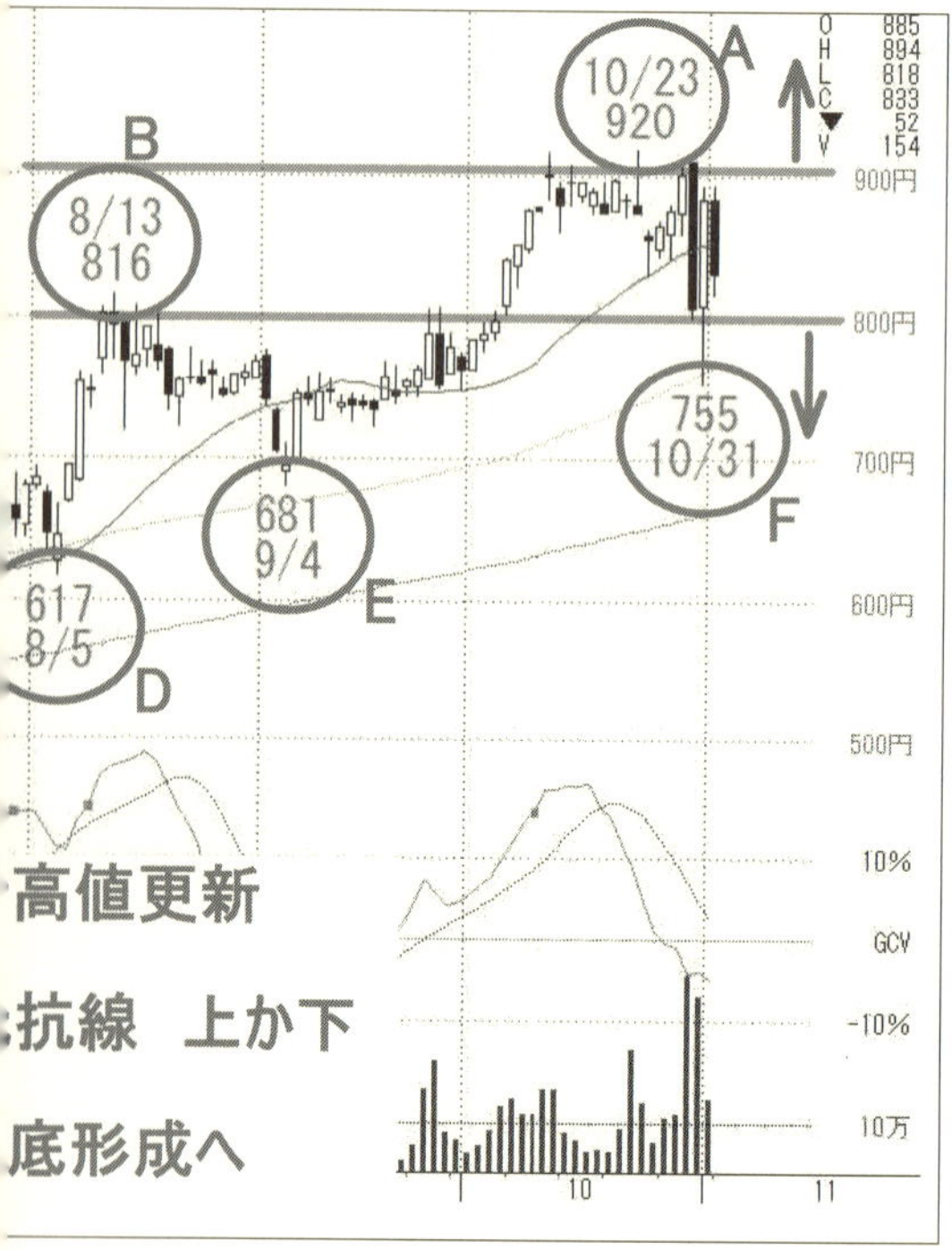
O 885
H 894
L 818
C 833
52
V 154
10/23
920
A
B
8/13
816
900円
800円
755
10/31
700円
F
681
9/4
E
617
8/5
D
600円
500円
高値更新
抗線　上か下
底形成へ
10%
GCV
-10%
10万
10
11

3529 アツギ

東証 STD

繊維製品

無地ストッキングや柄ストッキングなどのストッキング・タイツ・インナーウェアを製造・販売する会社。品質へのこだわりを徹底させ、顧客ニーズに的確に応えてきた実績が評価されストッキングや下着で国内大手。パンティストッキングナンバーワン。不動産賃貸

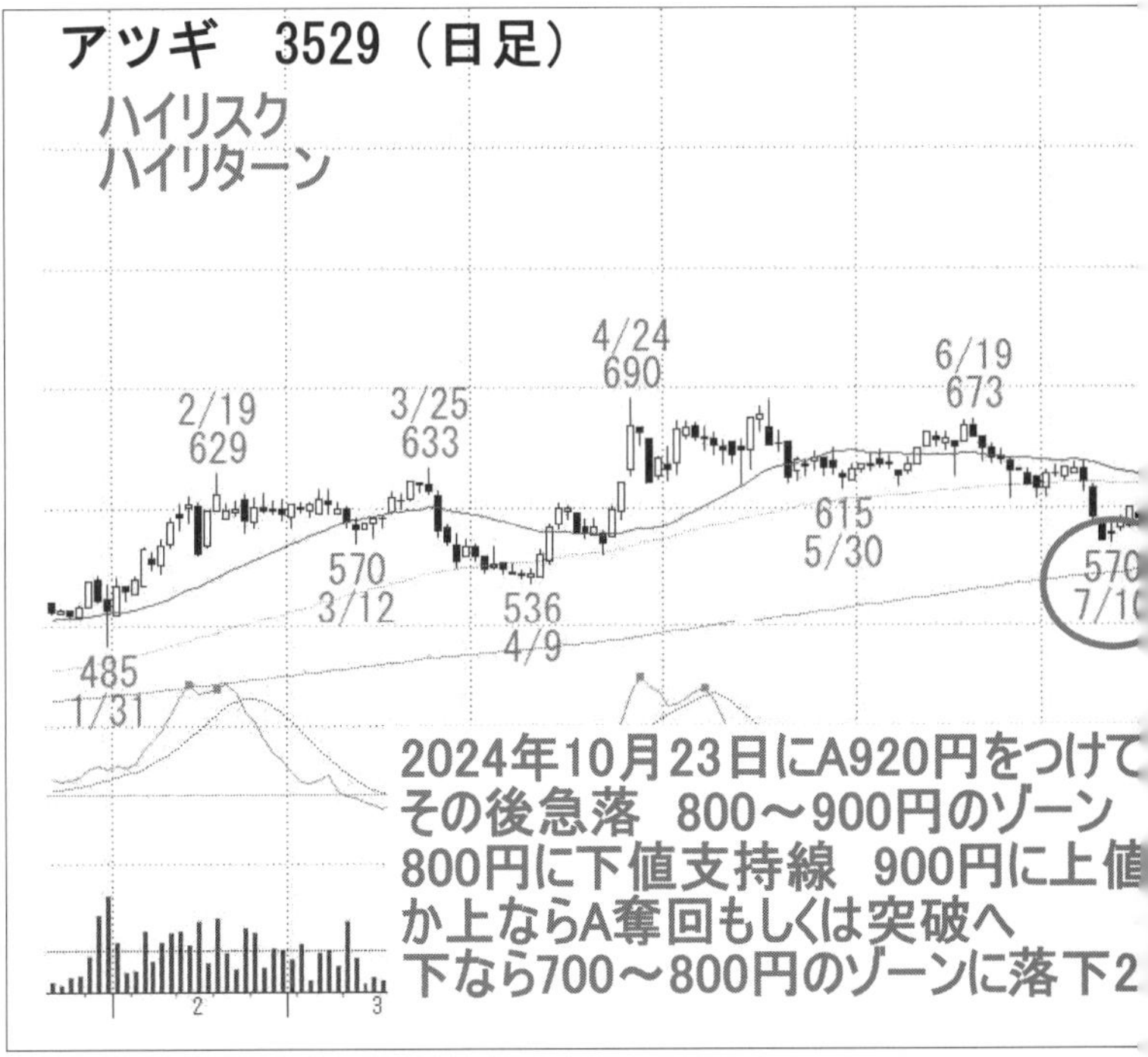
アツギ　3529（日足）
ハイリスク
ハイリターン
4/24
690
6/19
673
2/19
629
3/25
633
615
5/30
570
3/12
536
4/9
570
7/10
485
1/31
2024年10月23日にA920円をつけて
その後急落　800～900円のゾーン
800円に下値支持線　900円に上値
か上ならA奪回もしくは突破へ
下なら700～800円のゾーンに落下2
2
3

や太陽光発電事業なども展開。

柱のストッキングは猛暑で数量伸びず。冬場の高単価タイツ類で挽回期待。紳士用肌着が好調。

不動産は物流施設向け賃貸開始で一段落見込む。中国工場でスマートファクトリー化進め、販売網の拡大目指す。株価は波乱含みながら高値圏で推移。PBRはいまだ0・4倍。黒字転換予想で株価も浮上してくるか!?

2024年11月1日現在

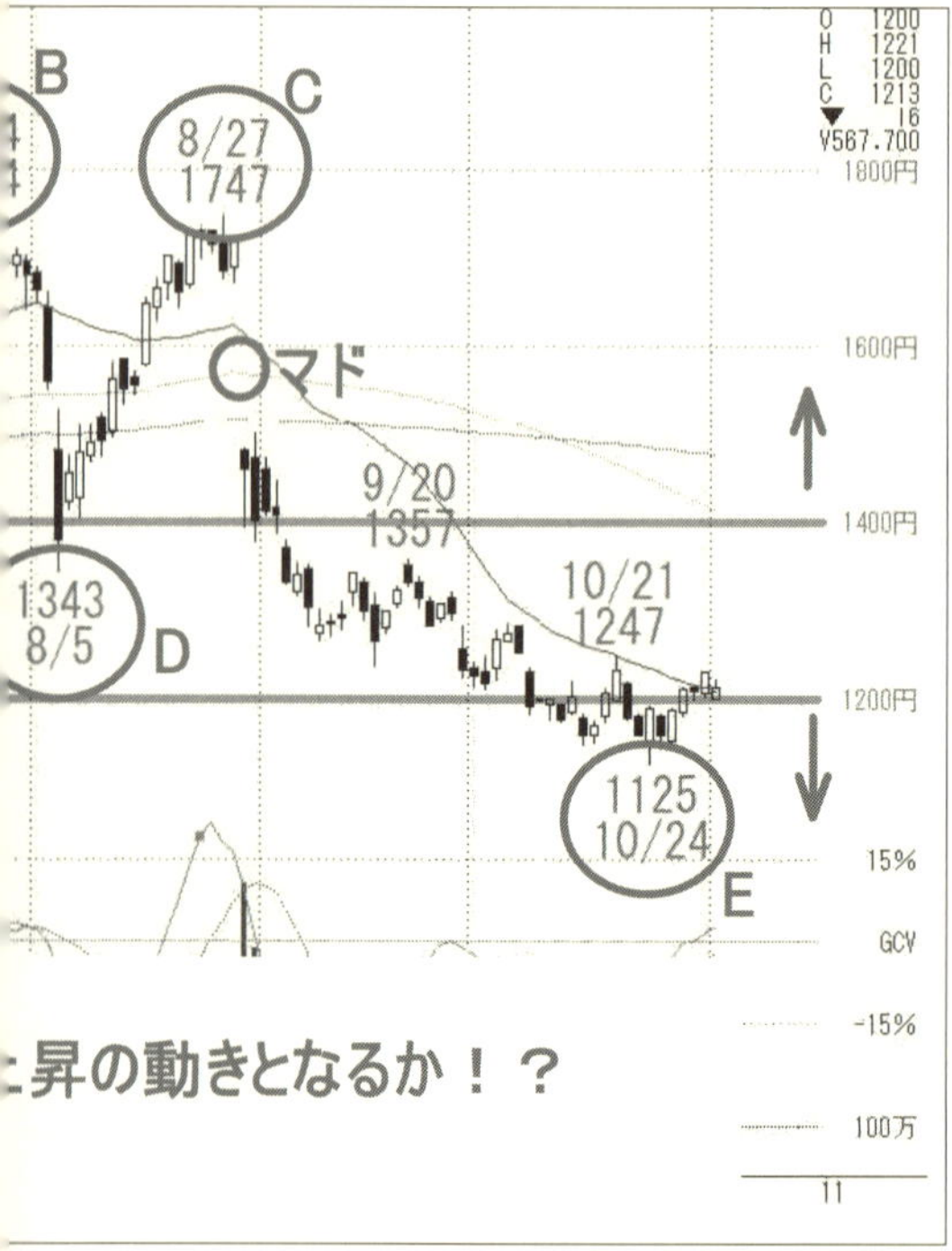
O 1200
H 1221
L 1200
C 1213
16
V567.700
1800円
1600円
1400円
1200円
15%
GCV
-15%
100万
11
B
C
8/27
1747
〇マド
9/20
1357
1343
8/5
D
10/21
1247
1125
10/24
E
昇の動きとなるか！？

4565

ネクセラファーマ

東証 PRM

医薬品

旧そーせいグループ。創薬ベンチャー買収で成長。最先端のテクノロジーにより、画期的な医薬品をいち早く届けることをミッションとしている。構造ベース創薬に革命を起こすパイプラインを持ち、不眠症治療薬「クービビック錠」などの製品を開発・提供してい

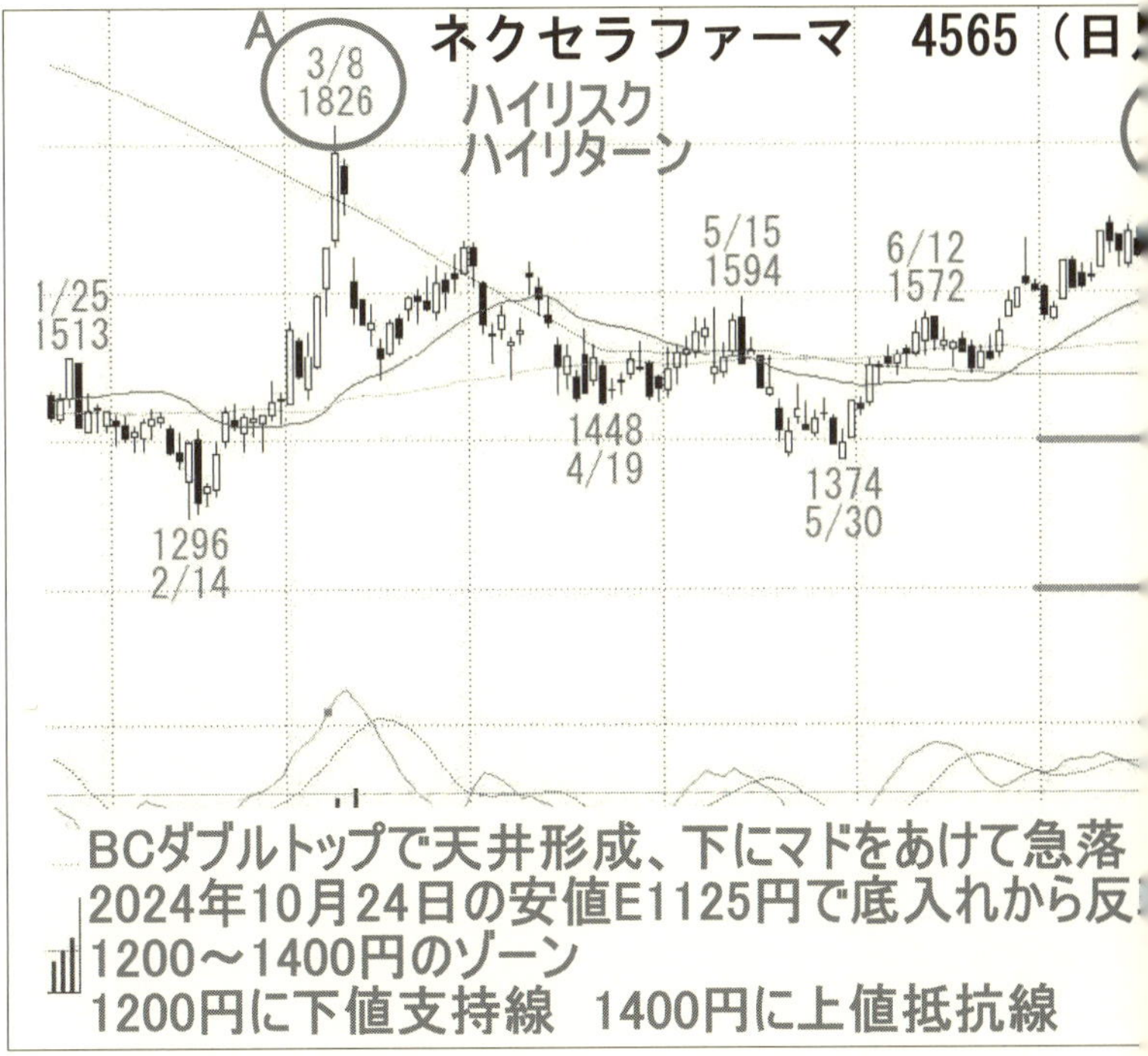
A
ネクセラファーマ　4565（日
3/8
1826
ハイリスク
ハイリターン
1/25
1513
5/15
1594
6/12
1572
1448
4/19
1374
5/30
1296
2/14
BCダブルトップで天井形成、下にマドをあけて急落
2024年10月24日の安値E1125円で底入れから反
1200～1400円のゾーン
1200円に下値支持線　1400円に上値抵抗線

る。

国内新薬売上急増。開発収入も拡大。ただ開発費用や買収費用など増え営業赤字拡大。

2024年12月期は新薬売上、開発両面で収入増。黒字化へ。

不眠症薬「クービビック錠」は今秋国内承認濃厚。また固形がん薬など複数の自社開発に注力。株価は底値圏だが、業績浮上を織り込んで反転上昇となるか!?

4894
クオリプス

東証GRT

医薬品

2024年11月1日現在

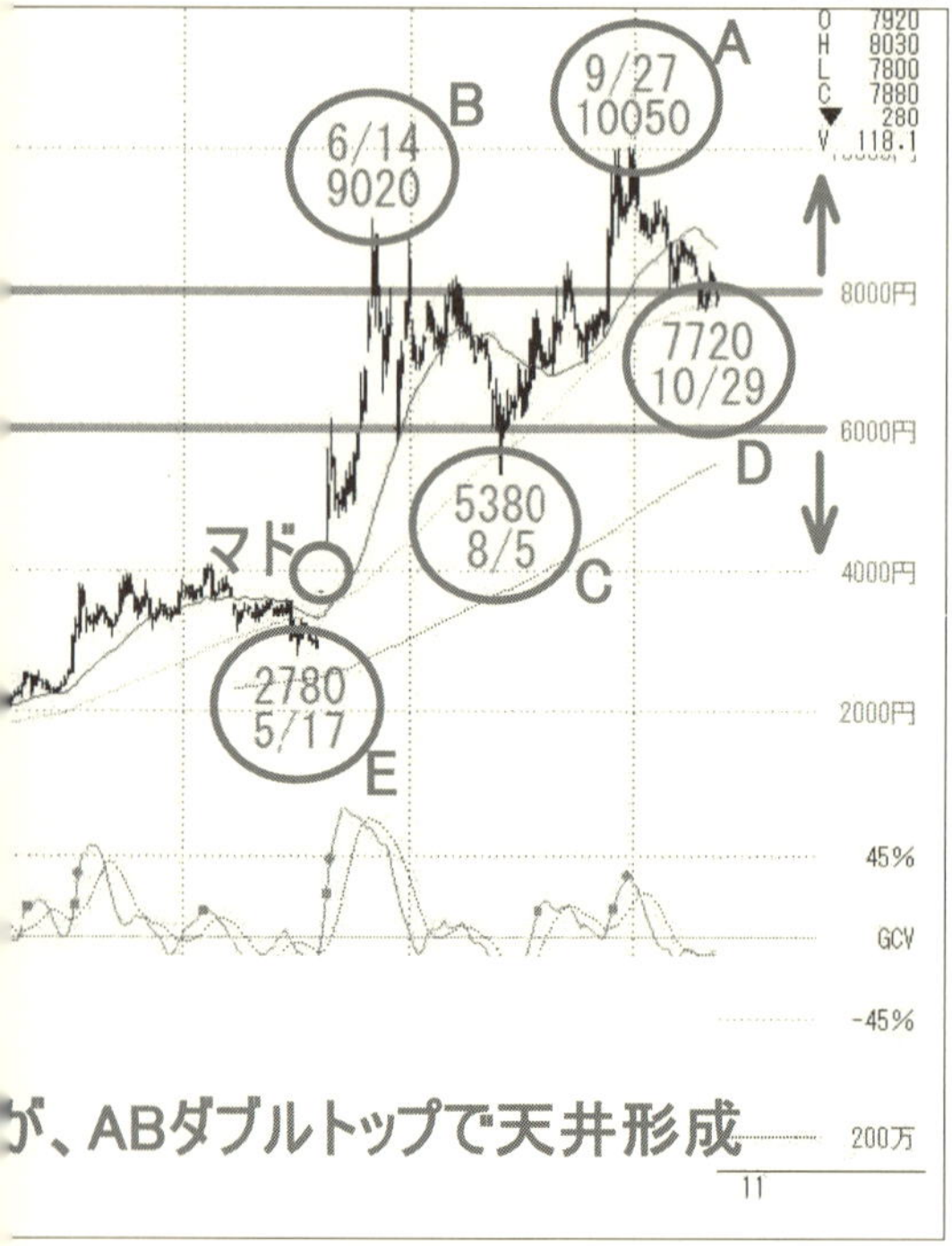

世界に誇る日本の先端的な医療を基盤に、新しい医療を開発する企業。ノーベル賞受賞の山中伸弥氏が開発したｉＰＳ細胞などに由来する移植用臓器をつくるのが究極の目標。

ヒトｉＰＳ細胞由来の再生医療等製品・シートによる世界初の重症心不全治療

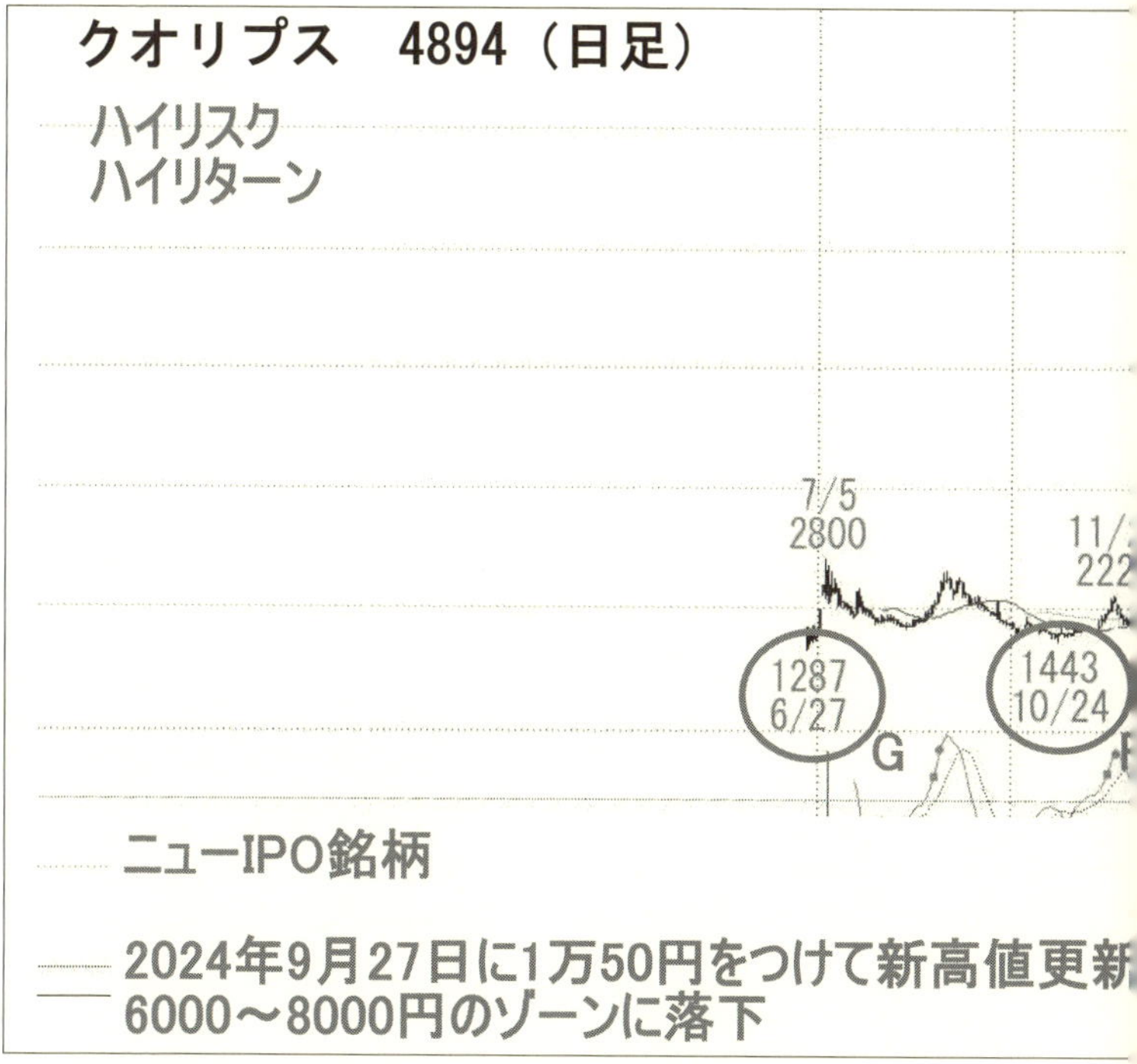
クオリプス　4894（日足）
ハイリスク
ハイリターン
7/5
2800
11/
222
1287
6/27
1443
10/24
G
ニューIPO銘柄
2024年9月27日に1万50円をつけて新高値更新
6000～8000円のゾーンに落下

法開発に注力。

ただ虚血性心疾患治療シートの国内承認申請準備や海外共同研究、カテーテル投与による細胞治療の準備などのために研究開発費用が増大。２０２５年３月期の売上、経常益は減収減益予想。

株価は２０２３年６月上場後低迷していたが、２０２４年５月安値で底入れから急騰。夢の新薬開発で大化けするか!?　ハイリスク、ハイリターン狙いの思惑株。

8473

SBIホールディングス

東証 PRM

証券業

2024年11月1日現在

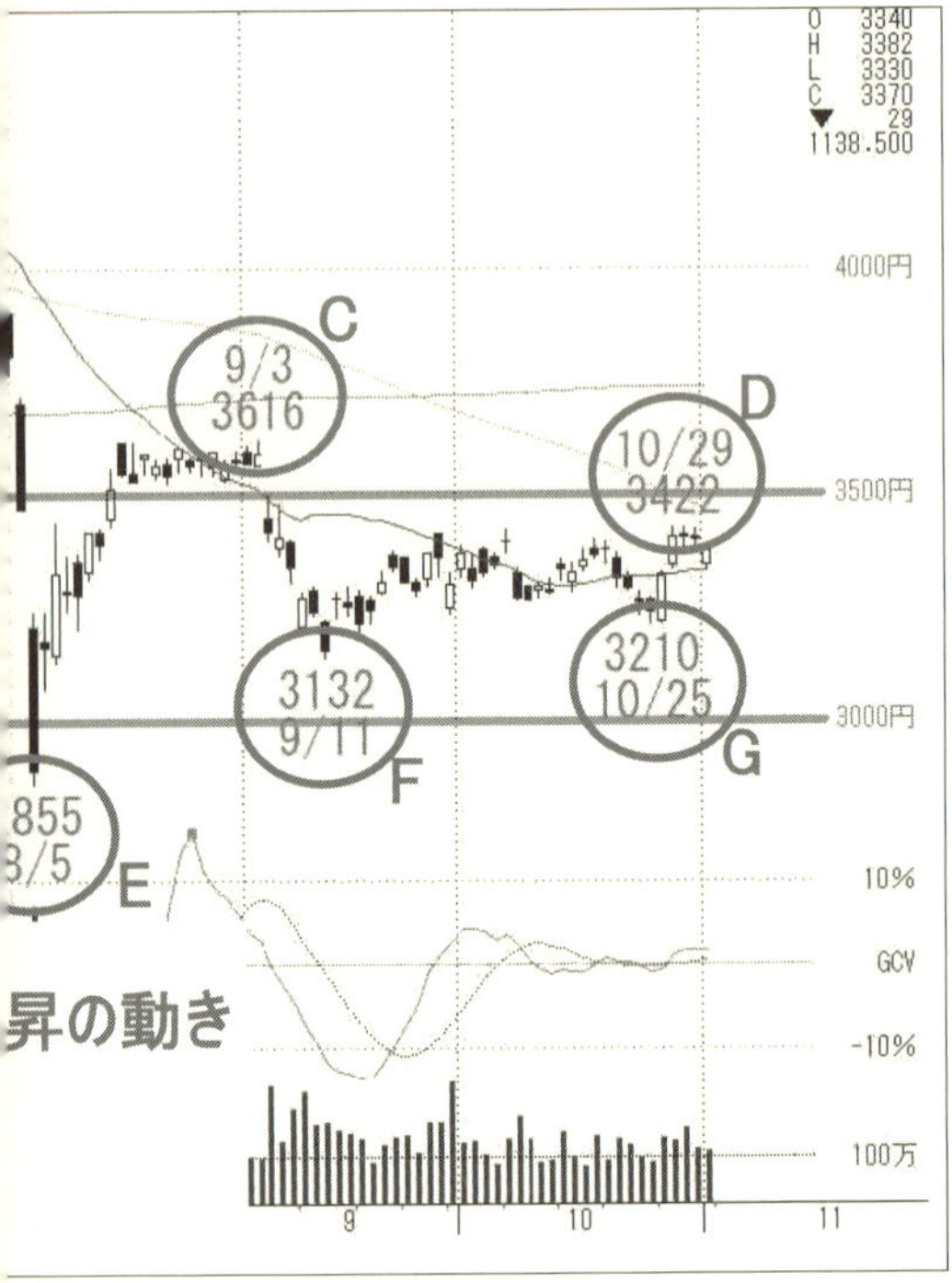
O 3340
H 3382
L 3330
C 3370
▼ 29
1138.500
4000円
3500円
3000円
9/3
3616
C
10/29
3422
D
3132
9/11
F
3210
10/25
G
855
3/5
E
10%
GCV
-10%
100万
9
10
11
昇の動き

ネット証券最大手のSBI証券と日本長期信用銀行の流れを汲むSBI新生銀行、日本最大のベンチャーキャピタルであるSBIインベストメントを中心に、多数の事業と子会社を傘下に抱える金融コングロマリットである「SBIグループ」を形成している。

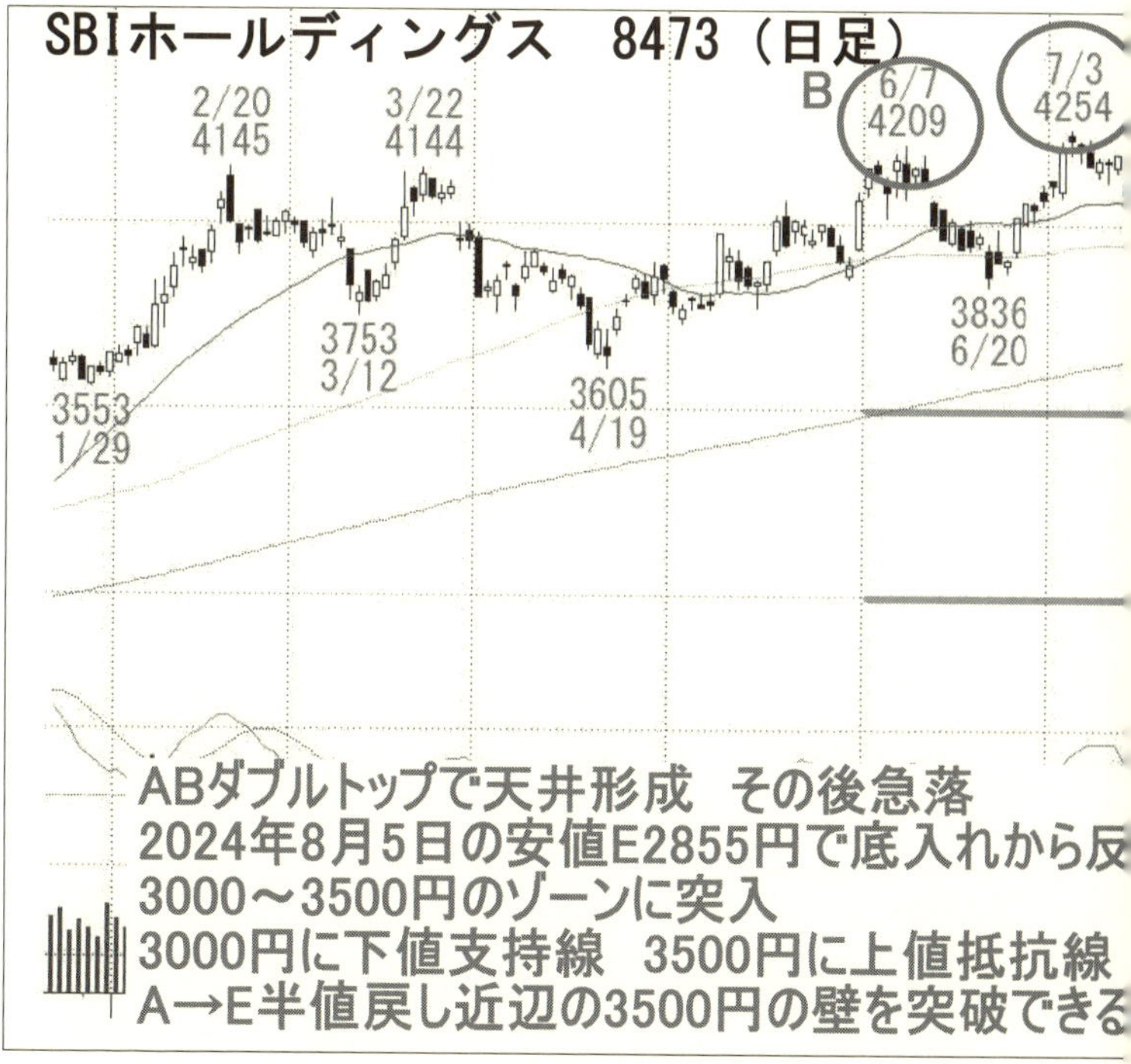
SBIホールディングス　8473（日足）
B
2/20
4145
3/22
4144
6/7
4209
7/3
4254
3553
1/29
3753
3/12
3605
4/19
3836
6/20
ABダブルトップで天井形成　その後急落
2024年8月5日の安値E2855円で底入れから反
3000～3500円のゾーンに突入
3000円に下値支持線　3500円に上値抵抗線
A→E半値戻し近辺の3500円の壁を突破できる

国内外のベンチャー企業に投資。ベンチャーキャピタルファンドの運用、管理を行う。保険、銀行など総合金融業志向が強く、証券は株式取引手数料無料化が影響の一方、信用取引などが増加して賄い好調。現物暗号資産を組み入れたETFを対象にした投信提供のため、米資産運用会社と合弁設立。直近、暗号資産上昇で株価動意含み。ネット証券、ビットコイン関連のダークホース。

8698

マネックスグループ

東証 PRM

証券業

2024年11月1日現在

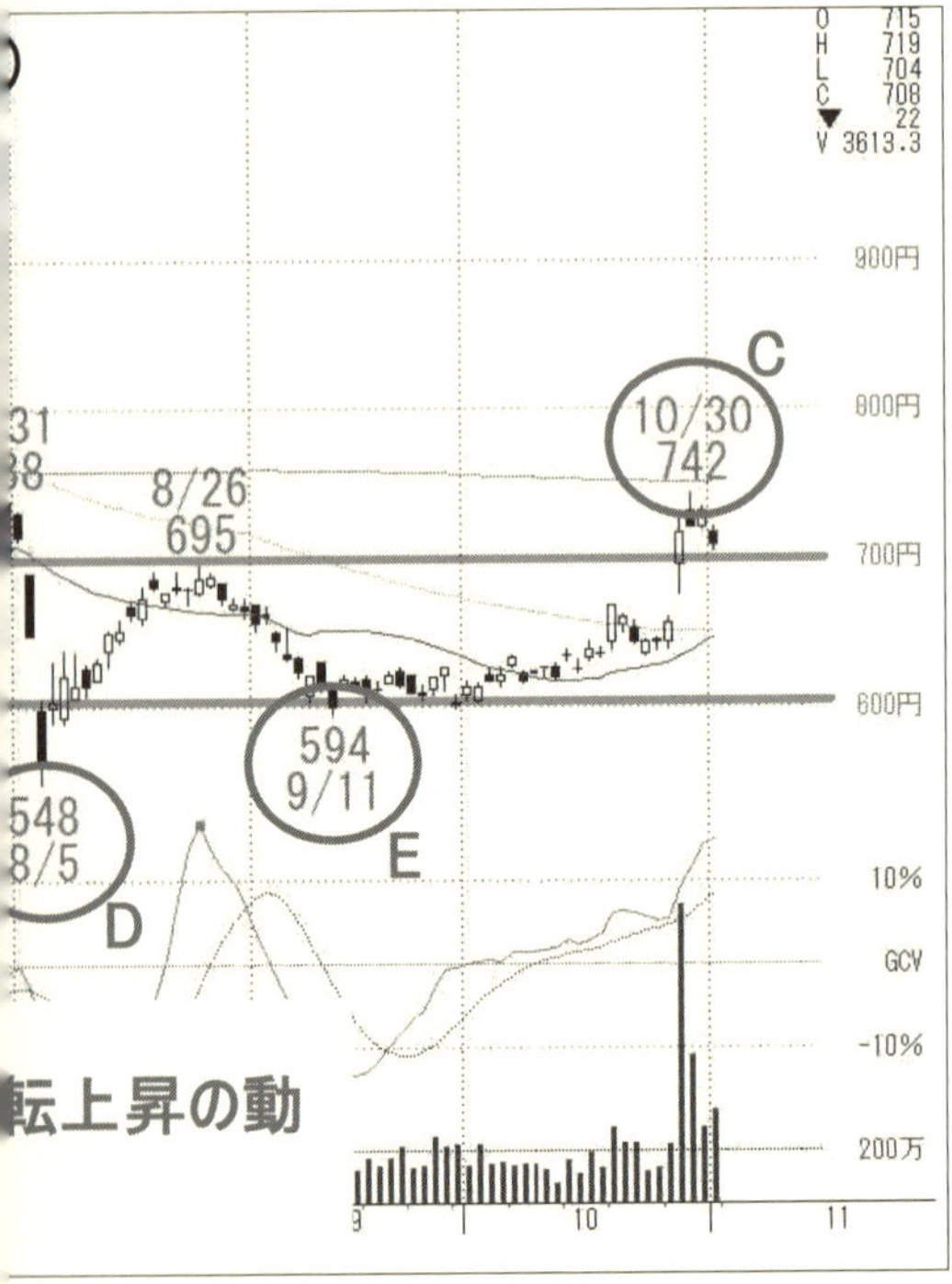
O 715
H 719
L 704
C 708
▼ 22
V 3613.3
900円
800円
700円
600円
10%
GCV
-10%
200万
C
10/30
742
8/26
695
594
9/11
E
548
8/5
D
10
11
転上昇の動

マネックス証券と日興ビーンズ証券が設立した持ち株会社。

日本、米国、中国（含む香港）に本拠地を持ち、オンライン証券、暗号資産、教育などの事業を展開するグローバル企業。

子会社にコインチェックがある。

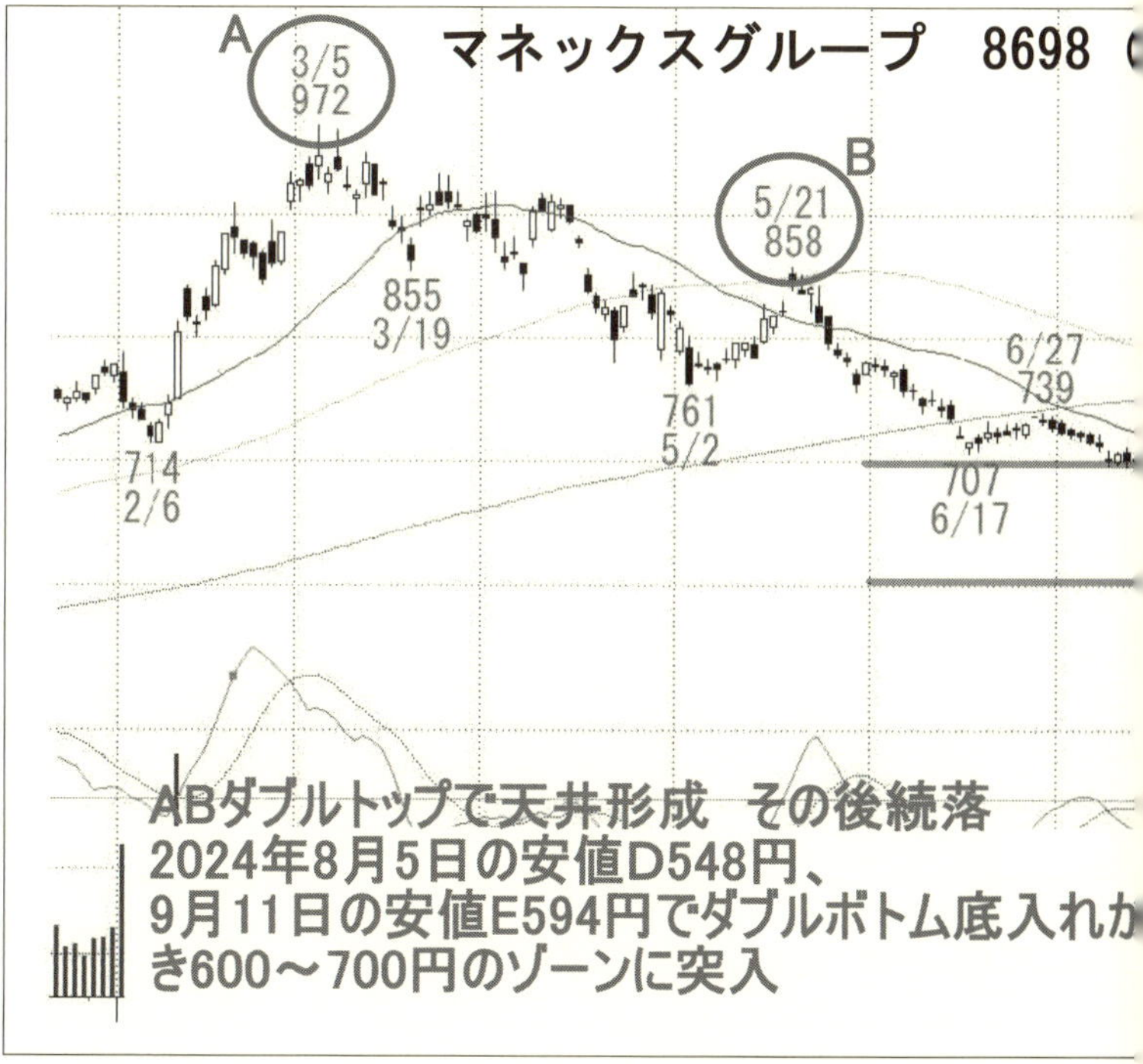
マネックスグループ　8698
A
3/5
972
B
5/21
858
855
3/19
714
2/6
761
5/2
6/27
739
707
6/17
ABダブルトップで天井形成　その後続落
2024年8月5日の安値D548円、
9月11日の安値E594円でダブルボトム底入れか
き600～700円のゾーンに突入

米国は高金利が追い風で預かり資金運用が好調。手数料収入も、堅調。さらに暗号資産も勢い復調。２０２５年６月末までに１４００万株、50億円上限に自己株買いを実施予定。

増配と併せて株主還元強化。

株価は直近のビットコイン上昇を受けて動意含み。チャートのＤＥでダブルボトムを入れて反転上昇の動き。ネットとビットコイン関連の注目株。

2024年11月1日現在

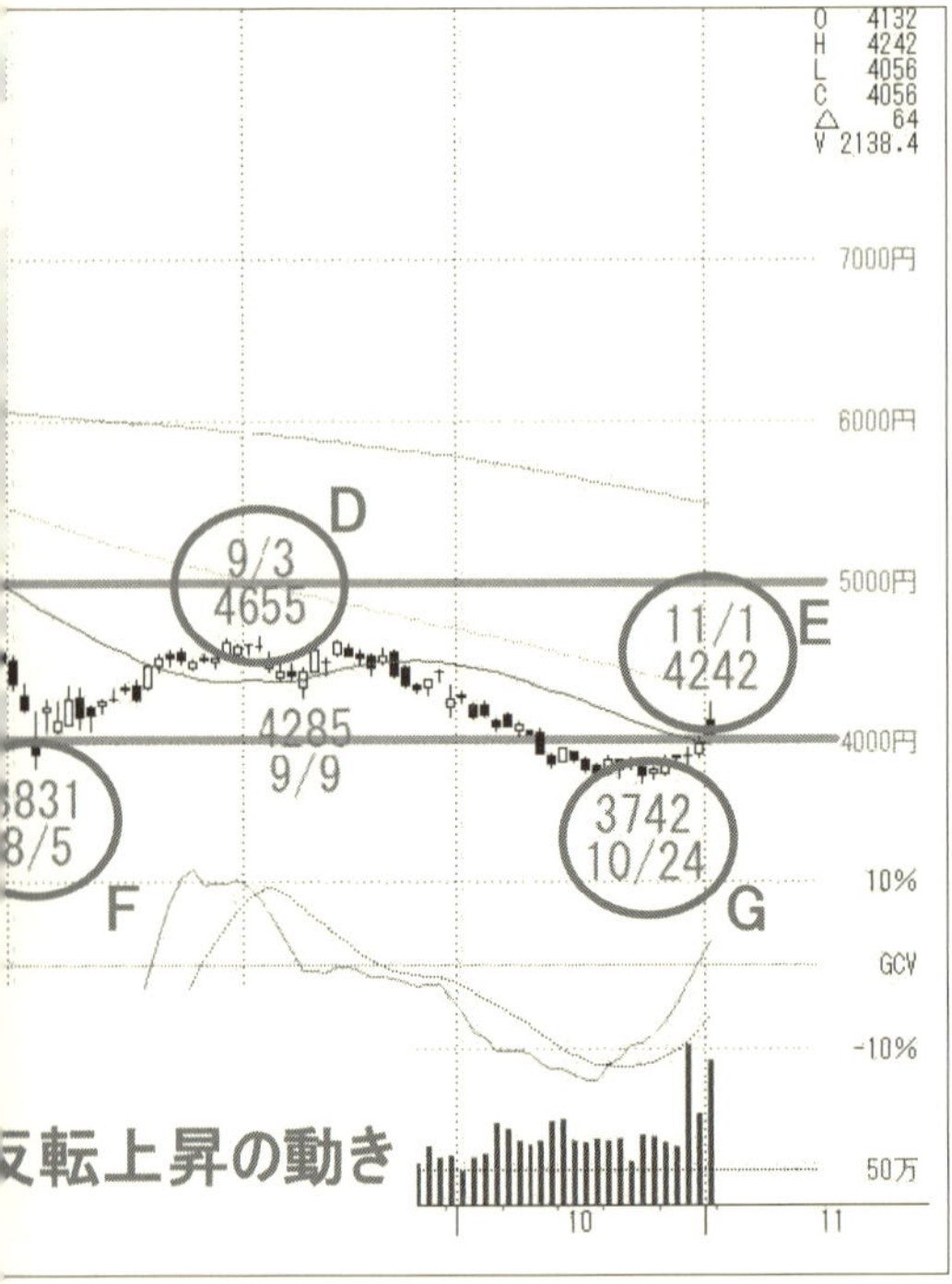
O 4132
H 4242
L 4056
C 4056
△ 64
V 2138.4
7000円
6000円
5000円
4000円
9/3
4655
D
11/1
4242
E
4285
9/9
831
8/5
F
3742
10/24
G
10%
GCV
-10%
反転上昇の動き
50万
10
11

9009

京成電鉄

東証 PRM

陸運業

千葉、東京東部、茨城を地盤とする大手私鉄。2010年には成田スカイアクセス（成田空港線）を開業し、日暮里―空港第2ビル間を北総線経由で最速36分で結ぶことになり、成田空港へのアクセスの利便性がさらに向上した。鉄道は海外プロモーションが奏功し

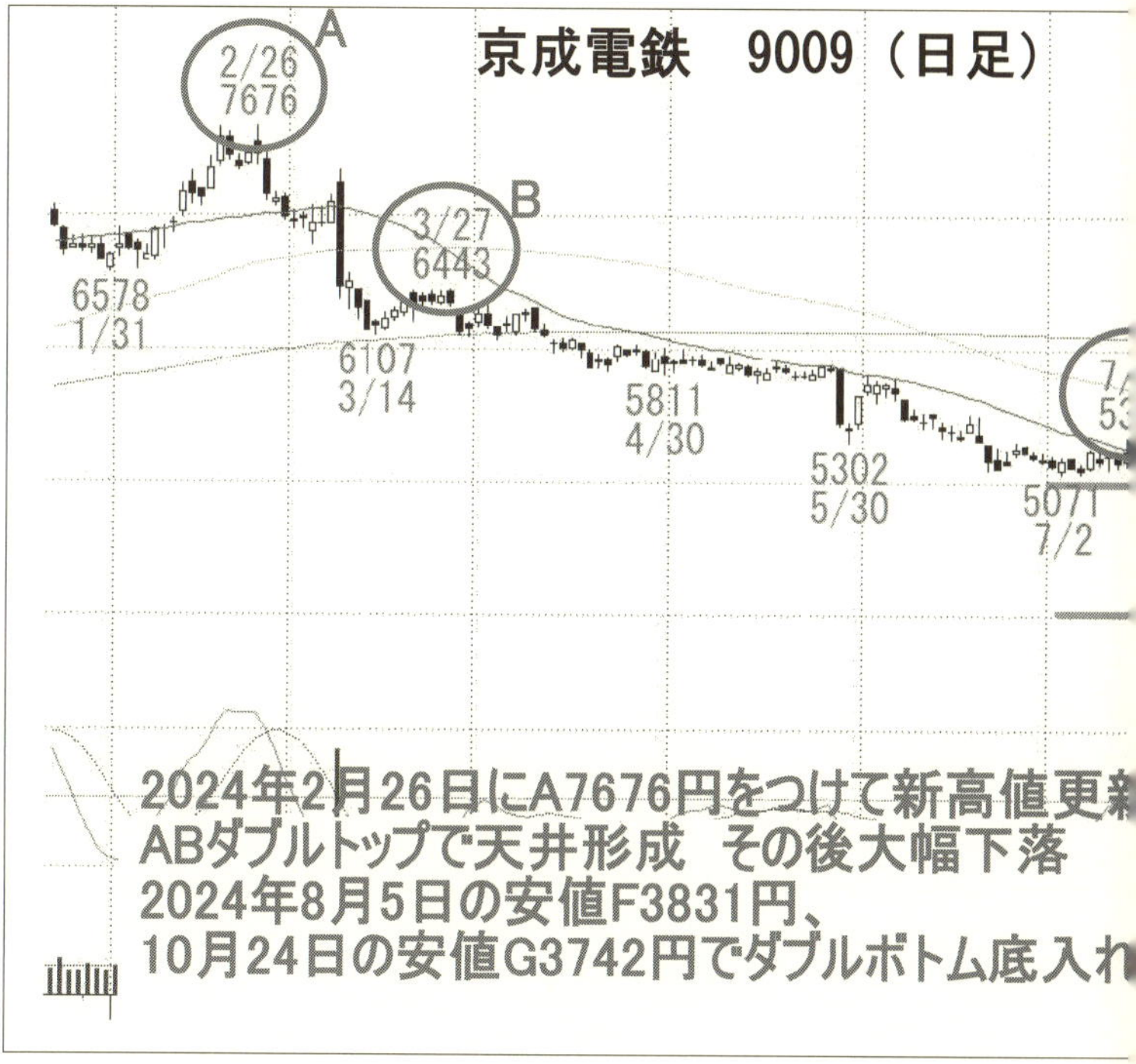
京成電鉄　9009（日足）
A
2/26
7676
B
3/27
6443
6578
1/31
6107
3/14
5811
4/30
5302
5/30
5071
7/2
2024年2月26日にA7676円をつけて新高値更
ABダブルトップで天井形成　その後大幅下落
2024年8月5日の安値F3831円、
10月24日の安値G3742円でダブルボトム底入れ

て訪日客が予想上回る増加。京成線運賃値上げも業績に寄与。

ホテル高稼働のうえ不動産賃貸やスーパーも堅調。人件費膨らむが営業益が会社計画を超過。若者や訪日客に大人気の東京ディズニーリゾートを経営するＯＬＣ（オリエンタルランド４６６１）の筆頭株主という含み資産も魅力。それにもかかわらず、株価はほぼ底値圏。長期的にはお買い得銘柄と見えるが!?

9984

ソフトバンクグループ

東証 PRM

情報・通信

2024年11月1日現在

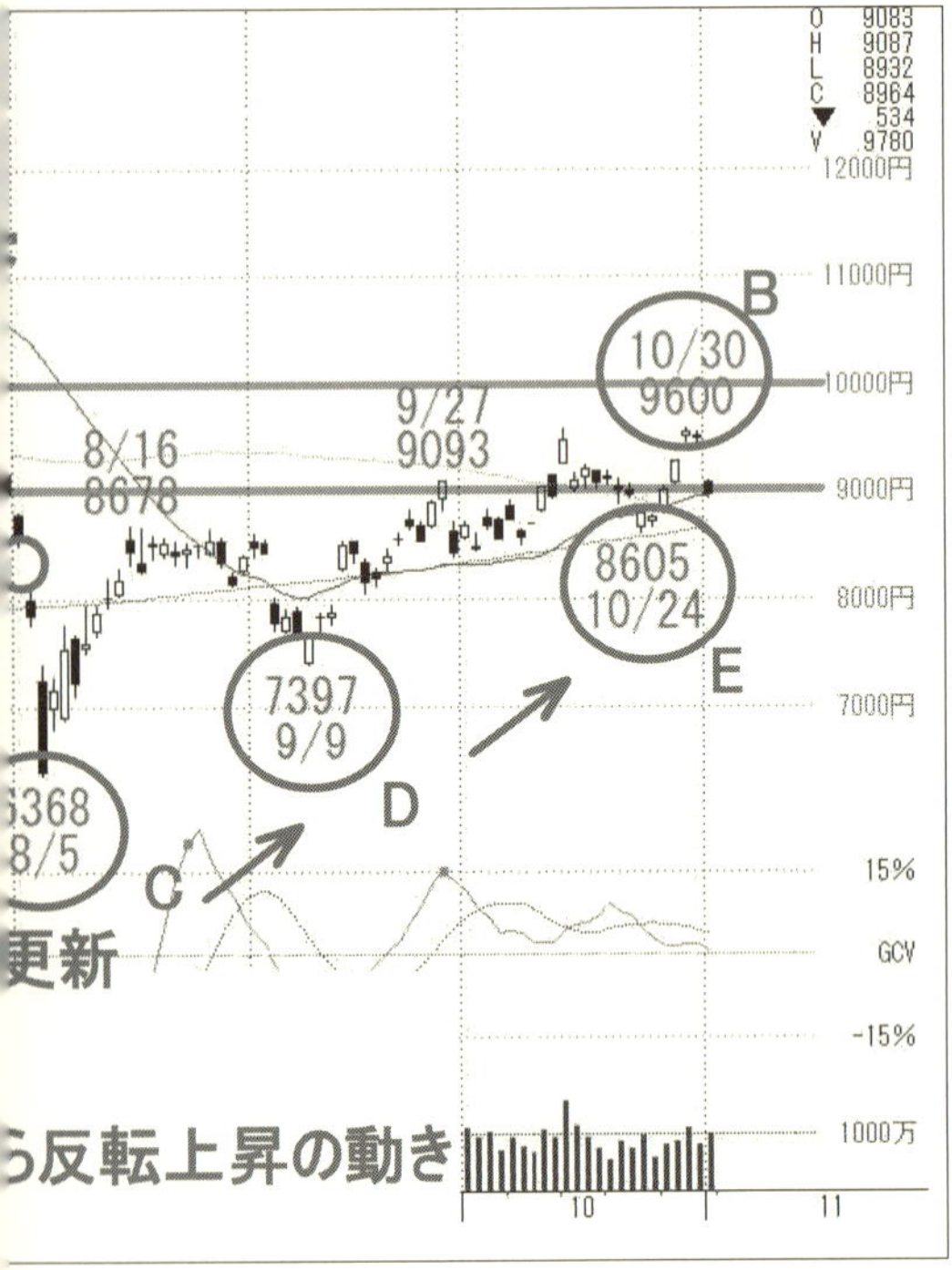
O 9083
H 9087
L 8932
C 8964
▼ 534
V 9780
12000円
11000円
10000円
9000円
8000円
7000円
15%
GCV
-15%
1000万
10
11
B
10/30
9600
9/27
9093
8/16
8678
8605
10/24
E
7397
9/9
D
C
368
8/5
更新
ら反転上昇の動き

日本屈指のベンチャー企業の雄、孫正義率いる投資ファンド会社。通信事業会社から戦略的持ち株会社へと変革し、情報・テクノロジー分野において多様な事業を展開する。

　常に時代の動向を捉えた的確な投資判断で群を抜く。世界のトップクラスのＡＩ

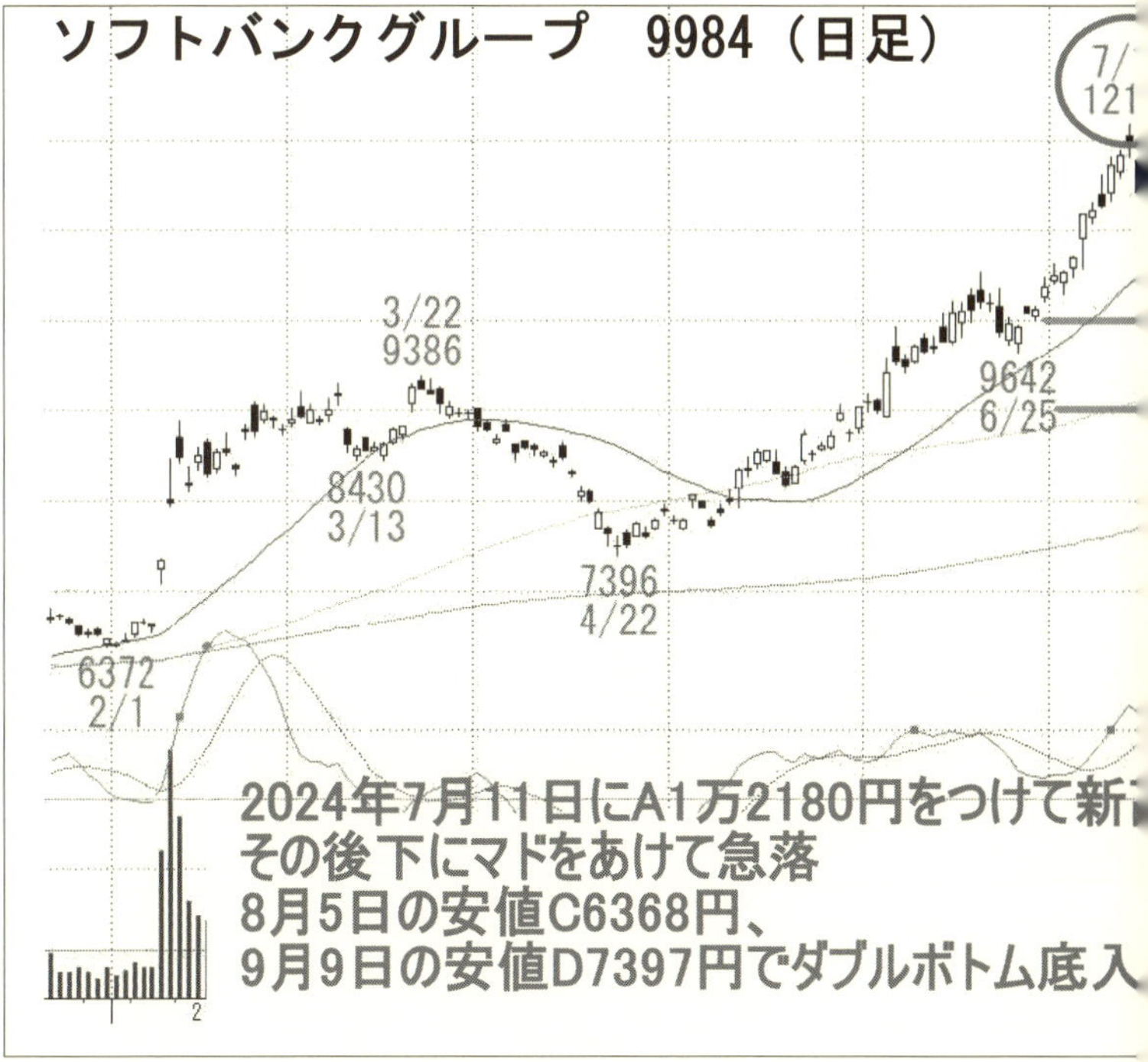
ソフトバンクグループ　9984（日足）
3/22
9386
8430
3/13
7396
4/22
6372
2/1
9642
6/25
2024年7月11日にA1万2180円をつけて新
その後下にマドをあけて急落
8月5日の安値C6368円、
9月9日の安値D7397円でダブルボトム底入

企業への投資に注力しているが、創業者孫正義の投資判断が株価と業績を大いに左右する。

傘下のベンチャー投資10兆円のビジョンファンド拡大。英AI半導体企業のアーム買収、ナスダック上場で増勢。2025年8月末まで1億株、5000億円上限に自己株買いを実施予定。米医療会社とがん対策で合弁設立など材料豊富。株価は8月5日の安値底入れから反騰開始となるか!?

❺

ウォール街の当たり屋
ビル・アックマン関連銘柄10

企業名	コード	市場
不二家	2211	東 PRM
モロゾフ	2217	東 PRM
寿スピリッツ	2222	東 PRM
雪印メグミルク	2270	東 PRM
日清オイリオグループ	2602	東 PRM
くら寿司	2695	東 PRM
キユーピー	2809	東 PRM
スギホールディングス	7649	東 PRM
藤田観光	9722	東 PRM
松屋フーズホールディングス	9887	東 PRM

2211

不二家

東証 PRM

食料品

2024年11月1日現在

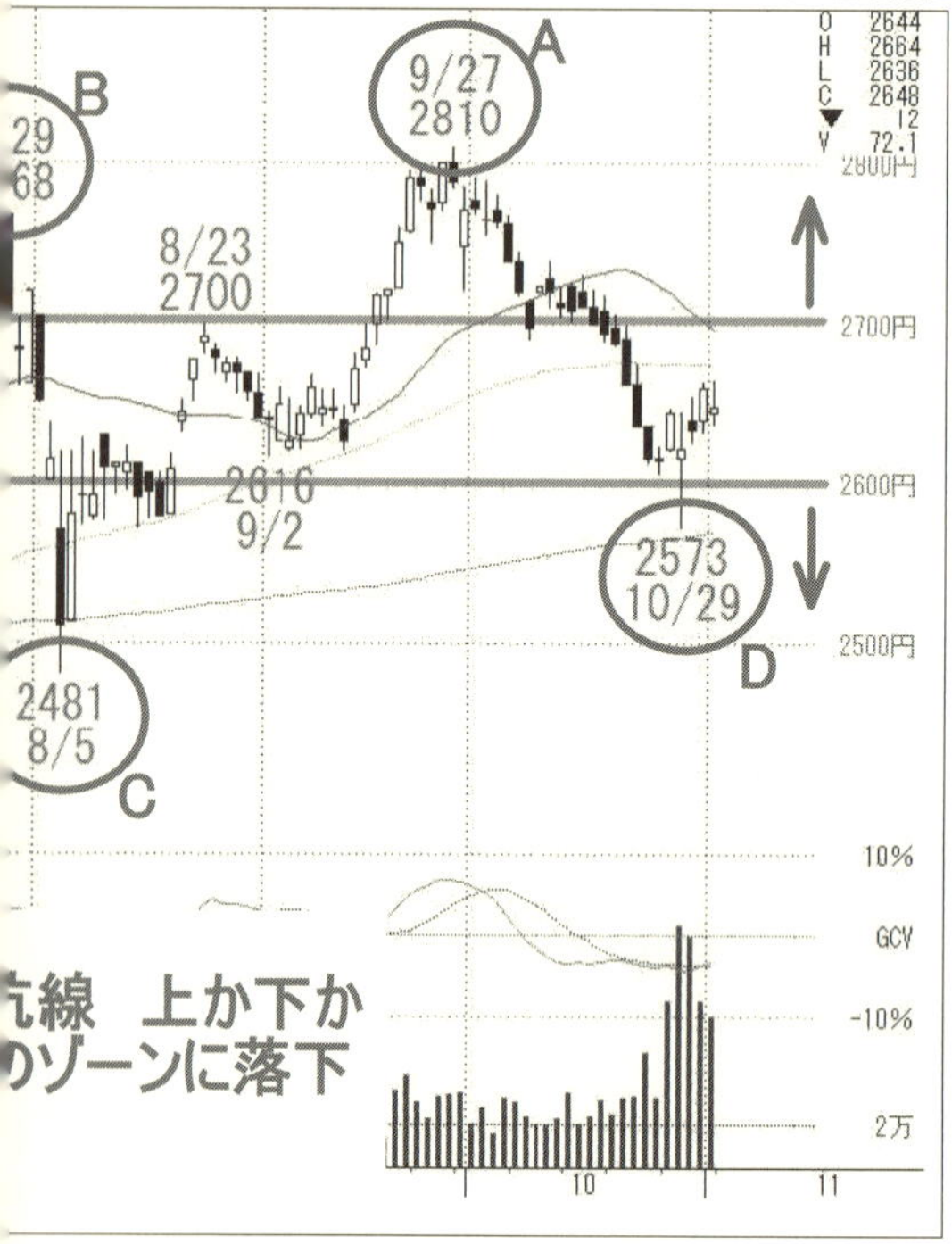

O 2644
H 2664
L 2636
C 2648
12
V 72.1
A
9/27
2810
B
29
68
8/23
2700
2616
9/2
2573
10/29
D
2481
8/5
C
2800円
2700円
2600円
2500円
10%
GCV
-10%
2万
10
11
線　上か下か
のゾーンに落下

1910（明治43）年創業以来、お菓子を作り続けている老舗の菓子大手メーカー。創業者考案の「ショートケーキ」や、「ミルキー」が有名。

洋菓子の製造販売と直営FCで「不二家洋菓子店」を運営。

スーパーやコンビニエン

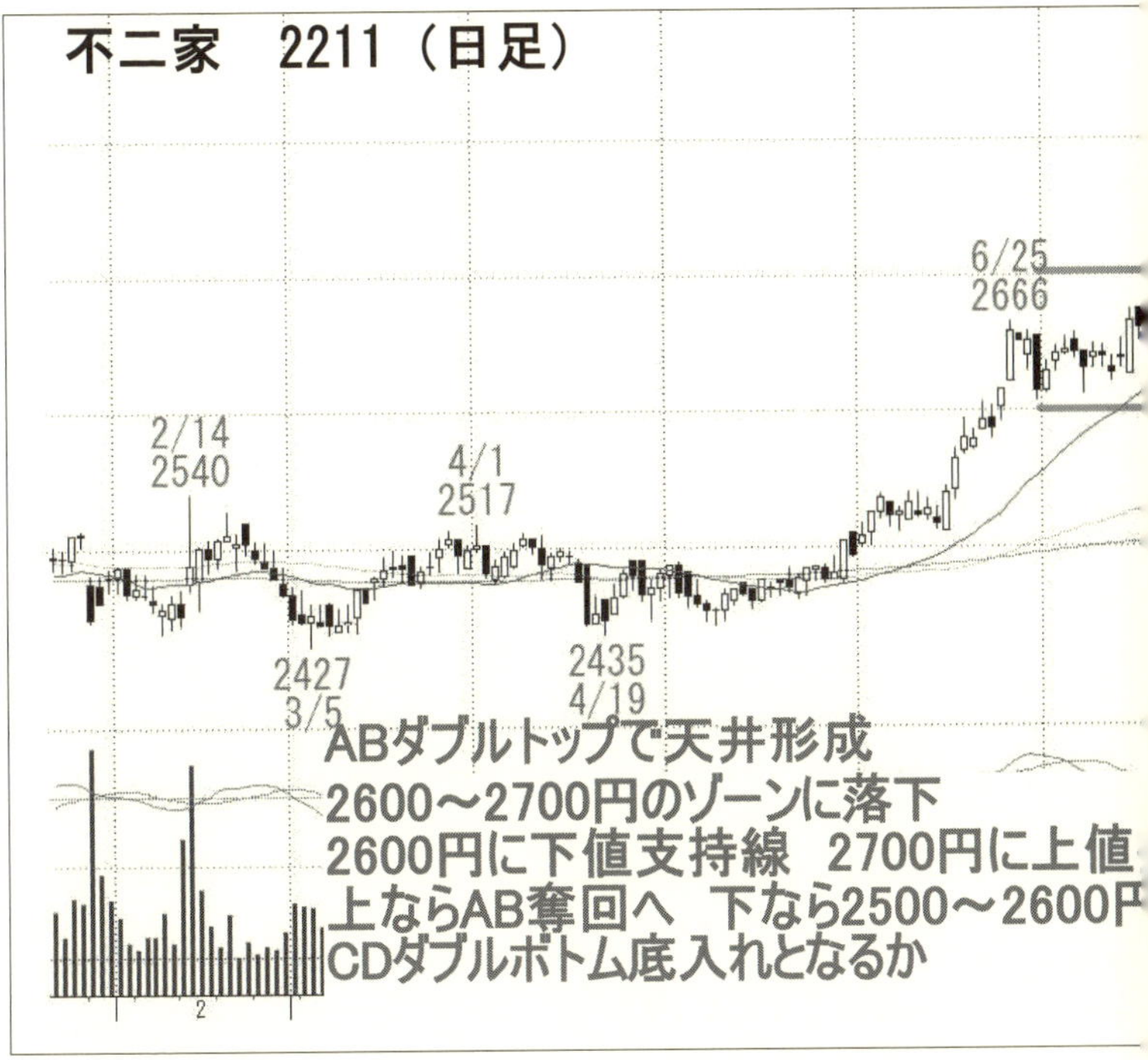
不二家　2211（日足）
6/25
2666
2/14
2540
4/1
2517
2427
3/5
2435
4/19
ABダブルトップで天井形成
2600～2700円のゾーンに落下
2600円に下値支持線　2700円に上値
上ならAB奪回へ　下なら2500～2600円
CDダブルボトム底入れとなるか
2

ストア向け洋菓子も手がける。現在は山崎製パン傘下。

洋菓子は百貨店の催事出店や駅構内の期間限定出店等に注力。既存店舗以外での販売機会の拡大を狙う。

原材料高はチョコレート関連商品等の値上げでカバー。

営業益改善。クリスマス商戦に期待。株価は堅調な動き。外食・消費関連の注目株。

2217

モロゾフ

東証 PRM

食料品

2024年11月1日現在

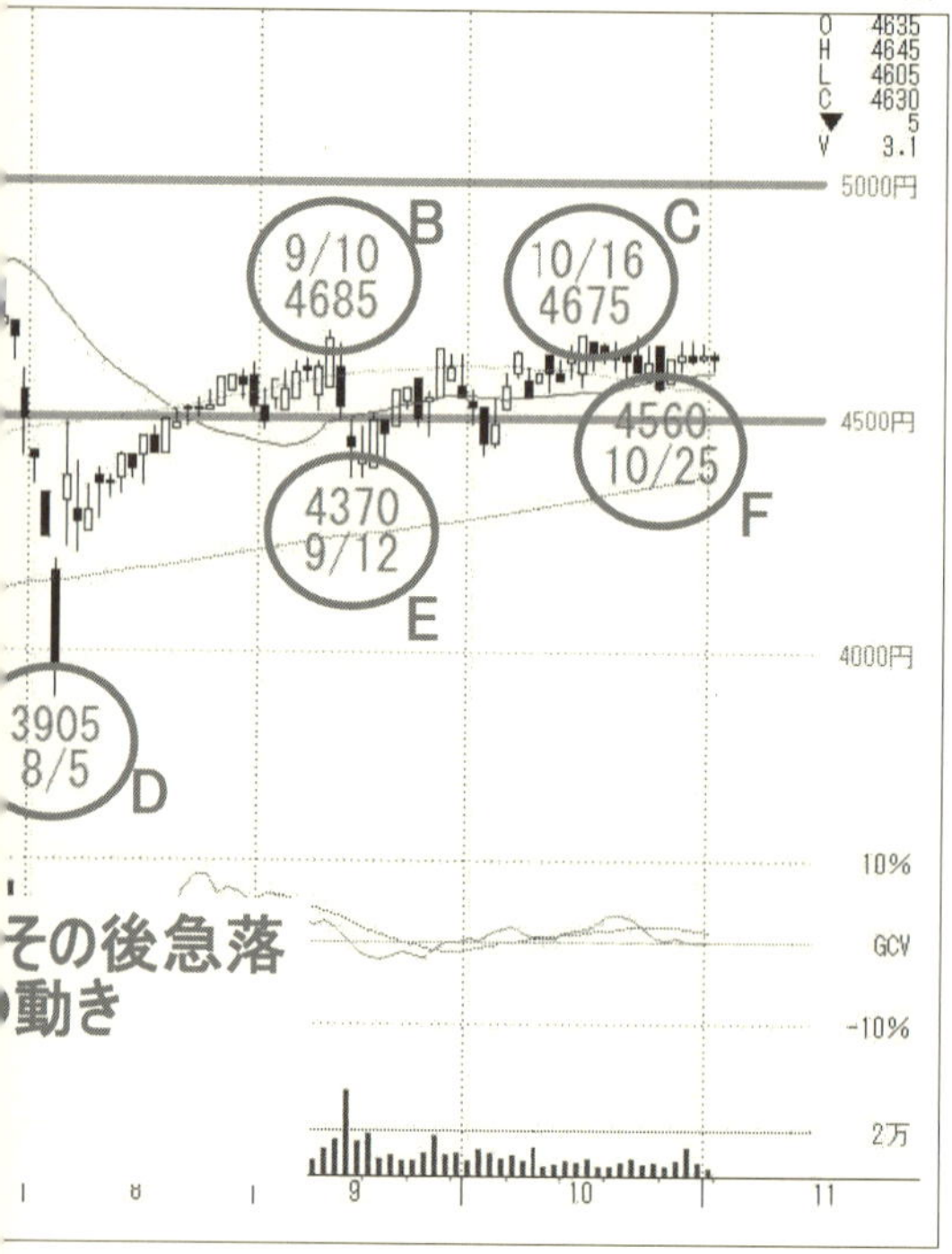

O 4635
H 4645
L 4605
C 4630
▼ 5
V 3.1
5000円
4500円
4000円
9/10
4685
B
10/16
4675
C
3905
8/5
D
4370
9/12
E
4560
10/25
F
10%
GCV
-10%
2万
その後急落
動き
8
9
10
11

モロゾフは、1931年、神戸のチョコレートショップからスタートした日本を代表する高級洋菓子メーカー。チョコレート、洋菓子でさまざまなブランドを、百貨店主体に全国展開している。

神戸が本拠で百貨店内での店舗販売が中心。喫茶レ

モロゾフ　2217（日足）
7/2
5070
2/29
4475
1/31
4190
5/7
4260
3890
4/19
3760
1/30
2024年7月2日にA5070円をつけて新高値更
8月5日の安値D3905円で底入れから反転上
4500～5000円のゾーンに突入
4500円に下値支持線　5000円に上値抵抗

ストランも併営している。バレンタイン商戦は堅調。

カカオバターなどの原材料高騰、人件費増が収益圧迫も、プリンや焼き菓子の「ガレットオブール」など好調。焼き菓子「月鏡」が好調でさらなる売上増狙う。

株価は高値圏で堅調な動き。

8月5日の安値3905円で底入れして反転上昇の動き。4500～5000円のゾーンを上に放れるか。

2024年11月1日現在

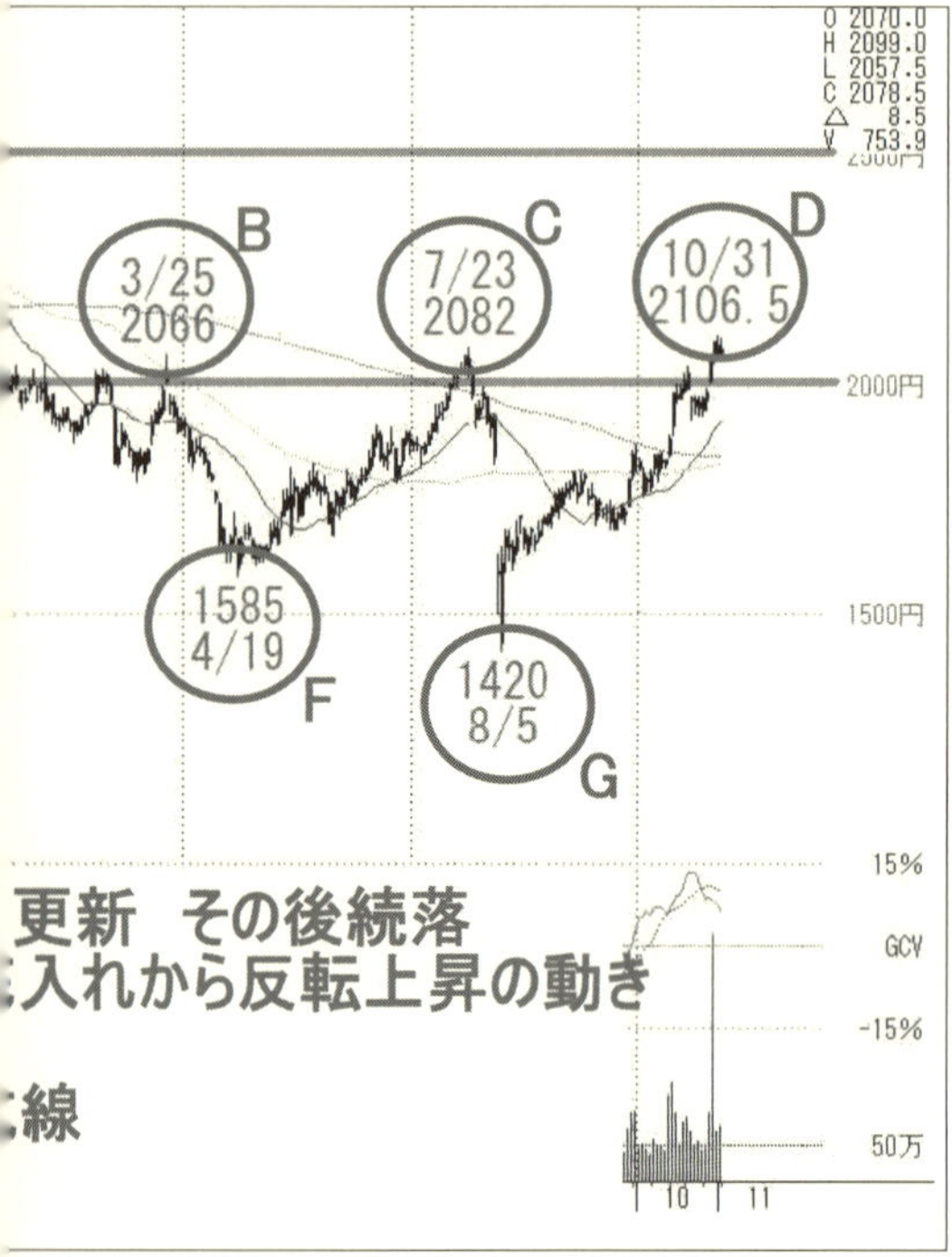
O 2070.0
H 2099.0
L 2057.5
C 2078.5
△ 8.5
V 753.9
2500円
B
3/25
2066
C
7/23
2082
D
10/31
2106.5
2000円
1585
4/19
F
1500円
1420
8/5
G
更新　その後続落
入れから反転上昇の動き
線
15%
GCV
-15%
50万
10
11

2222

寿スピリッツ

東証 PRM

食料品

鳥取の名物土産「因幡の白うさぎ」を製造・販売する寿製菓として創業した後、観光土産用お菓子のOEMを担って成長。PISTA&TOKYO、ココリス、ナウオンチーズ、THE TAILORなどのブランドを展開。

各地の百貨店や主要各駅

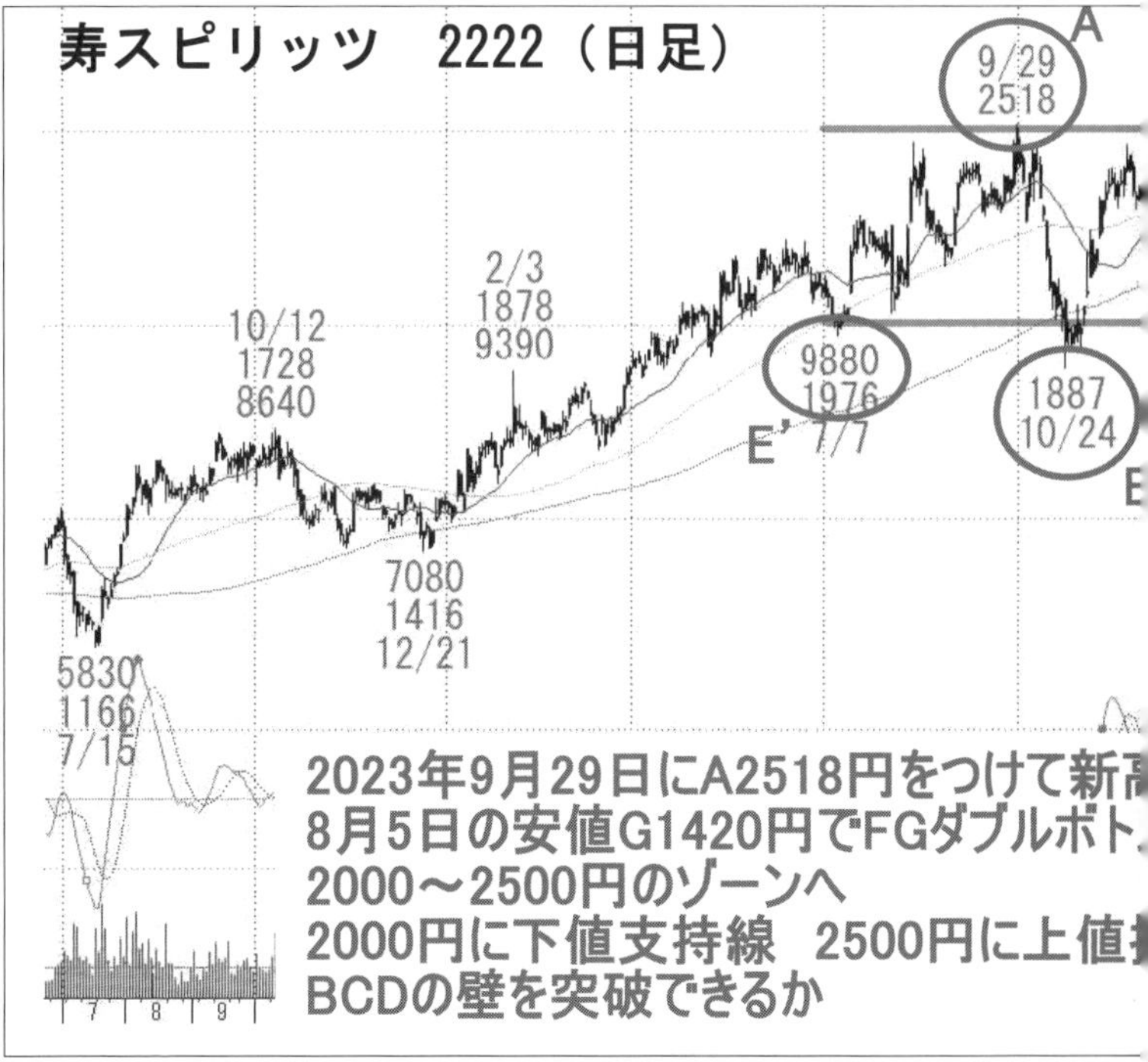
寿スピリッツ　2222（日足）
A
9/29
2518
10/12
1728
8640
2/3
1878
9390
9880
1976
E’7/7
1887
10/24
7080
1416
12/21
5830
1166
7/15
2023年9月29日にA2518円をつけて新高
8月5日の安値G1420円でFGダブルボト
2000～2500円のゾーンへ
2000円に下値支持線　2500円に上値
BCDの壁を突破できるか
7
8
9

に店舗着実増。

新ブランド商品投入や商品改良の効果で主力の土産用菓子が好調。過去最大のインバウンド需要が追い風になり、国際線空港売店売上も伸びる。

チョコなど原材料高は値上げでかわす。最高純益を更新して業績快走。

沖縄では観光客の増加に対応、宮古島市で現地企業と合弁設立。

株価は業績好調を反映して上昇トレンド。

2270

雪印メグミルク

東証 PRM

食料品

2024年11月1日現在

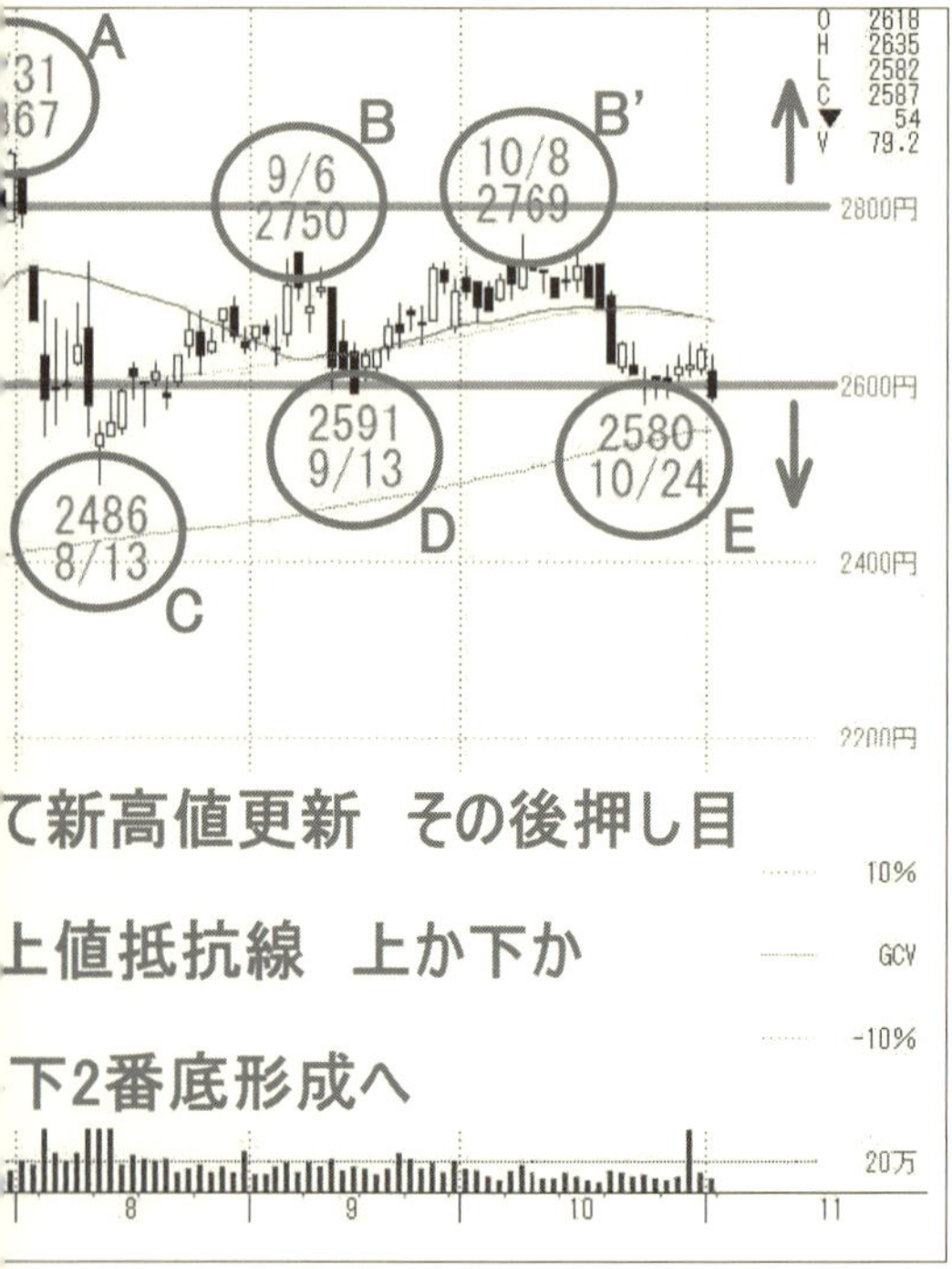

A
B
9/6
2750
B'
10/8
2769
2591
9/13
D
2580
10/24
E
2486
8/13
C
O 2618
H 2635
L 2582
C 2587
▼ 54
V 79.2
2800円
2600円
2400円
2200円
て新高値更新　その後押し目
上値抵抗線　上か下か
下2番底形成へ
10%
GCV
-10%
20万
8
9
10
11

雪印乳業と日本ミルクコミュニティーが２０１１年に統合。牛乳・乳飲料、ヨーグルト、チーズ、バターなどのミルク製品を提供する。乳製品はヨーグルトが伸びる。

飲料・デザート類は主力の「雪印コーヒー」が好調。花粉やハウスダストなどに

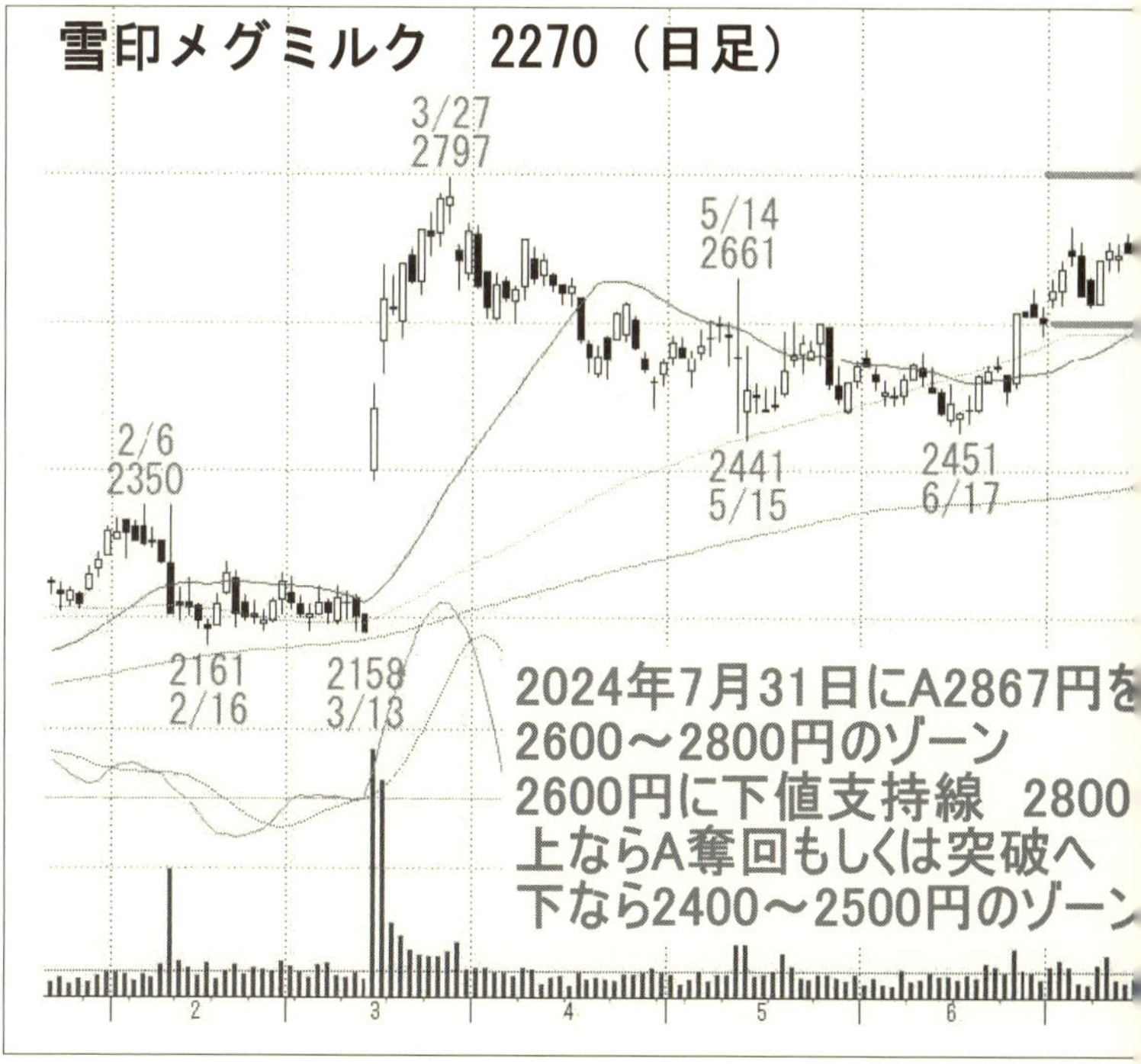
雪印メグミルク　2270（日足）
3/27
2797
5/14
2661
2/6
2350
2441
5/15
2451
6/17
2161
2/16
2158
3/13
2024年7月31日にA2867円を
2600～2800円のゾーン
2600円に下値支持線　2800
上ならA奪回もしくは突破へ
下なら2400～2500円のゾーン
2
3
4
5
6

よる目や鼻の不快感を緩和する機能に加え、睡眠の質向上に役立つ乳酸菌ヘルベヨーグルトを発売。機能性表示食品の分野でも積極的。

値上げ効果もあって、原材料高や広告宣伝費こなし、2025年3月期は増収増益予想。DX推進や生産性向上を目的に、25年度下期に東京・虎ノ門へ本社移転。株価は高値圏で推移、堅調な動き。国民の健康志向高まる中、成長期待の消費関連銘柄。

2024年11月1日現在

2602

日清オイリオグループ

東証 PRM

食料品

食用油のリーディングカンパニーとして、サラダ油や調味料、高齢者・介護対応食品など多彩な商品を提供している。2002年に日清、リノール、ニッコーの製油会社が経営統合して、家庭用食用油首位。国内の食用油のリーディング企業。パーム油を主原料とする加

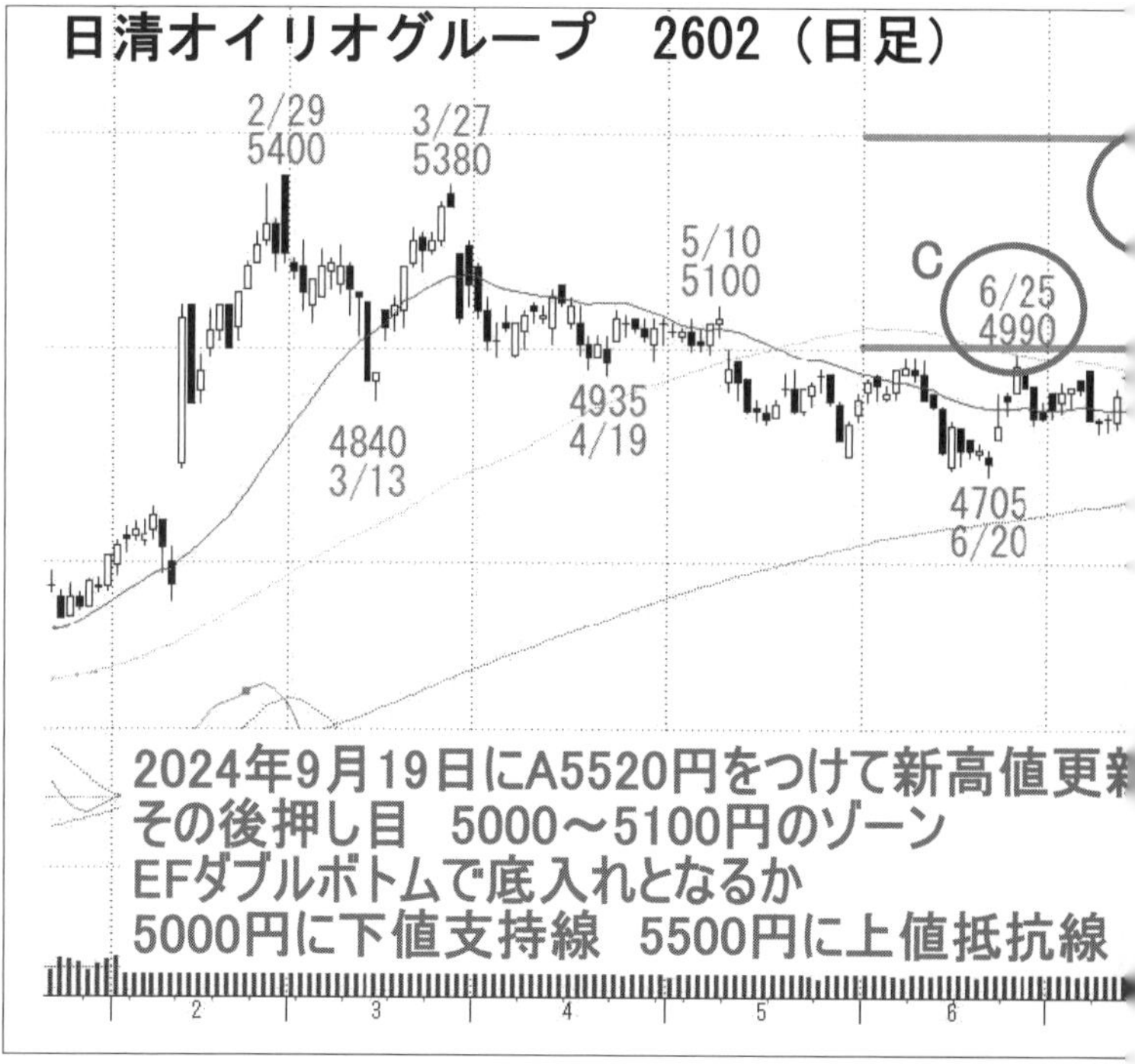
日清オイリオグループ　2602（日足）
2/29
5400
3/27
5380
5/10
5100
C
6/25
4990
4840
3/13
4935
4/19
4705
6/20
2024年9月19日にA5520円をつけて新高値更
その後押し目　5000～5100円のゾーン
EFダブルボトムで底入れとなるか
5000円に下値支持線　5500円に上値抵抗線
2
3
4
5
6

工油脂、化粧品原料のファインケミカルは売上高の約25%を占める。東南アジアへの輸出も拡大中。油脂需要増や円安を受けて、10月に家庭用、業務用食用油を4～10%値上げへ。

加工油脂は市場拡大中の海外でチョコ用油脂が好調。アジア中心に売上増目指す。

株価は高値圏で堅調な動き。配当利回り3・47%、PBR0・9倍は消費関連株のお買い得銘柄か!?

2024年11月1日現在

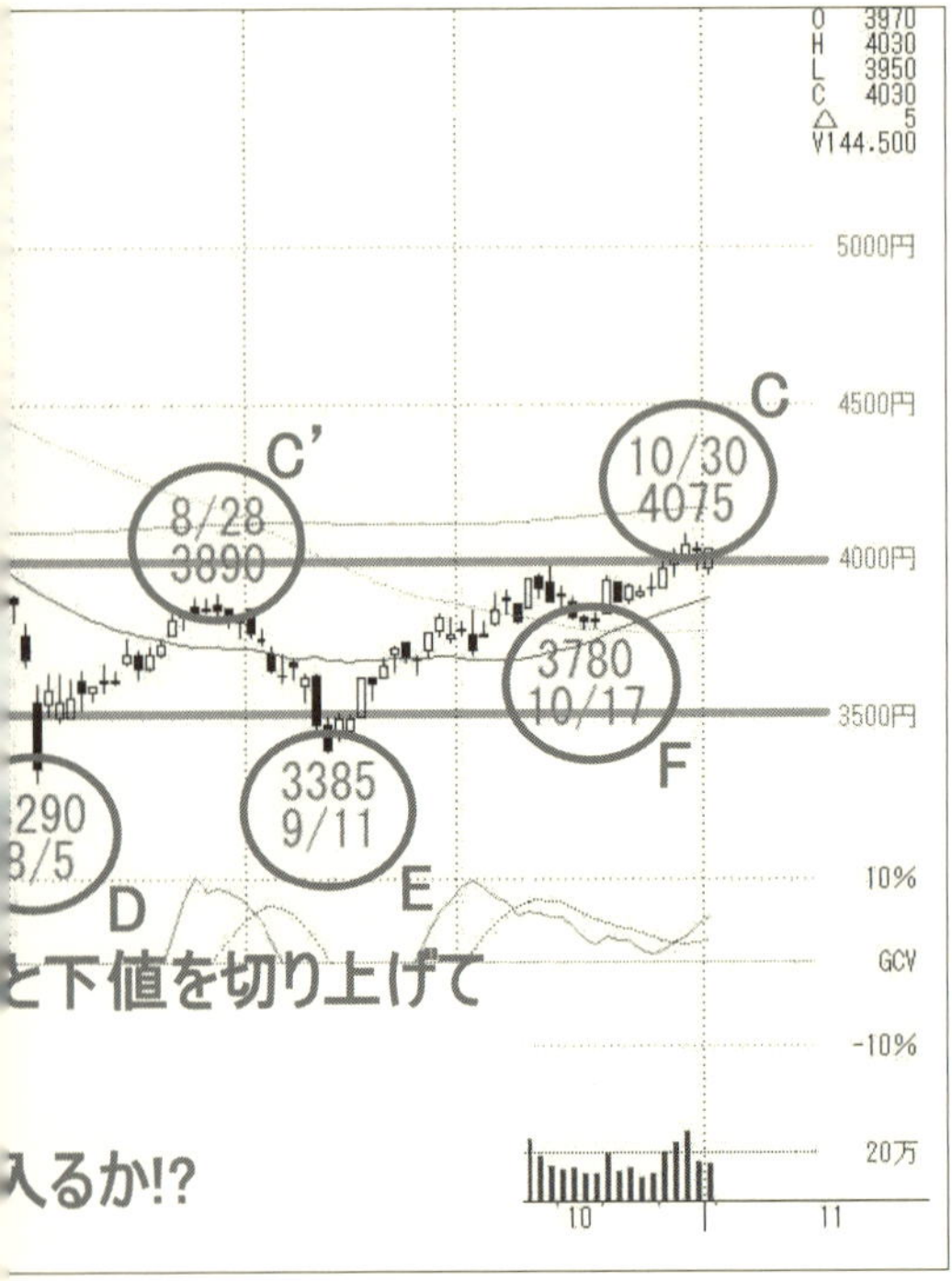
O 3970
H 4030
L 3950
C 4030
△ 5
V144.500
5000円
4500円
4000円
3500円
C
10/30
4075
C'
8/28
3890
3780
10/17
F
3385
9/11
E
290
D
10%
GCV
-10%
20万
10
11
と下値を切り上げて
入るか!?

2695

くら寿司

東証 PRM

小売業

関西・関東を中心に、主にロードサイドに立地する直営回転寿司チェーン「くら寿司」を展開している。店舗数は今年度で約30増。人気アニメとのコラボが奏功して客足堅調。

　とりわけ子供向けのメニューが充実し、家族連れが使いやすい店舗がファミリ

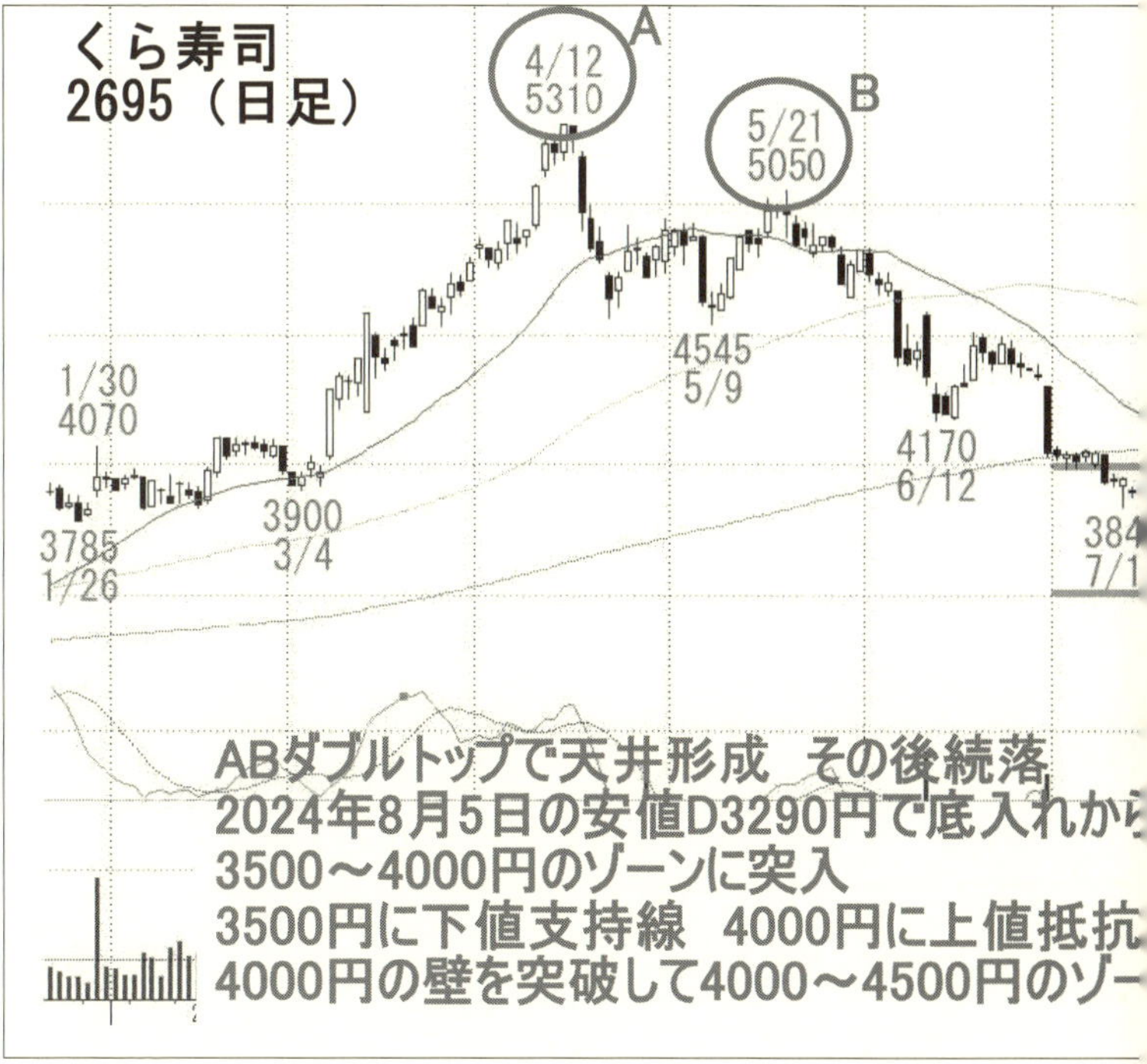
くら寿司
2695（日足）
A
4/12
5310
B
5/21
5050
1/30
4070
4545
5/9
3785
1/26
3900
3/4
4170
6/12
384
7/1
ABダブルトップで天井形成　その後続落
2024年8月5日の安値D3290円で底入れから
3500～4000円のゾーンに突入
3500円に下値支持線　4000円に上値抵抗
4000円の壁を突破して4000～4500円のゾー

ー層に人気。

新タッチパネルを今期中に国内全店に導入し、おすすめの商品を表示させて、注文増につなぐ。

6月に一律月3万円のベアを実施し、初任給も引き上げて、人材の確保、定着を狙う。

高単価商品投入やＤＸ活用などで業績上振れ。

利益続伸。株価はダブルボトムを入れて反転上昇の動き。

2024年11月1日現在

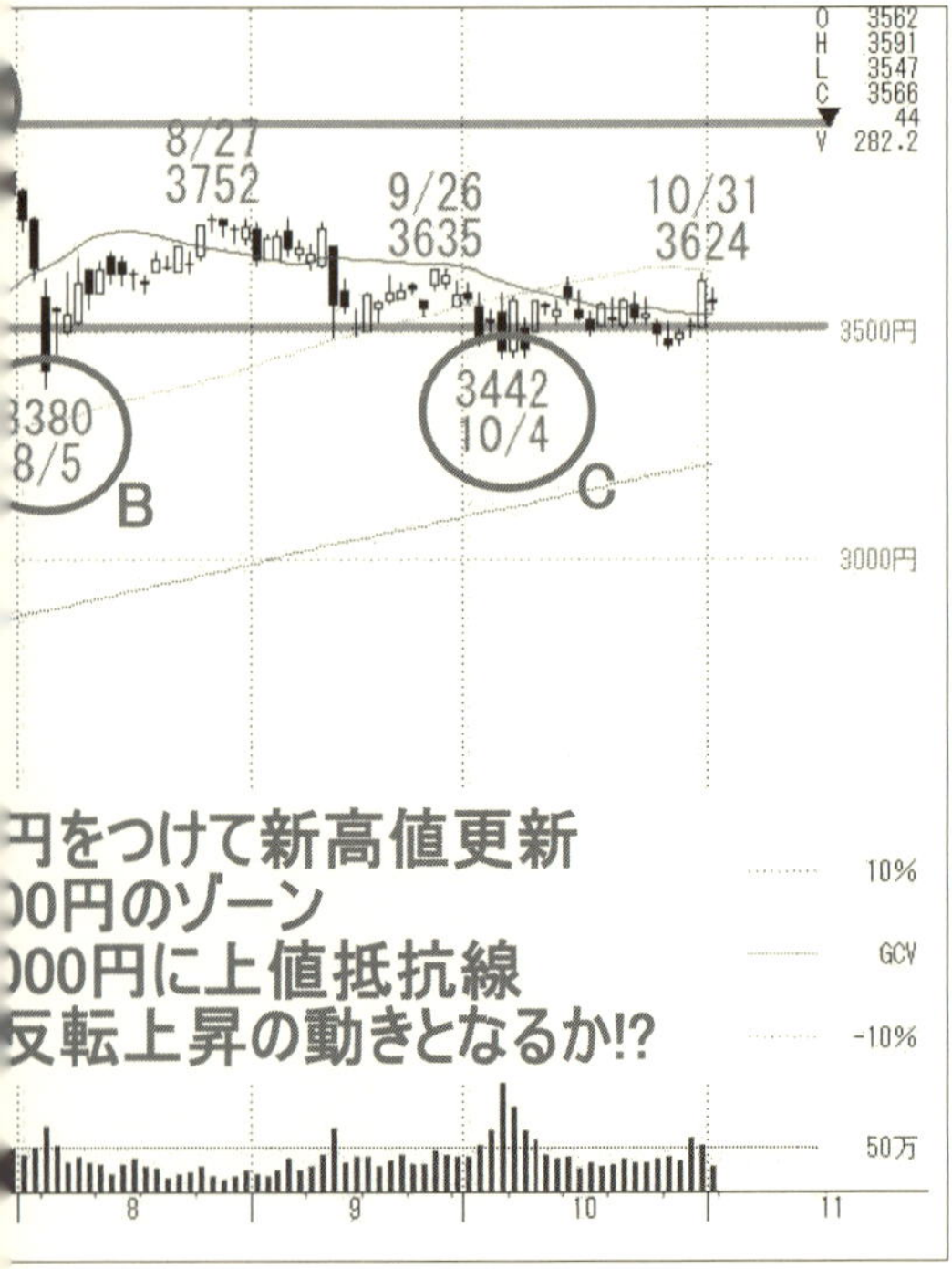

O 3562
H 3591
L 3547
C 3566
▼ 44
V 282.2
8/27
3752
9/26
3635
10/31
3624
3500円
3380
8/5
B
3442
10/4
C
3000円
円をつけて新高値更新
00円のゾーン
000円に上値抵抗線
反転上昇の動きとなるか!?
10%
GCV
-10%
50万
8
9
10
11

2809

キユーピー

東証 PRM

食料品

1925年に日本で初めてマヨネーズを製造・販売した老舗メーカー。マヨネーズやドレッシングで国内首位。

子会社にジャムのアヲハタ、持分会社にキユーソー流通などの食品関連の周辺事業を拡大している。

主力のマヨネーズの人気

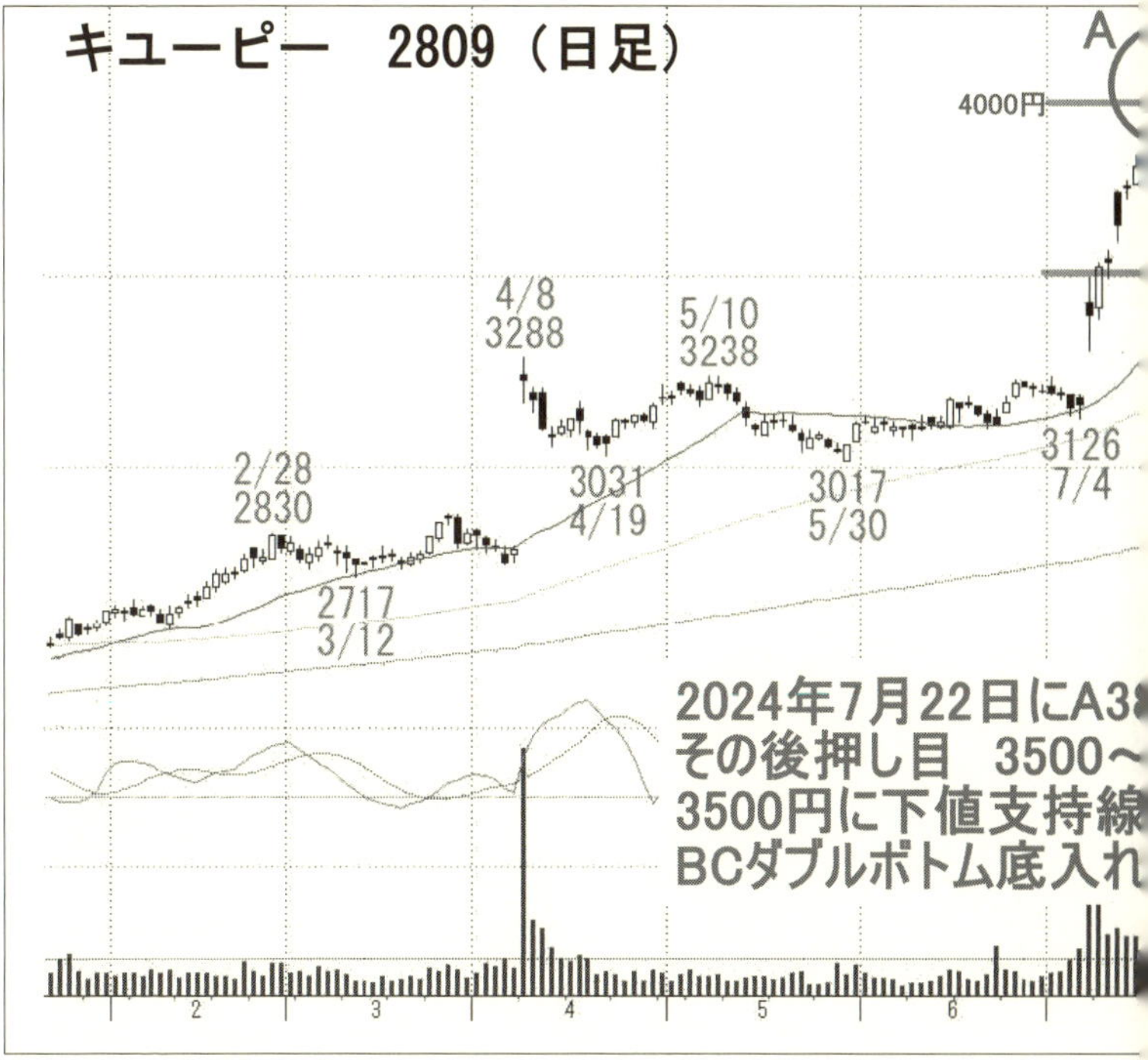
キユーピー　2809（日足）
A
4000円
4/8
3288
5/10
3238
2/28
2830
3031
4/19
3017
5/30
3126
7/4
2717
3/12
2024年7月22日にA3
その後押し目　3500～
3500円に下値支持線
BCダブルボトム底入れ
2
3
4
5
6

が根強く、値上げ後も出荷数量は増加。インバウンドの需要増で、業務用の出荷数も増勢。北米向けのドレッシングなど海外販売も予想を上回る伸びを示している。

また、２０２４年11月期は業務用目玉焼きなど高収益品が増伸長。

営業益上振れ、最高純益更新で２０２４年７月22日に最高値を更新。株価は上昇トレンド。

7649

スギホールディングス

東証 PRM

小売業

2024年11月1日現在

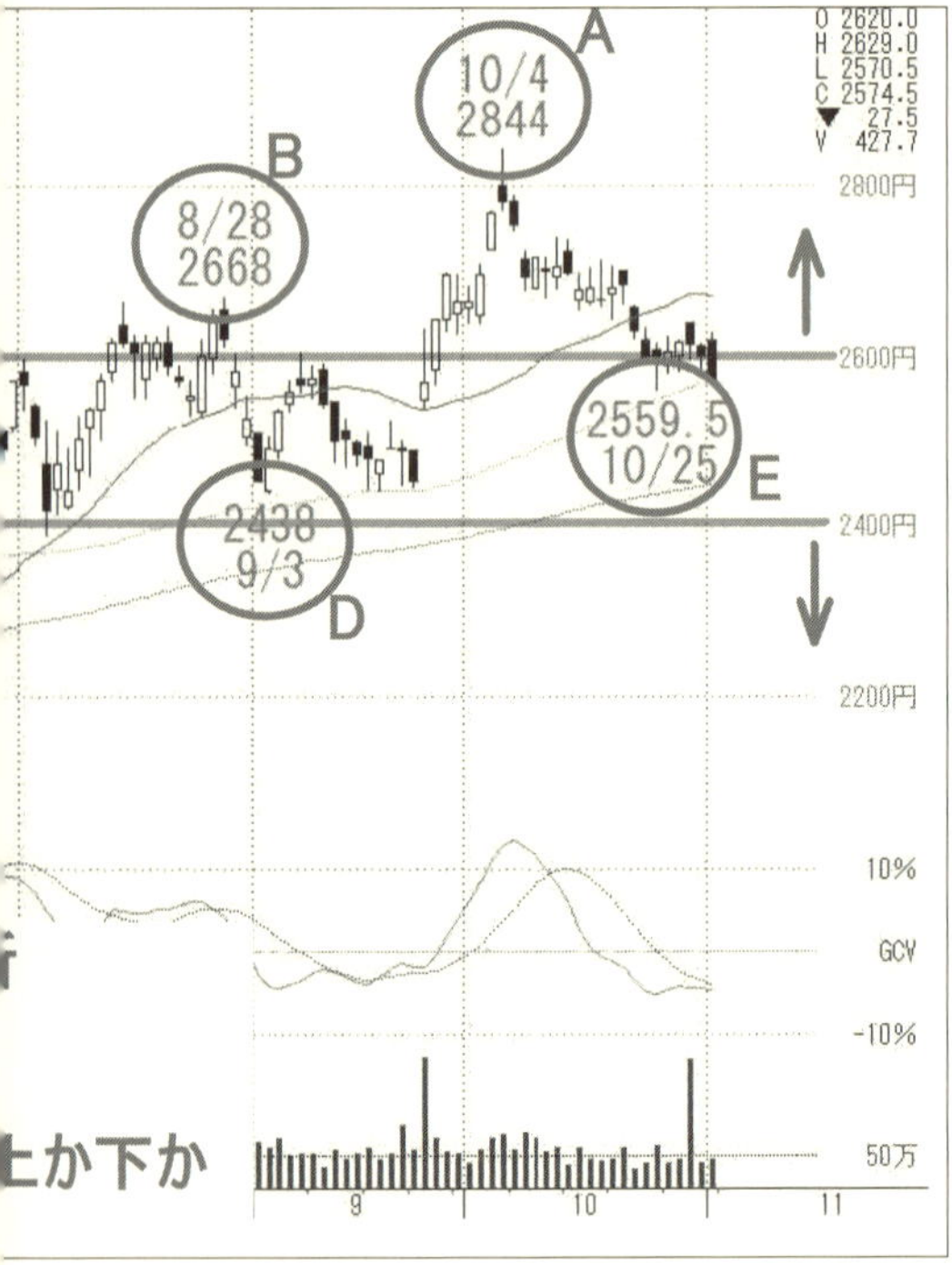
O 2620.0
H 2629.0
L 2570.5
C 2574.5
▼ 27.5
V 427.7
A
10/4
2844
B
8/28
2668
2438
9/3
D
2559.5
10/25
E
2800円
2600円
2400円
2200円
10%
GCV
-10%
50万
9
10
11

東海地盤のドラッグストア。業界大手の「スギ薬局」をチェーン展開している。

　インバウンド増がドラッグストアにも追い風になっている。

　100店舗を純増出店。調剤併設の大型ドラッグストアで花粉症、猛暑対応な

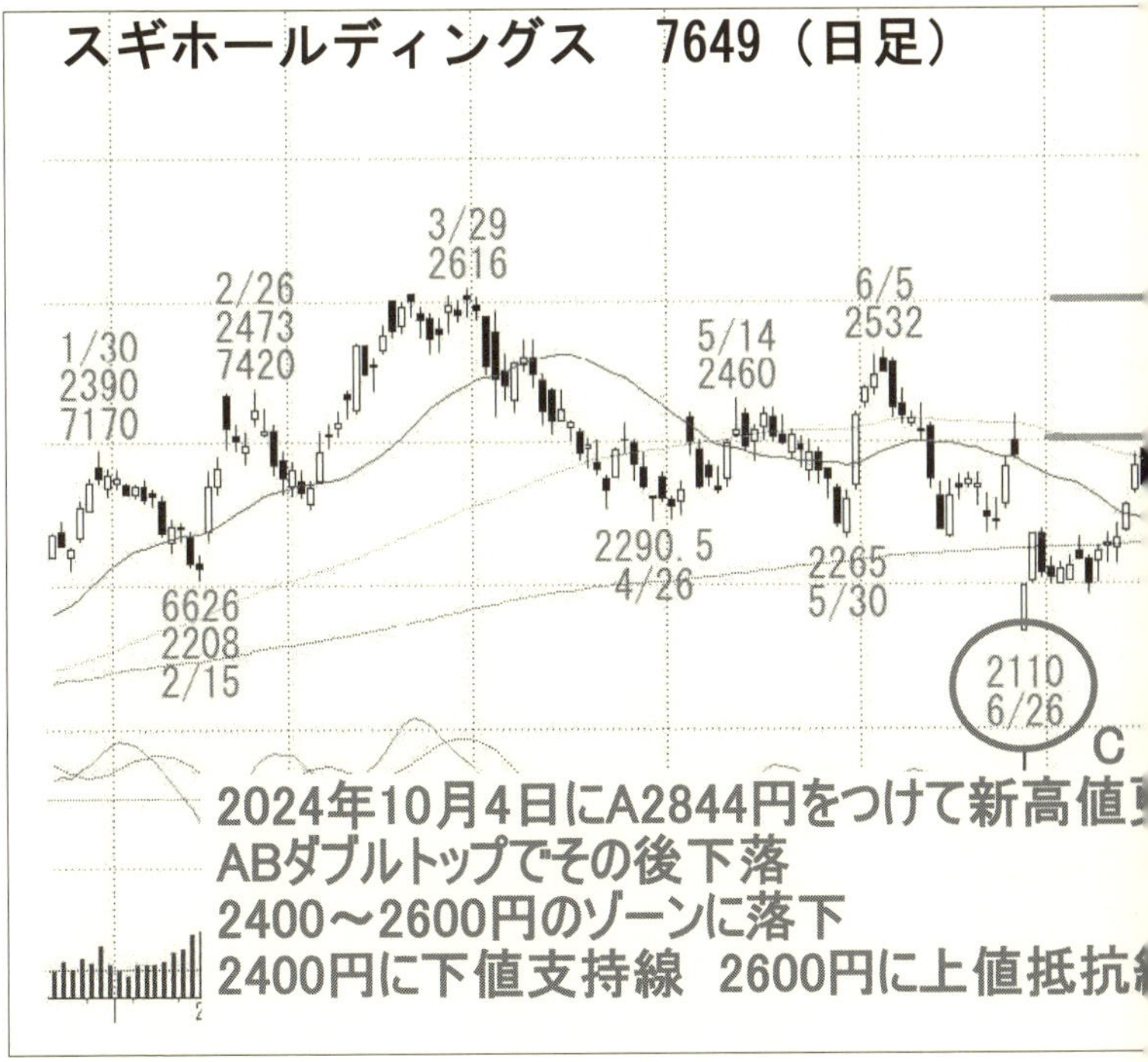
スギホールディングス　7649（日足）
3/29
2616
2/26
2473
7420
1/30
2390
7170
5/14
2460
6/5
2532
2290.5
4/26
2265
5/30
6626
2208
2/15
2110
6/26
C
2024年10月4日にA2844円をつけて新高値更
ABダブルトップでその後下落
2400～2600円のゾーンに落下
2400円に下値支持線　2600円に上値抵抗線

ど処方箋枚数が伸びる。

採用強化に伴う人件費増こなし、連続で営業増益。業績好調を反映して、株価は右肩上がりの上昇トレンド。

内需・消費関連で注目のビル・アックマン銘柄。2024年10月4日に2844円をつけて新高値を更新。2025年2月期は大幅増収増益か!?

10月4日に2844円をつけて新高値更新も、その後下落。

9722

藤田観光

東証 PRM

サービス業

2024年11月1日現在

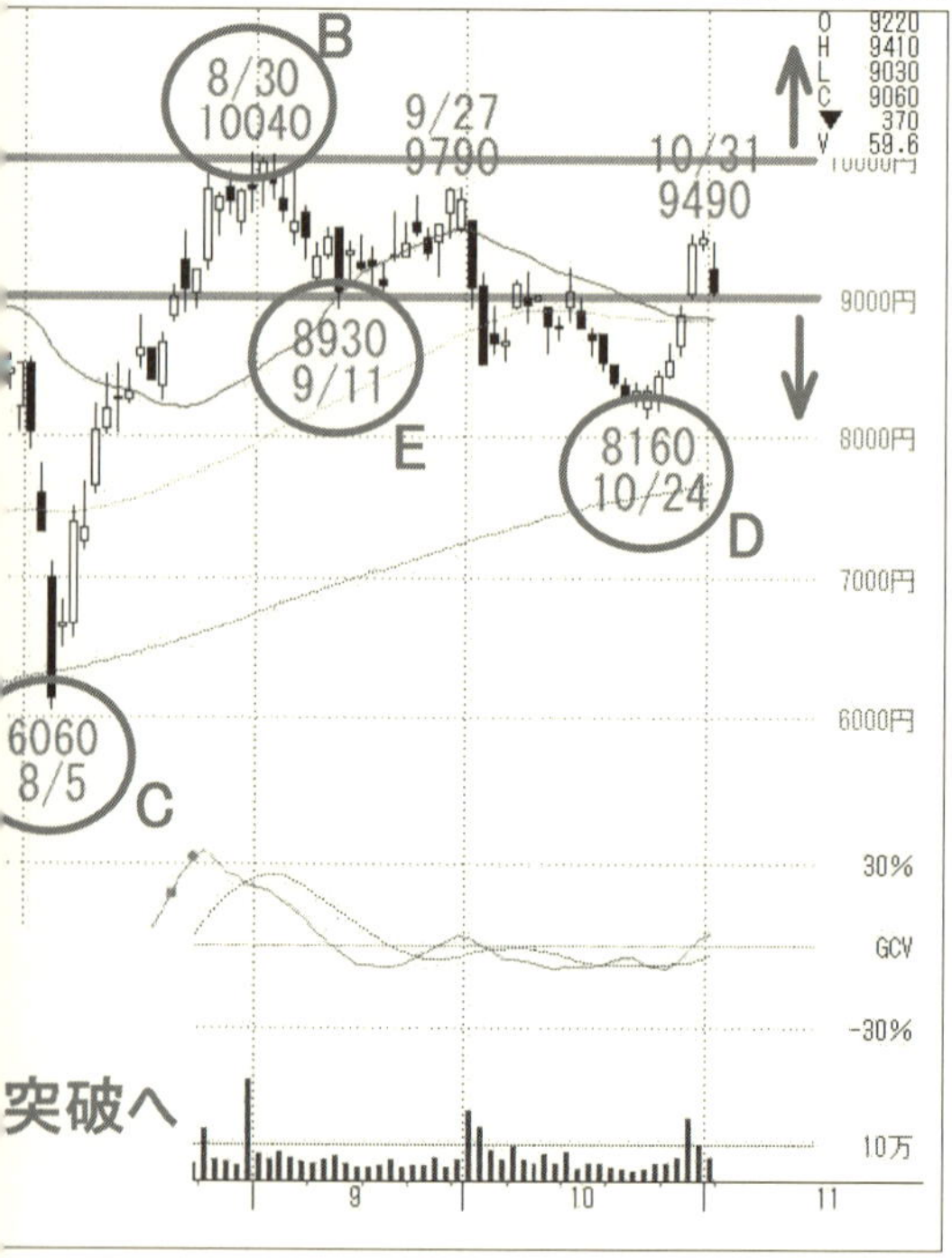

O 9220
H 9410
L 9030
C 9060
▼ 370
V 59.6
B
8/30
10040
9/27
9790
10/31
9490
8930
9/11
E
8160
10/24
D
6060
8/5
C
10000円
9000円
8000円
7000円
6000円
30%
GCV
-30%
10万
9
10
11
突破へ

名門宴会場「椿山荘」を運営。

　ホテル椿山荘東京やビジネスホテル、ワシントンホテル、箱根リゾートホテルなど展開。

　主力のビジネスホテルが訪日観光客の増加で、客室単価が想定以上に上昇し、稼働率も高水準で推移して

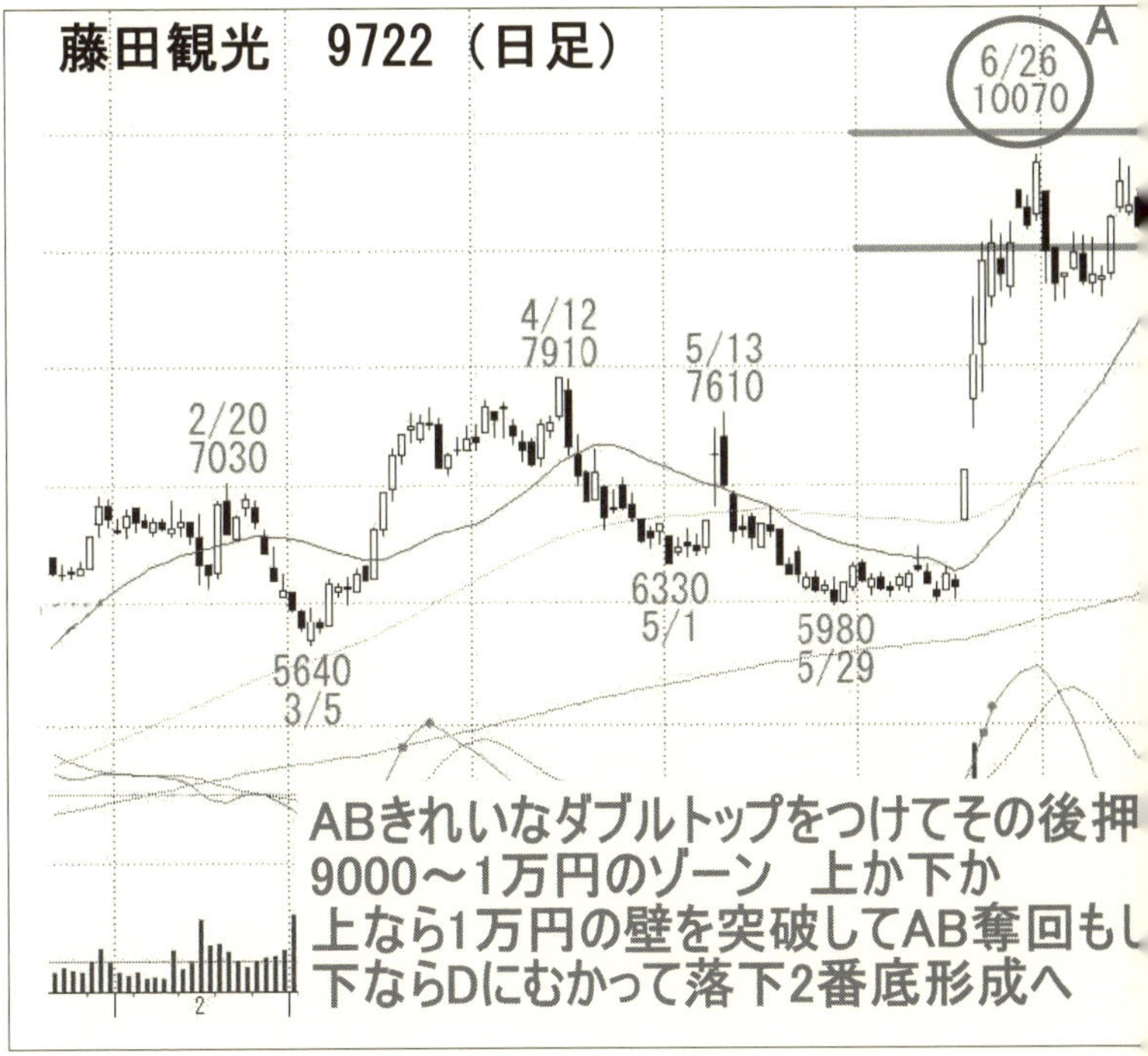
藤田観光　9722（日足）
A
6/26
10070
4/12
7910
5/13
7610
2/20
7030
6330
5/1
5980
5/29
5640
3/5
ABきれいなダブルトップをつけてその後押
9000～1万円のゾーン　上か下か
上なら1万円の壁を突破してAB奪回もし
下ならDにむかって落下2番底形成へ
2

いる。

リゾートホテルの経営も順調。

人件費増こなして営業益増額。2024年12月期は、ビジネスホテルが高水準を維持。

椿山荘のスイートの稼働率向上に注力。

株価は直近で急上昇。1万円の壁を突破すればA、Bの高値を抜くか。

ビル・アックマン銘柄の注目株。

2024年11月1日現在

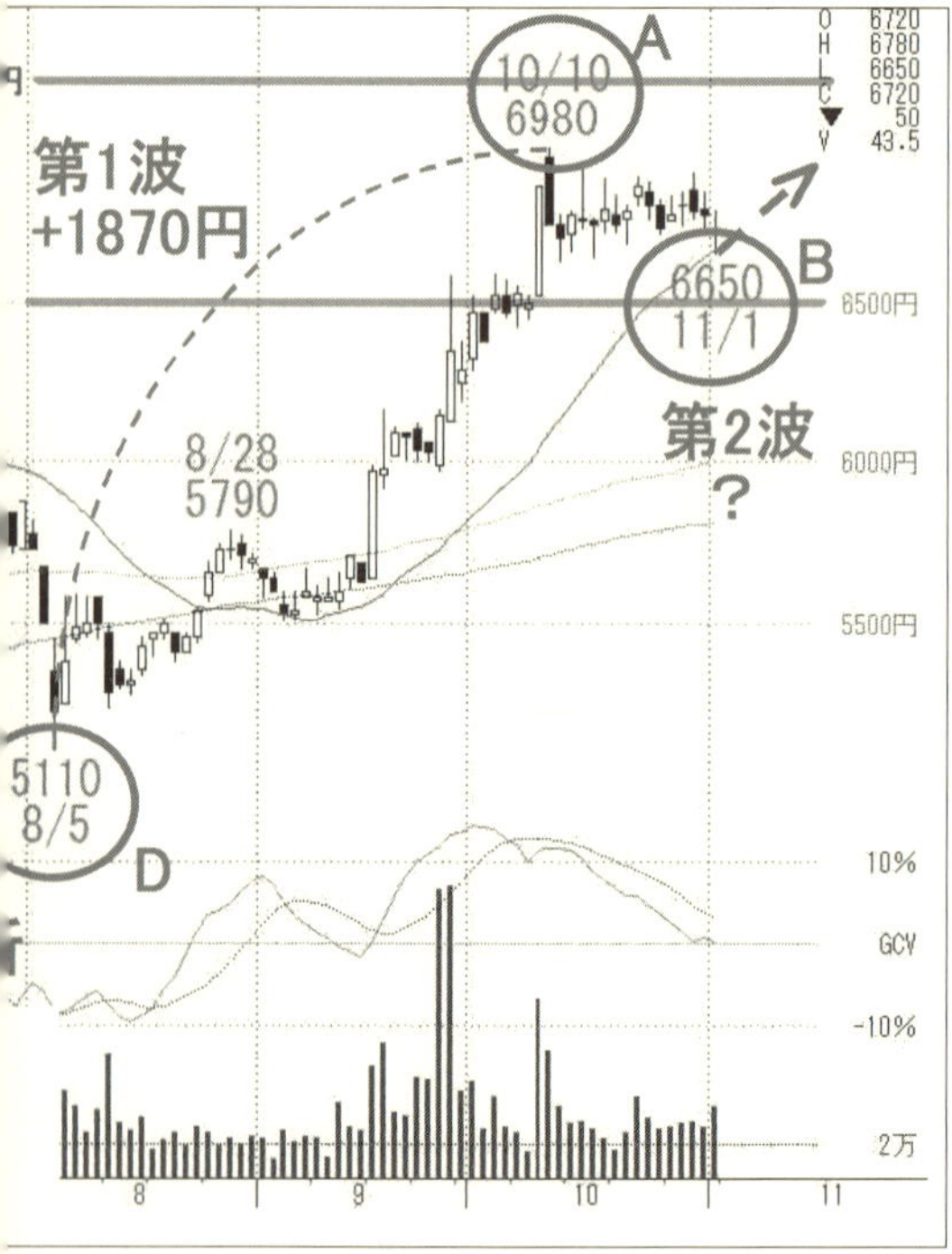
第1波
+1870円
10/10
6980
A
6650
11/1
B
第2波
？
8/28
5790
5110
8/5
D
O 6720
H 6780
L 6650
C 6720
50
V 43.5
6500円
6000円
5500円
10%
GCV
-10%
2万
8
9
10
11

9887

松屋フーズホールディングス

東証 PRM

小売業

牛丼の「松屋」、とんかつの「松のや」などのチェーン店を東名阪中心に全国で多数展開している。新規商品としてカレー、すしメニューを投入。とんかつの「松のや」にカレーメニューを併設するなど複合店化を推進している。66店舗を純増出店。

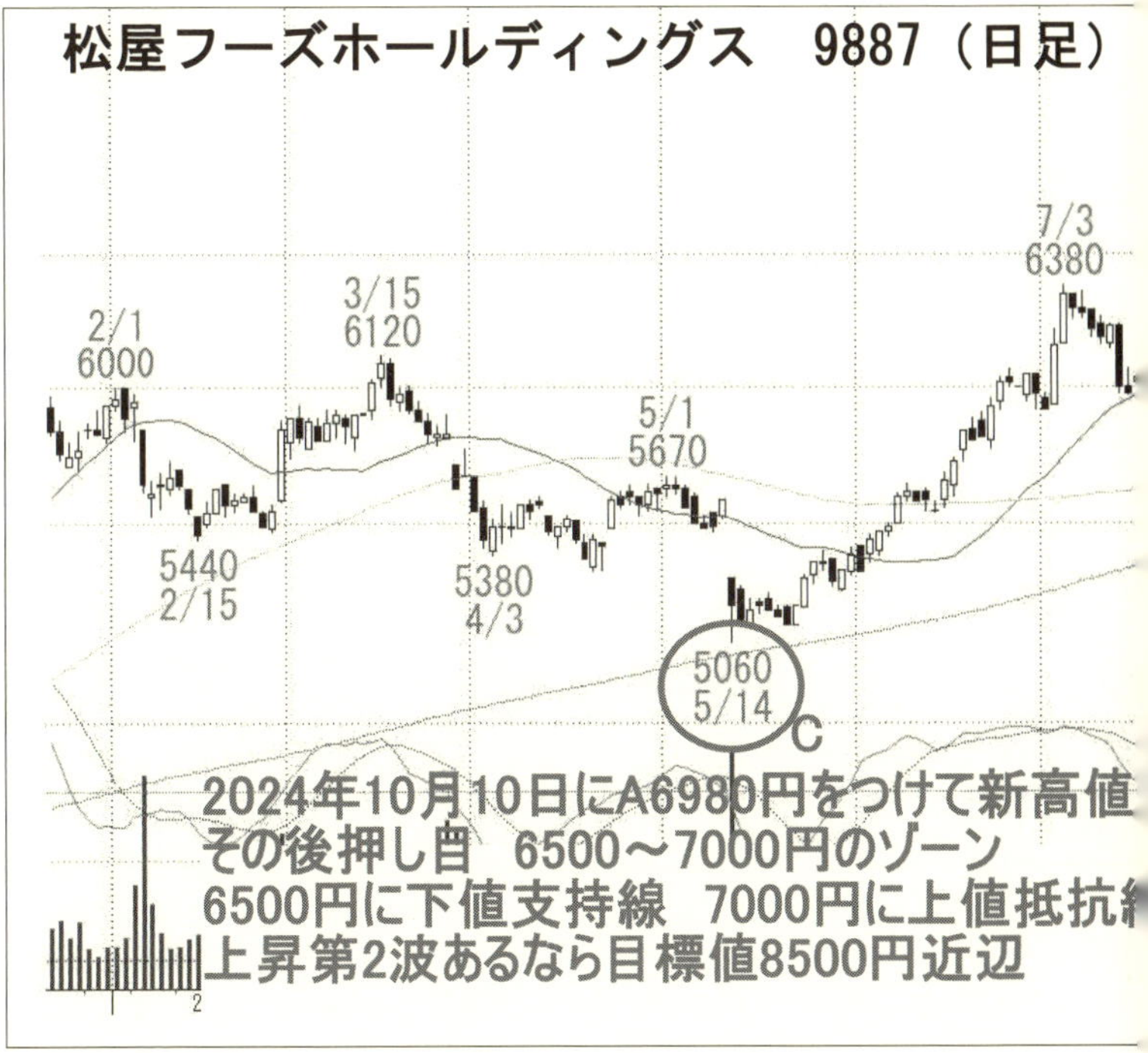
松屋フーズホールディングス　9887（日足）
2/1
6000
3/15
6120
5/1
5670
7/3
6380
5440
2/15
5380
4/3
5060
5/14
C
2024年10月10日にA6980円をつけて新高値
その後押し目　6500～7000円のゾーン
6500円に下値支持線　7000円に上値抵抗
上昇第2波あるなら目標値8500円近辺

既存店客数は順調に伸びているが、牛肉仕入れ値高や人件費増が重荷になっている。

食材高への対応で定番の牛めし並盛りは４３０円で７・５％値上げするなど、再三の値上げも及ばず純益は低水準。

海外は香港1号店が２０２４年8月に開店。並行してベトナムなど東南アジアへの出店にも注力。

株価は高値圏で頑強な動き。

本書を参考にした投資の結果について、著者および弊社は一切責任をとることはできません。投資はあくまで自己責任でお願いいたします。また、本文で一部敬称を略させていただいています。ご了承ください。

菅下清廣（すがした　きよひろ）
投資家、ストラテジスト、スガシタパートナーズ株式会社代表取締役社長、学校法人立命館顧問、近畿大学世界経済研究所客員教授。ウォール街での経験を生かした独自の視点で相場を先読みし、日本と世界経済の未来を次々と言い当ててきた「富のスペシャリスト」として名を馳せ、「経済の千里眼」との異名も持つ。経験と人脈と知識に裏打ちされた首尾一貫した主張にファンも多く、政財界はじめ各界に多くの信奉者を持っている。著書に、『50年間投資で食べてきたプロが完全伝授！　一生お金に困らない人の株式投資術』（KADOKAWA）、『2024年大注目！　スガシタ流60銘柄であなたのお金を増やす!!』（秀和システム）、『世界のお金が新NISAに殺到！　爆上げする日本株で資産をつくれ』（徳間書店）など多数。メールマガジンも好評配信中（無料）。

「スガシタレポートオンライン」は、
https://sugashita-partners.com/report-online/
から登録できます。

投資のカリスマ「経済の千里眼」が教える
今世紀最大の上昇相場でお金持ちになる株50銘柄

第１刷　2024年11月30日

著　者　菅下清廣
発行者　小宮英行
発行所　株式会社徳間書店
〒141-8202　東京都品川区上大崎3-1-1
目黒セントラルスクエア
電話　編集（03）5403-4344／販売（049）293-5521
振替　00140-0-44392
印刷・製本　三晃印刷株式会社

ISBN978-4-19-865916-5